JN056440

Private Equity Market

未上場株式市場と成長企業ファイナンス

先進国で日本だけ、市場でエクイティが調達できず、
スタートアップも中小企業も成長せず、経済も成長しない

田所　創
経済産業研究所コンサルティング・フェロー

公益財団法人 日本生産性本部
生産性労働情報センター

はじめに

未上場株式市場（プライベート・エクイティ・マーケット）は、米国等をはじめ諸外国では、企業の成長と国の経済成長を支える基本的な仕組みであるが、日本では未発達のままにある。

米国を先頭に諸外国では、IT・インターネットを活用して、規制を改革し、未上場株式市場を大いに振興して、スタートアップや小規模企業、中堅・中小企業などの成長企業に資本（エクイティ）を調達する場を提供する。

そもそも、日本では、未上場の企業が、株式を発行して、多くの投資家を募集して、株式の購入を勧誘することが厳しく規制されている。これでは、市場も発展しない。

このため、日本の成長企業は、未上場株式市場で多くの投資家からエクイティを集めることができない。ベンチャーファンドから一部のスタートアップがようやくエクイティを調達できるが、この額も米国等と比べても少ない。成長企業の事業投資は不十分となり、大きく成長できない。投資家も成長企業への投資機会が限られる。市場がなく、投資家間の売買で株価が上がることも、時価総額が拡大することもない。

この結果、日本のユニコーン企業は、経済規模や技術力の割には著しく少ない。中小企業の生産性は先進国でも下位にある。未熟な未上場株式市場が、失われた30年といわれる経済成長の低迷の構造的な要因となっている。

グローバル企業へと成長する日本企業も近年は、ほぼ見当たらない。１社のグローバル企業の誕生により、多くの大企業が生まれ、無数の中小企業が生まれる。企業と産業が成長することが、国の経済が成長する基本的な道筋である。

米国を先頭に諸外国では、IT・インターネットを活用して、規制を改革し、未上場株式市場を大いに振興して、スタートアップや小規模企業、中堅・中小企業などの成長企業にエクイティを調達する場を提供する。

この本では、日本と米国その他の主要国の未上場株式市場の現状を分析し、日本の未上場株式市場が、M&A仲介やファンド周辺を除きほぼ未発達である状況を、米国等の、代替的証券取引所、店頭市場、マーケットプレイス、クラウドファンディングなどが多様に発展している状況を比べる。

また、日本の未上場株式を巡る規制を、米国を中心に主要国の規制と比較して、日本に未上場株式市場が発達していない要因が、日本の厳格な未上場株式の取引の規制にあること、これが成長企業による自由な資本の調達を強く抑制していることを明らかにする。

さらに、市場でエクイティ・ファイナンスをすることができない状況が、いかに企業の成長の足を引っ張り、国の経済の成長を停滞させるか解説を試みる。

最後に、米国等の諸外国を追い駆けて、日本で未上場株式市場をどのように発展させていくか、その方向を示す。

なおこの本は、独立行政法人経済産業研究所ポリシー・ディスカッション・ペーパー（Policy Discussion Paper：PDP）20-P-022「JOBS Actsによる米国の 株式資本市場改革と周回遅れの日本（2020年９月）」と、その補足資料「日本の株式市場改革の遅れと中堅・中小企業、ベンチャーの成長停滞」「米国企業の資本形成（Capital Formation）―プライベート・マーケットにおける資本調達と企業価値・時価総額の拡大―」などを、この分野に関心を抱かれた一般読者向けにまとめたものである。

掲載データや事実の記載は、各種文献、論文、ホームページ等から筆者が信頼できると判断した情報・データを転載し、または、これらを基に作成・加工したものである。これらの情報やデータ全ての正確性を保証するものではない。各方面の専門家のご指導を受けているが、個別具体的な事業活動の判断の根拠の資料となる性格のものではなく、その場合は、弁護士、公認会計士など、それぞれの専門家にご確認いただきたい。

目　次

第6章

エクイティ主導の経済成長―市場型エクイティ・ファイナンスによる企業の成長・個人資産拡大と経済成長

第7章

米国の未上場株式市場改革の歴史と日本の市場発展停滞の経緯

第8章
未上場株式市場が発展しない要因
―日本の株式の募集等の厳格な規制（概要）

第9章
日本で未上場株式市場が発達できない要因
―未上場株式の発行募集から流通までの幾重もの厳重な規制

序　章

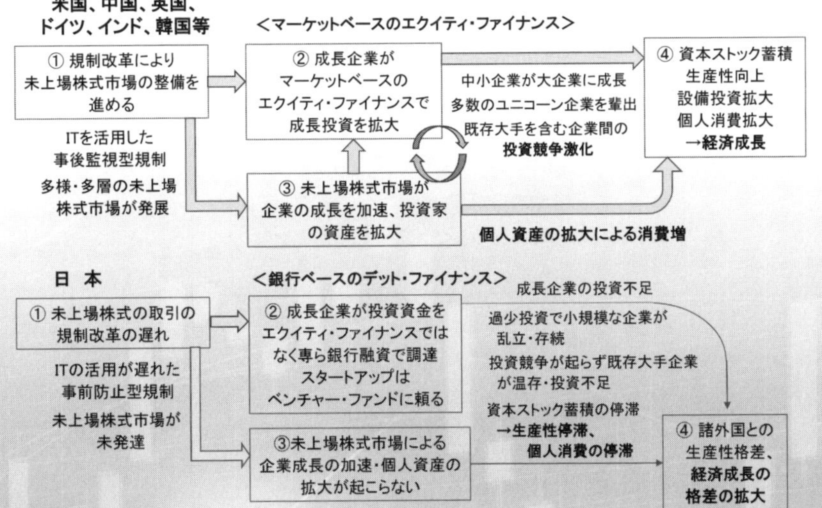
〈全体フロー図〉未上場株式市場でのエクイティ・ファイナンスによる
企業の成長・個人資産の拡大と経済成長
米国、中国、英国、
ドイツ、インド、韓国等
<マーケットベースのエクイティ・ファイナンス>
① 規制改革により
未上場株式市場の整備を
進める
② 成長企業が
マーケットベースの
エクイティ・ファイナンスで
成長投資を拡大
④ 資本ストック蓄積
生産性向上
設備投資拡大
個人消費拡大
→経済成長
中小企業が大企業に成長
多数のユニコーン企業を輩出
既存大手を含む企業間の
投資競争激化
ITを活用した
事後監視型規制
多様・多層の未上場
株式市場が発展
③ 未上場株式市場が
企業の成長を加速、投資家
の資産を拡大
個人資産の拡大による消費増
日　本
<銀行ベースのデット・ファイナンス>
成長企業の投資不足
① 未上場株式の取引の
規制改革の遅れ
② 成長企業が投資資金を
エクイティ・ファイナンスでは
なく専ら銀行融資で調達
スタートアップは
ベンチャー・ファンドに頼る
過少投資で小規模な企業が
乱立・存続
投資競争が起らず既存大手企業
が温存・投資不足
ITの活用が遅れた
事前防止型規制
未上場株式市場が
未発達
資本ストック蓄積の停滞
→生産性停滞、
個人消費の停滞
③未上場株式市場による
企業成長の加速・個人資産の
拡大が起こらない
④ 諸外国との
生産性格差、
経済成長の
格差の拡大

1．未上場株式市場が未発達な日本

この本では、スタートアップ、小規模企業、中堅・中小企業など未上場の成長意欲の高い企業を「**成長企業**」と呼ぶ。

米国を先頭に、イギリス、ドイツ他のEU諸国、中国、韓国等の主要国では、次の図のように未上場株式市場の構造が、証券取引所などの上場株式市場に加えて、代替的証券取引所、店頭市場、マーケットプレイス、クラウドファンディングなどの未上場株式市場（プライベート・エクイティ・マーケット）の発展に努める。ハイテク・イノベーションで急成長するスタートアップに限らず成長企業一般が市場で資本（エクイティ）を十分に調達できるようにすることが、これらの国が目指す方向となっている。

＜米国、イギリス、ＥＵ、中国、韓国などの株式市場＞

以下の各種タイプの市場が国ごとに複数・多数存在する

※矢印はプライマリー取引等での資金の動きをイメージ。

第２章で詳しく説明するが、次の図のように、これらの主要国と異なり日本では、未上場株式市場がほぼ発展していない。

なお、**未上場株式**は、**未公開株式**や**非上場株式**とも呼ばれる。未公開株式とは、会社法では、定款で株主が転売するときに取締役会の承認を必要とする譲渡制限の付いた株式をいう。世間的には、未公開株式とは、上場していない株式のことをいい、リスクの高い投資案件と考えられている。一方、米国等主要国では、未上場企業の株式を未上場市場で流通させる仕組みが整い、「未公開株式」を証券取引所外での「公開株式」にすることができる。このように、未上場企業の株式を「公開」して流通させることが、後に述べるように、企業の成長と経済の成長を強力に後押しする。

非上場株式には、上場企業が発行した株式のうち、上場されてない銘柄や、上場を廃止した企業の銘柄などを含む。成長企業を語るときは、いずれは上場する可能性のある企業の株式という意味で未上場株式という言葉を使うことが適当であろう。

＜日本の株式市場の構造＞

株式の取引は東京証券取引所に集中する

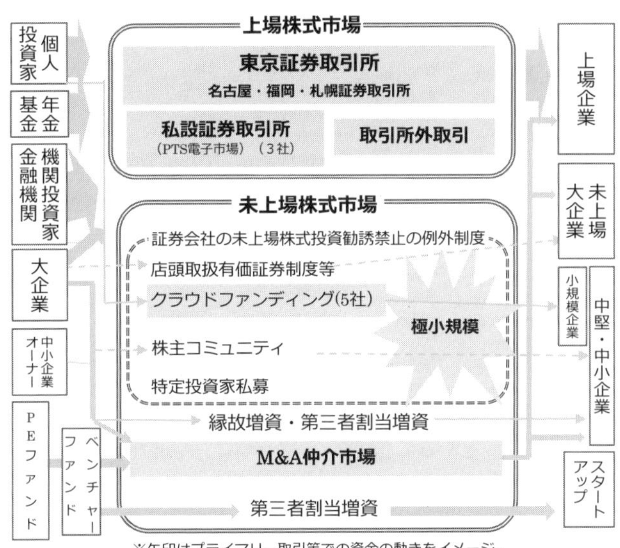

※矢印はプライマリー取引等での資金の動きをイメージ。

2．市場型エクイティ・ファイナンスによる企業の成長・経済の成長

米国を先頭に主要国では、株式の取引や市場の規制を改革し、未上場株式市場の発展に努めている。特に、IT·デジタル、インターネットを活用し、取引·手続きの迅速化、透明性の確保、取引結果の保存等の確実性を高め、市場と規制運用の効率性を高めている。こうして、エクイティという企業成長にとっての最強の資金を、成長企業が成長段階に応じて十分に調達できるようにして、エクイティを成長の燃料とした経済成長を推進している（Equity-fueling economic growth）。

米国では、大恐慌の後の1930年代から今日に至るまで、歴史的に、成長企業の資本調達（エクイティ・ファイナンス）を促進するために、証券取引法等の法改正を繰り返し、資本市場制度の改革を続けている。

米国の後を追い駆けて、1990年代から、多くの国々が、ITを活用して、上場株式市場に加えて未上場株式市場の発展を進めている。未上場株式の取引の規制と市場制度を改革して、企業に資本を調達する環境を提供する。

未上場株式市場は、米国をはじめ諸外国では、成長企業の成長の基盤である。企業が成長投資をするための市場で多くの投資家から資本を調達し、ここで株価が形成され、企業の成長を加速し、個人資産を拡大させる。多くの企業が市場をベースに成長し、国全体の経済が成長する。

米国等主要国では、成長企業が、資本（エクイティ）を調達するため、株式を発行し、各種の市場で、証券会社などの助けを得ながら、多数の投資家に対して勧誘し（**株式の募集**）、販売する活動を盛んに行っている。

投資家が成長企業から未上場株式を購入し[1]、この株式を他の投資家に転売し、多数の投資家間で未上場株式が売買される。取引量が増えると、株価が形成される。企業の成長見込みと成長期待が高まると、株価が値上がりして、時価総額が膨らんでいく。すると、その企業の次の株式の発行・販売と資本調達に、より多くの資金が集まる。設備、システム、人材など成長投資が拡大し、企業の成長が加速され、投資家の資産も膨らんでいく。

1　会社法では発行会社から投資家が株式を購入することを「引き受け」という（会社法第25条第１項など）。金融商品取引法（金商法）では、第２条第６項では、他人に引き受けさせることを目的に有価証券を全部または一部引き受ける者のことを「引受人」と定義しており、「引受け」は、他人に販売することを目的に購入するという意味で使われる。

一方、日本では、エクイティ・ファイナンスは、専らベンチャーファンドからのスタートアップの資金調達の手法として、または上場企業のファイナンスの方法として理解されている。中小企業が関連大手企業から縁故増資[2]を受け入れることもある。いずれにしろ、ほぼ相対取引の第三者割り当て増資となっていて、成長する意欲の高い企業が、市場を通じて投資資金を得ることができず、エクイティ・ファイナンスは、日本の未上場企業の資金調達の通常の選択肢となっていない。

このような資本主義の経済で、諸外国で当たり前に行われていることが、日本ではそれほど行われていない。日本でも、例えば、街角の不動産取引では宅地建物取引業者によって当たり前に行われている仲介取引などが、未上場株式では行われていない。多くの企業経営者が、市場におけるエクイティ・ファイナンスを、IPOのときにはじめて経験する。それまでは多数の投資家に呼びかけて、交渉して未上場株式を販売をすることは、ほとんど行われていないこと、できないことと思われている。

日本では、資本主義下の企業がエクイティという貴重な資金を市場を通じて調達することの重要性が、知る人ぞ知ることとなり、世の中で広く十分には理解されてはいない。よく整備された市場を通じたエクイティ・ファイナンスであれば、資本という返済不要・成功時配当払いの最良の資金を、ビジネスプランが素晴らしければ無数の投資家に呼びかけて、それに賛同した多数の投資家から、小規模な企業でも大企業と戦えるほど多額を獲得し、事業に投資することができる。市場取引[3]で、投資家間の競争を起こし、募集する企業間の競争も起こして、優れた事業に資金が集中する。小規模な企業でも、市場で必要な資金を集めて既存の大企業と戦える規模の事業投資が実施できる。既存企業も対応投資して、国中に投資競争が起こる。

2　特定の第三者に新株式の割り当てを受ける権利を与えて行う増資を「第三者割り当て増資」という。このうち、業務提携先、取引先、取引金融機関、自社の取締役や従業員、株主経営者の親類縁者など発行会社の縁故者に割り当てる場合を、「縁故者割当増資」や「縁故募集」という。

3　「市場取引」とは、1対1の「相対取引」ではなく、売り手と買い手が1対多数または多数対多数であって、売り手間、買い手間で競争が働いている状況を意味している。

3．未上場株式市場の取引・市場の規制
―米国等主要国で進む規制改革と日本の厳重な規制

株式の取引を規制し、市場を制度化する証券取引の法制度は、1990年代から米国を中心に発展してきた。米国の証券法・証券取引所法等を参考に、日本をはじめ諸外国で整備されている。用語の違いはあるものの[4]、規制目的や基本的な仕組みは、各国である程度似たようなものとなっている。

以下では、株式の取引の規制についての考え方を簡単に説明する。

株式の取引を規制する主要な目的は、投資家保護を確保しつつ、企業が市場を通じて効率的に資金を調達できるように制度を整え、経済の発展を図ることにある。このため、日本であれば有価証券届出所・同報告書による会社情報の**開示義務**（ディスクロージャー）を中心に、企業とそれを手伝う証券会社の投資家に対する勧誘・募集活動を規制し、市場での運営主体の行為や市場取引のルールを定めることにある。

勧誘（solicit）とは、発行企業が投資家に、または投資家が他の投資家に株式の購入を働きかけることをいう。日本では「**投資勧誘**」ということもある[5]。

株式の**募集**（securities offering, or equity offering）とは、発行企業または投資家が、多数の投資家を募って株式の購入を勧誘して販売する活動をいう。

企業が発行した株式を多数の投資家に販売するための募集を**発行株式の募集**（発行募集）、投資家が保有する株式を他の投資家に転売するために投資家を募集することを**転売のための募集**（offer for resale）（売出し）という。

募集は**公募**と**私募**に区別される[6]。一定の人数・社数を超えた不特定多数の投

4　日本の金商法をはじめ、各国の証券取引法は、米国の証券取引法及び証券取引所法の影響を強く受けており、この本では、基本的には、米国で使われる用語を用いている。理解しやすくするため、日本語訳は、金商法の文言にとらわれず、一般的な表現を用いている。

5　金商法では、企業や企業の資金調達を手伝う証券会社による、「新たに発行される有価証券の取得の申込みの勧誘」を「取得勧誘」といい（金商法第２条第３項）、投資家（株主）や投資家による転売を手伝う証券会社による、「既に発行された有価証券の売付け（販売）の申込み又はその買付け（購入）の申込みの勧誘」を「売付け勧誘」という（金商法第２条第４項）。

6　金商法では、発行した株式の公募に限って「募集」といい、転売のための公募を「売出し」といって区別する。多数の者に対して取得勧誘をすることを「募集」、多数の者に対して売付け勧誘をすることを「売出し」という。

資家に対して募集することを**株式の公募**（public offering）という。募集といっても、公募でも、私募でも、株式を会社法204条の割り当て自由の原則のもと、誰に割り当てるか、何株割り当てるかについて、会社側に裁量権があり、企業が募集条件で示した応募資格など一定の判断基準のもとで、株主を選ぶことができる。一方、特定の投資能力の高い投資家（**適格投資家**）または一定の少人数以下の投資家に対して株式を募集することを**株式の私募**（private offering or private placement）という。

米国など未上場株式の取引ルールや市場が発達した国では、募集は、公募も私募も、店頭市場やマーケットプレイス、クラウドファンディングで、さらには、例えば、メールやイベント、ミーティングで、発行企業・投資家自ら、または証券会社等に依頼して、多数の市場参加者間の市場的な取引として行われている。

株式の公募を行う発行企業には、会社や役員の身元情報、事業概要、業績・財務状況など一定の会社情報を規制当局に提出し、自社と規制当局で公表する義務が課される。これを**開示義務**（duty to disclosure）という。株式の公募をする前に開示する義務を**発行開示義務**、その後、毎年度、半年ごとなど継続的に開示する義務を**継続開示義務**という。開示義務を履行するためには、監査報告書の添付をはじめ各種の費用負担が高く、一定の規模の企業でないと株式の公募はできない。また、継続開示義務がないと、発行企業の本社所在地の変更も株主に確実には伝わらないので、転売市場の開設は困難であろう。この厳格な開示義務に、日本では有価証券届出書と毎年度の有価証券報告書の作成・提出による株式の公募に、１億円を超えるような負担が生じる。

このため、株式の公募を行う企業は、費用対効果を考え、上場審査や維持の費用、内部統制報告書・四半期報告書・臨時報告書などの追加の負担をして、証券取引所に上場することを選ぶ。

少額公募（small exemption）という比較的少額の募集のときや、適格投資家私募、少人数私募のときに、この開示義務について会社資料の作成や監査などの負担を軽減すると、小規模な企業でも開示義務を履行して、未上場株式の販売活動ができるようになる。このような開示負担の軽減を**簡易開示**という。

投資家が行う転売のための公募についても、投資家が私募に応じて購入した未上場株式等については、厳格な開示義務の対象となり、発行企業が発行開示義務及び継続開示義務を履行しない限り、事実上、投資家は転売できない。このため、発行会社に簡易な開示義務を課して、投資家が転売のために少額公募を行うか、転売のための私募を行うことになる。これを**私募転売**という。

米国をはじめ主要国では、IT･デジタルを活用して、行政コストを高めずに、効率的、網羅的かつ確実に開示義務の履行と取引の事後的な監視を強化している。発行企業と募集規模に応じて、開示義務を厳格なものから簡易なものまでにして、少額公募、私募、私募転売という、未上場株式が発行募集され、流通する範囲を広げている。発行企業の調達額に対する調達コストを勘案して、開示資料の内容や監査の方法を必要最小限のものにして、小規模な成長過程の企業でも、低コストで市場から資本を調達できるようにしている。

しかし、日本では、IT活用も進まずに、これら例外の範囲が狭いままであり、成長企業が資本を調達するために、多数の投資家を募集して、株式の購入を勧誘することを事前に厳しく規制している。発行企業が公募又は私募ができる範囲は、調達目標額の達成が難しく、エクイティファイナンスの経済的メリットも乏しい、限られた範囲に限定されている。

少額公募は、米国では7,500万ドル以下（82億5,000万円以下[7]）、日本では1億円未満まで、である。

少人数私募は、米国は勧誘先数は無制限、購入者35人・社[8]以下、日本は勧誘先の投資家49人・社以下となっている。

私募の対象となる適格投資家は、米国では、事業会社では総資産500万ドル（5億5,000万円）超、個人は金融資産100万ドル（1億1,000万円）超または年収20万ドル（2,200万円）超である。日本の金融商品取引法（金商法）で適格投資家に該当するものは、**適格機関投資家**（個人投資家も含む）と**特定投資家**であり、第8章と第9章で説明するが、米国等主要国の適格投資家と比べて、事業会社や個人投資家などについては形式的にも実質的にもかなり狭く限定されている。

米国では、株式の公募も私募も、少数の縁故者への私募を除き、ほぼ全件が、州政府や連邦政府に登録され、企業の資金調達コストに十分配慮した範囲での

7　この本では、米国との制度の比較と理解を簡単にするため、近年の急激な円高が起こる前の1ドル＝110円で換算している。

8　投資家の数は、個人投資家の人数及び法人投資家の社数の合計のため、以下では、○名又は○人・社と記載している。

簡易な開示が求められる。一方、日本では、1,000万円未満の少額免除と、勧誘先49人・社以下の少人数私募をはじめ、株式の公募の厳格な開示義務が免除されると、簡易な、開示義務がない状況にあり、米国と比べて、この限りでは投資家保護が不十分といえる。

米国では、証券取引法と証券取引所法に基づきSEC（Securities and Exchange Commission：証券取引委員会）が複数の州を横断する証券取引を規制・監視している。SECは、証券取引法等に基づきルールを定める。ルールの中には、**セーフハーバー・ルール**（safe harbor rule: SHR）と呼ばれる、これに従っておけば違法とされず、処罰されることはないガイドラインのような規則を定める。代表的なSHRが、少額公募について定めるレギュレーションA、レギュレーションDルール504と、私募について定めるレギュレーションDルール506である。転売については、**ルール144**、**ルール144A**が定められている（詳しくは第9章参照）。一定領域のルールをまとめてレギュレーションという。レグ（Reg.）と短縮して使用されることが多いので、この本でも、レグAやレグDと短縮する。

米国の証券取引法第5条に定める厳格な開示義務を第3条や第4条で一旦免除して、SECのルールで簡易な開示義務を定める。このため、これらの開示義務の免除に関する証券取引法の条文やSECのルールを**免除規定**（exemptions）といい、これらに基づく取引を**免除取引**（exempt transaction）という。レグA・レグDなど、米国内外の関係者にとってはあまりに著名なルールであり、諸外国もこれら米国の規制を学び、各国の証券取引法の体系に導入している。

このような米国を追い駆けて、他の主要国も開示義務の免除・軽減する範囲を広げている（**未上場株式の取引の自由化**）。

日本では証券会社（第一種金融商品取引業者）が未上場企業の株式の募集を手伝って投資家に投資勧誘を行うことも原則禁止されている。このため、日本の未上場企業はエクイティ・ファイナンスのために証券会社の顧客網を活用することができない。米国では、証券会社は投資銀行と呼ばれて、投資家である顧客網を提供して、大企業から中小企業までのエクイティ・ファイナンスを支援する。

４．米国等主要国の発展した未上場株式市場の構成
―電子株式市場、店頭市場、マーケットプレイス、クラウドファンディング

発行取引（プライマリー取引）とは、企業（株式会社）が株式を発行して、これを販売して資本（エクイティ（equity））を調達することをいう。このように株式を発行した株式会社のことを**発行企業**という。投資家は、政府系機関や金融機関、生損保、年金基金、ファンド、投資会社などの機関投資家、一般の事業法人や個人などの一般投資家など多様である。

転売取引（セカンダリー取引）とは、株式を購入した投資家が他の投資家に転売することをいう。

株式市場を機能面でまたは実態面で分類すると、企業が発行した株式を投資家と市場取引する場であるプライマリー市場と、投資家間で株式を市場取引する場であるセカンダリー市場に区分される[9]。

株式のプライマリー取引がある程度まで盛んとなっていないと、セカンダリー取引は活発にはならない。プライマリー取引が相対取引ではなく、多数対多数の市場取引として発展すれば、流通する株式が増えてセカンダリー取引はおのずから盛んとなる。株式市場は、プライマリー市場とセカンダリー市場の両方の機能が車の両輪のように発展しないと、いずれも、全体も発展しない。

未上場株式市場を分類すると先ほどの図のようになる（ｐ4）。図の中にある各市場を簡単に説明すると次のとおり（２－１で詳しく説明する）。

店頭市場とは、証券会社と顧客（発行企業、投資家）との取引相対取引から１対多数、多数対多数の市場である**店頭取引**が、証券会社の連携のもと連鎖し、集積した市場である。証券会社の顧客である発行企業や投資家が証券会社を通じて広く市場に参加して自然発生的に形成される組織化の緩やかな街角の市場である。

店頭登録市場とは、この本では、店頭市場のうち、証券業協会または証券会社により運営される市場であって、銘柄の登録や気配値・売買結果等の共有、

9　米国では、マーケットプレイスのうち従業員の報酬株式やベンチャーファンドの投資先の株式の転売市場を中心とするものは、「セカンダリーマーケット」と自称・他称される。このうちの多くは、マーケットプレイス大手や新規参入者などがATSの登録を受けて代替的証券取引所となったものである。

共通のシステム等の設置など組織化・制度化・自動化が進んだものをいう。店頭市場や店頭登録市場では、主に証券会社等を介してプライマリー取引とセカンダリー取引の両方が市場的に行われる。今日ほとんどが電子化されており、代替的証券取引所となっている。

代替的証券取引所とは、電子自動市場取引システム（市場システム）を設置して証券取引所と同様、需給の集約・価格形成などが自動的に行われる証券取引所である。証券取引所の市場区分として、未上場株式の市場を設け、市場システムを活用しているものや、証券業協会が未上場株式の店頭登録市場に市場システムを置いて電子化した市場がある。また、証券会社等がATS（米国）、PTS（日本）、MTF（EU）[10]という代替的・私的証券取引所の登録・認可を得て開設した上場株式や未上場株式の市場がある。証券会社設立の小規模な証券取引所である。

マーケットプレイス（未上場株式取引プラットフォーム）とは、未上場株式の売買の仲介等をオンラインで行うプラットフォームである。証券会社等がこれを設置する。各種規制の範囲で、発行企業が投資家に対して少額公募または私募を行い、投資家が他の多数の投資家に未上場株式を転売する。

株式投資型クラウドファンディングとは、企業が株式を発行し、一般投資家に直接販売するオンライン・プラットフォームである。開示を簡素化し、一般投資家向けへの勧誘と取引成立をインターネットで行うことができる。発行企業が前述の少額公募を証券会社等が設置したオンライン・プラットフォームで実施するものである。投資家の投資額・株式の販売額を小口化して、多数の一般・個人の投資家に、プラットフォームの情報のみで勧誘し、オンラインで取引して薄く広く資金を集める仕組みである。このため、小規模公募に比べて発行企業の募集額を下げたり、投資家の投資額に上限を設定したりして投資家保護を強化している。この本では、単にクラウドファンディングというときは株式投資型のものを意味している。

10　米国では代替的取引システム（ATS：Alternative Trading System）、日本では私設取引システム（PTS：Propriety Trading System）、EUでは多角的取引システム（MTF：Multilateral Trading Facility）という。本書では、まとめて「代替的証券取引所」とする。PTS代替的証券取引所などとすることもある。

5．本書が提案すること
―未上場市場株式市場の発展と、市場型エクイティ・ファイナンスの促進による企業の成長個人資産の拡大と経済の成長

日本の失われた30年の低成長を打破するため、日本も主要国を追い駆けて、未上場株式市場を発展させて、成長企業が自由に主体的に資本を調達できる環境を整備するべきである。

市場からのエクイティ調達による成長加速は、世界的潮流であり、インターネットとデジタル技術がこの流れを加速する。日本もこの道を走らざるを得ない。

企業は、市場を通じたエクイティ・ファイナンスによって、成長段階ごとに資金を集め、投資し、成長する、この資金調達環境と成長の階段を整えるべきである。

こうして、市場での資金調達による大胆な投資の実施と、既存企業を含む企業間の投資競争を引き起こす。

日本も米国等主要国と同様に、企業の成長投資の拡大と個人資産の拡大の好循環によるエクイティ主導のイノベーションと企業成長経済成長を推進する。

6．本書の全体フローと構成
―日本では未上場株式市場が未発達→成長企業が市場でエクイティを調達できない→長期の経済成長の低迷

日本の経済成長の長期低迷の主たる要因が、企業の設備、人材、IT、R&Dなどの成長投資の不足にあることは、ほぼ通説となっている[11]。

この本では日本のみ未上場株式市場が未発達であることが、成長企業が市場を通じた資本調達（市場型エクイティ・ファイナンス）を十分に活用できない状況を通じ、この深刻な過少投資と長期低成長を引き起こす主要な要因となっている。

少子高齢化、新興国企業の競争力向上、交易条件の悪化、企業経営、産業の空洞化、マクロ経済政策のあり方など、経済の低成長の要因とされることや、直接間接に設備投資不測の要因とされることは多岐にわたる。

11　伊藤元重［地球を読む］経済「３低」脱却　突破口は民間の積極投資　2020年11月29日読売新聞朝刊。

〈全体フロー図〉 未上場株式市場でのエクイティ・ファイナンスによる企業の成長・個人資産の拡大と経済成長

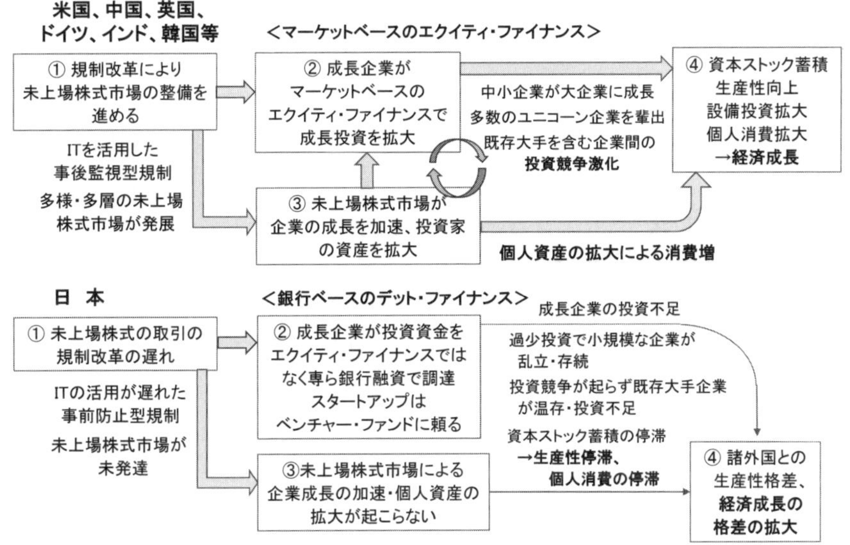
米国、中国、英国、
ドイツ、インド、韓国等
＜マーケットベースのエクイティ・ファイナンス＞
① 規制改革により未上場株式市場の整備を進める
② 成長企業がマーケットベースのエクイティ・ファイナンスで成長投資を拡大
④ 資本ストック蓄積
生産性向上
設備投資拡大
個人消費拡大
→経済成長
中小企業が大企業に成長
多数のユニコーン企業を輩出
既存大手を含む企業間の
投資競争激化
ITを活用した
事後監視型規制
多様・多層の未上場
株式市場が発展
③ 未上場株式市場が企業の成長を加速、投資家の資産を拡大
個人資産の拡大による消費増
日　本
＜銀行ベースのデット・ファイナンス＞
成長企業の投資不足
① 未上場株式の取引の規制改革の遅れ
② 成長企業が投資資金をエクイティ・ファイナンスではなく専ら銀行融資で調達
スタートアップはベンチャー・ファンドに頼る
過少投資で小規模な企業が
乱立・存続
投資競争が起らず既存大手企業
が温存・投資不足
資本ストック蓄積の停滞
→生産性停滞、
個人消費の停滞
ITの活用が遅れた
事前防止型規制
未上場株式市場が
未発達
③未上場株式市場による企業成長の加速・個人資産の拡大が起こらない
④ 諸外国との
生産性格差、
経済成長の
格差の拡大

この本では、日本の成長企業がエクイティ・ファイナンスを十分に活用できないことが、日本の低成長の大きな原因と考える。このことの裏付けとなる事実やデータを第１章、第２章、第３章、第４章に掲載している。ファイナンスの手段が銀行借入中心となっていることが、経済成長へ一定の悪影響を与えること自体は、有識者皆が合意することでもある。しかしながら、ファイナンスの手段の中で、エクイティの活用割合が低いことが、日本の資本ストックの成長にどの程度悪影響を与えているか、相関関係やインパクトをデータで示すことまではできず、また、この実証分析はこの本のテーマではない。

ただし、この過少投資がどのように起こり、それがどのように国全体の資本ストックの成長を抑制し、低成長を引き起こすかについて、上図のようなフローで理解することはできる。

以上の全体フォローの下、この本の構成は、以下のとおりである。

「第１章　日本のスタートアップはユニコーン企業になれず、中小企業は生産性が伸びずに大企業になれず、グローバル企業は減り、経済成長が低迷する」

では、日本経済の長期低迷を示すデータを上げる。これらのデータは、資本市場など企業の投資資金のファイナンスに日本独自の構造的な問題がある可能性を示すものである。

「第2章　未上場株式市場が発展する米国、これを追い駆けるイギリス、EU、中国、韓国その他の国々、これらに遅れる日本」では、米国等主要国と日本の株式市場の構造を解説し比較する。要約すれば、米国では、証券会社のネットワークである店頭市場が、各州に、さらには全米レベルで発展する。上場株式市場と同様に電子市場取引システムを活用した電子株式市場が活動する。オンライン・プラットフォームの発展の中で、未上場株式を企業が投資家に販売し、投資家間で売買するマーケットプレイスや、企業が広く一般投資家に販売するクラウドファンディングが拡大する。日本以外の主要国も米国の後を追う。日本では、M&A市場は発展しているが、ファンドからの企業への出資や中小企業への縁故増資、ごく小規模のクラウドファンディングを除き、未上場株式市場はほぼ発達していない。

「第3章　ユニコーン企業を生み、小規模企業を大企業に育てる未上場株式市場―米国企業の資本形成プロセス」では、米国と日本の資本形成過程を、ウーバー、ズーム、メルカリなどの事例とデータで示す。**資本形成**（capital formation）とは、企業が成長段階ごとに資本を調達して自己資本を拡大していくことをいう。日本では、企業の成長を売上高や従業員数の増加で理解する傾向があるが、資本形成による自己資本の額こそが厳密な意味での株式会社の成長を示すものであろう。

米国等主要国では、発達した未上場株式市場で、未上場の成長企業がエクイティ・ファイナンスを進め、成長段階ごとに、成長段階に応じた規模の多額の資本を調達して自己資本を拡大して資本形成を進め、イノベーションと生産性の向上を進め大企業へ、ユニコーン企業へ成長する。未上場株式市場では、多数の投資家が未上場株式に投資して、未上場企業のリスクを分担する。投資家間で売買され、株価が形成され、成長期待が高まると時価総額も拡大する。

ハイリスクの事業を進める企業が巨額の資金を得ることも、急成長企業に初期段階から投資した投資家が、巨額のリターンを得る機会もある。投資家が企業の成長を後押しし、株価が上昇して、時価総額と投資家の資産を拡大させると、企業の次の資本調達額を拡大させ、さらに企業が成長する好循環が生じる。

こうして、スタートアップがユニコーン企業になり、IPOをしてグローバル企業になり、中小企業が未上場のまま大企業へと成長する。

日本では、未上場株式市場がほとんど発展していないため、企業は、創業直後から銀行借入を調達して緩やかに成長する。投資家は、専ら上場株式へ投資する。スタートアップ・ベンチャー企業はベンチャーファンドからの資本調達に頼る。その時価総額はIPOまでは資本調達額累計とそれほど変わらない。多くが小規模な時価総額でIPOを行い、その後の成長も不十分となる。

「第４章　日本の成長企業のエクイティ・ファイナンスの現状」では、日本のエクイティ・ファイナンスが米国や主要国、先進諸国と比べて各種の面で不活発である状況を、データを用いて説明する。

「第５章　最強資金のエクイティが使えずに成長が停滞する日本の未上場企業」と「第６章　エクイティ主導の経済成長―市場型エクイティ・ファイナンスによる企業の成長・個人資産拡大と経済成長」では、市場型エクイティ・ファイナンスの考え方と企業成長、経済成長との関わりを整理する。

エクイティは、社債、長期借入等で調達した資金と比べて、成長企業にとっての最強の資金となる。資金の性格などファイナンの各種の理論がこれを裏付ける。

特に、未上場企業の株式の公募・私募や投資家の転売等についての厳格な規制が存在し、未上場株式市場が発達していない日本では、未上場の成長企業は、主体的に、積極的に株式の販売活動をして、広く多数の投資家から資本を調達すること（**市場型エクイティ・ファイナンス**）ができずに、大胆に成長投資をすることができない。

成長企業は、事業に成功すると、関連の企業を含め急速に成長し、多くは設備投資と雇用を拡大しながら成長を続ける。市場を通じたエクイティ・ファイナンスにより、成長企業は大企業に打ち勝つほど大規模の投資が可能となる。これによって、成長企業は急速に大きく成長するとともに、大企業もこれに対抗して投資するため、企業間の投資競争が盛んとなって、国全体の資本ストックを高める。日本では、過少投資の中、新興企業が大きく育たずに、既存企業が温存され、日本の外でグローバルに成長した他国の企業に打ち負かされることになる。

投資家側も、内部留保[12]や個人資産など民間資金を資本として、成長投資に向ける機会が乏しい。結果として、主要国のように、個人が未上場の成長企業に投資して、成長の果実を享受することもできず、その分、消費も伸び悩み、経済成長の格差を広げる。

「第７章　米国の未上場株式市場改革の歴史と日本の市場発展停滞の経緯」では、日本がこのような状況に至った歴史的経緯を米国の資本市場改革の歴史と対比しながら記載している。

米国では、1930年代や、1970年代の経済の低迷期に、中小企業に効率的に資本を調達する環境を提供する考えで改革し、これを続けてきた。一方、日本では、市場集中主義の下、取引所外の未上場のプライマリー市場の健全な発展が進まずに、規制を維持してきた状況がみえる。

「第８章　未上場株式市場が発展しない要因―日本の株式の募集等の厳格な規制（概念）」、と「第９章　日本での未上場株式市場が発達できない要因―未上場株式の発行募集から流通までの幾重もの厳重な規制」では、発行企業や証券会社に対する未上場株式の公募・私募他の取引の規制やオンラインプラットフォームや電子市場取引システムの活用を巡る規制などを、米国との比較を中心に、詳しく説明している。

「第10章　日本経済のフロンティア―未上場株式市場を発展させるために」では、第８章と第９章で示した日本の規制・制度の問題点を再整理して、日本の未上場市場整備の方向を示している。

日本の成長企業でも米国等での募集を含め、エクイティの調達が可能な範囲はある。多くの企業がこれに取り組む中で、規制の見直しが加速されることを希望する。意欲の高い企業にとって極めて重要なエクイティ・ファイナンスで、日本の企業が著しく不利な状況に置かれていることをご理解いただく良い機会となる。

現状の規制は、関係者がその時々に最大限適切に判断された結果であり、この本は、特定の誰かを非難する意図もない。

現行の規制を熟知する規制当局・自主規制機関や関係者こそが、規制・制度

12　利益を蓄積した資金というイメージが伝わるので、以下「内部留保」という言葉を使うが、利益剰余金というほうが正しいと考えられる。朝倉雄介「ファイナンス思考」ダイヤモンド社（2018）参照。

の今後の見直す方向を適切に考案することができる。不慣れな企業でも、これから、エクイティを活用した経営の方法を習得し直すこともできる。

今こそ、この状況を今後の成長機会ととらえ、企業は、まず、現時点の規制の中でできる範囲からエクイティ・ファイナンスに基づくビジネスモデルの考案と成長投資に取り組み、資本形成による企業成長を目指すべきであろう。

特に、金融関係者には新たなビジネスチャンスととらえて、個人投資家も未上場企業への投資という資本投資の本筋ともいうべき領域について、理解を深めていただけると幸いである。

第1章

日本のスタートアップはユニコーン企業になれず、中小企業は生産性が伸びずに大企業になれず、グローバル企業は減り、経済成長が低迷する

〈全体フロー図〉 未上場株式市場でのエクイティ・ファイナンスによる企業の成長・個人資産の拡大と経済成長

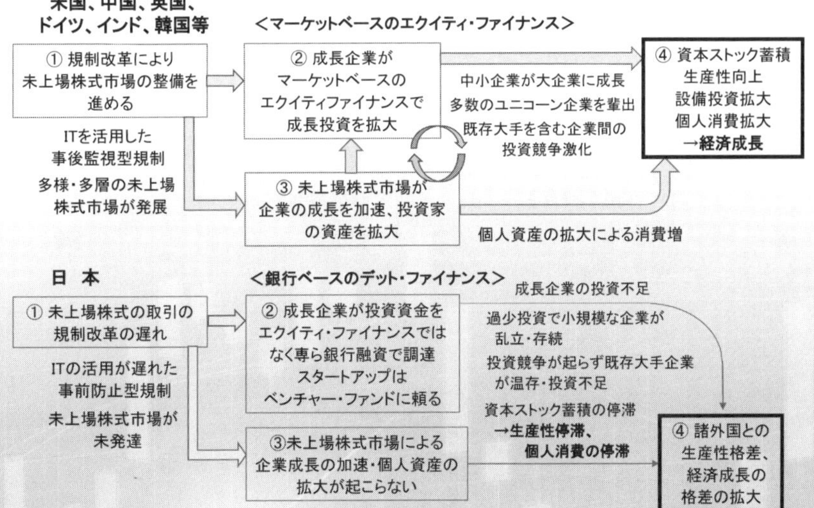

米国、中国、英国、ドイツ、インド、韓国等
<マーケットベースのエクイティ・ファイナンス>
① 規制改革により未上場株式市場の整備を進める
② 成長企業がマーケットベースのエクイティファイナンスで成長投資を拡大
④ 資本ストック蓄積
生産性向上
設備投資拡大
個人消費拡大
→経済成長
中小企業が大企業に成長
多数のユニコーン企業を輩出
既存大手を含む企業間の投資競争激化
ITを活用した事後監視型規制
多様・多層の未上場株式市場が発展
③ 未上場株式市場が企業の成長を加速、投資家の資産を拡大
個人資産の拡大による消費増
日 本
<銀行ベースのデット・ファイナンス>
成長企業の投資不足
① 未上場株式の取引の規制改革の遅れ
② 成長企業が投資資金をエクイティ・ファイナンスではなく専ら銀行融資で調達
スタートアップはベンチャー・ファンドに頼る
過少投資で小規模な企業が乱立・存続
投資競争が起らず既存大手企業が温存・投資不足
ITの活用が遅れた事前防止型規制
未上場株式市場が未発達
資本ストック蓄積の停滞
→生産性停滞、個人消費の停滞
③未上場株式市場による企業成長の加速・個人資産の拡大が起こらない
④ 諸外国との生産性格差、経済成長の格差の拡大

企業が成長してこそ、国の経済は成長する。多くの企業が大きく成長すれば、それだけ経済全体が大きく成長する。

日本は、経済規模や技術力の割に、ユニコーン企業の数は著しく少ない。この30年間で、グローバル企業に成長した企業の数もごくわずかである。生産性は先進国の中で低い順位に低迷し、特に、中小企業の資本集約化や生産性の向上が進まずに、大企業へと成長する企業も少ない。この結果、経済成長も長期間停滞している。

主要国に大きく後れ、先進国の中でも見劣りする日本の経済パフォーマンスの裏には何か構造的な問題があるのではないかと考えざるを得ない。

1－1　経済規模と比べて異常に少ない日本のユニコーン企業

日本は、**表1－1**にあるように、その経済規模、人的資源、技術力、資金力の割には、ユニコーン企業が著しく少ない。ユニコーン企業とは、設立後10年以内で、企業価値が10億ドル以上の未上場企業をいう。この場合の企業価値は時価総額に有利子負債の額を加えたものとされる。

2022年２月には、ユニコーン企業が世界に約1,000社あるが、このうち米国企業が536社、中国企業が168社あるのに対し、日本企業はわずか６社である。米中に続くのは、インド（63社）、イギリス（42社）、フランス（24社）、ドイツ（24社）、イスラエル（20社）、である。日本は、ブラジル（16社）、韓国（12社）インドネシア（７社）よりも少なく、まさしく異常な状況にある。

〈表１－１〉　ユニコーン企業の国別社数と順位

<table>
<tr><th>順位</th><th>国　名</th><th>企業数</th><th>順位</th><th>国　名</th><th>企業数</th></tr>
<tr><td>1</td><td>米　国</td><td>536</td><td rowspan="2">10</td><td>シンガポール</td><td rowspan="2">12</td></tr>
<tr><td>2</td><td>中　国</td><td>168</td><td>韓　国</td></tr>
<tr><td>3</td><td>インド</td><td>63</td><td>12</td><td>インドネシア</td><td>7</td></tr>
<tr><td>4</td><td>イギリス</td><td>42</td><td rowspan="5">13</td><td>オーストラリア</td><td rowspan="5">6</td></tr>
<tr><td rowspan="2">5</td><td>フランス</td><td rowspan="2">24</td><td>香　港</td></tr>
<tr><td>ドイツ</td><td>日　本</td></tr>
<tr><td>7</td><td>イスラエル</td><td>20</td><td>オランダ</td></tr>
<tr><td>8</td><td>カナダ</td><td>19</td><td>スウェーデン</td></tr>
<tr><td>9</td><td>ブラジル</td><td>16</td><td>18</td><td>アイルランド</td><td>5</td></tr>
</table>

（出所）CB Insight, 2022年２月のデータから筆者が算定

1－2 生産性が低下し中小企業が大企業へと成長しない日本

（1）主要国に後れを取る日本の生産性

日本生産性本部が毎年発表する労働生産性の国際比較では、次の**グラフ1－2－1**のように、日本の時間当たり労働生産性の主要先進７カ国での順位は最下位のまま低迷を続ける。

また、OECD加盟国の労働生産性の**グラフ１－２－２**を見ても、日本の労働生産性は、長年の低下傾向の中、2022年の労働生産性（就業者一人当たり付加価値額）は、81,510ドル（818万円／購買力平価（PPP）換算）であり、OECD加盟38カ国でみると31位（2021年は29位）と、1970年以降最も低い順位になっている。ハンガリー（85,476ドル／834万円）やラトビア（83,982ドル・819万円）といった東欧諸国と同水準となっており、西欧諸国と比較すると、労働生産性水準が比較的低いイギリス（112,351ドル／1,096万円）の４分３程度の水準となっている。

〈グラフ1－2－1〉 主要進７カ国の時間当たり労働生産性の順位

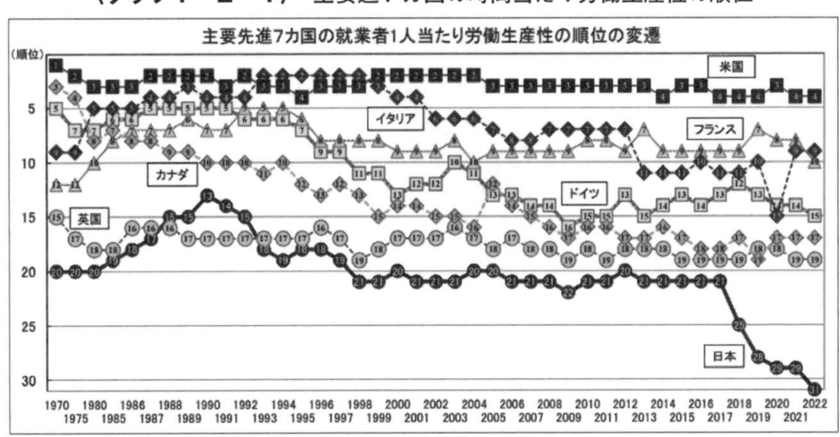

（出所）日本生産性本部「労働生産性の国際比較2023」
（OECD.Statデータベースをもとに日本生産性本部作成）

〈グラフ１－２－２〉　OECD加盟諸国の労働生産性

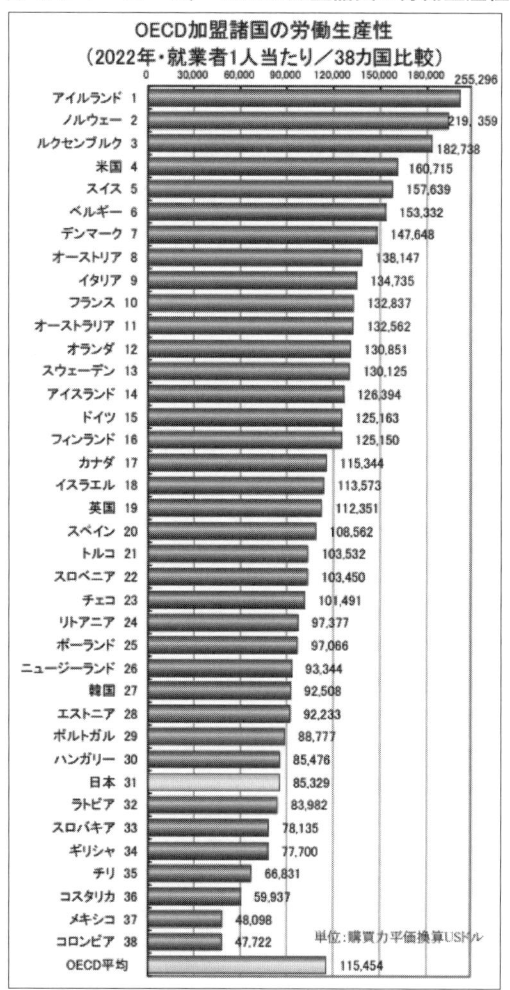
OECD加盟諸国の労働生産性
（2022年・就業者1人当たり／38カ国比較）
0
30,000
60,000
90,000
120,000
150,000
180,000
アイルランド 1
255,296
ノルウェー 2
219,359
ルクセンブルク 3
182,738
米国 4
160,715
スイス 5
157,639
ベルギー 6
153,332
デンマーク 7
147,648
オーストリア 8
138,147
イタリア 9
134,735
フランス 10
132,837
オーストラリア 11
132,562
オランダ 12
130,851
スウェーデン 13
130,125
アイスランド 14
126,394
ドイツ 15
125,163
フィンランド 16
125,150
カナダ 17
115,344
イスラエル 18
113,573
英国 19
112,351
スペイン 20
108,562
トルコ 21
103,532
スロベニア 22
103,450
チェコ 23
101,491
リトアニア 24
97,377
ポーランド 25
97,066
ニュージーランド 26
93,344
韓国 27
92,508
エストニア 28
92,233
ポルトガル 29
88,777
ハンガリー 30
85,476
日本 31
85,329
ラトビア 32
83,982
スロバキア 33
78,135
ギリシャ 34
77,700
チリ 35
66,831
コスタリカ 36
59,937
メキシコ 37
48,098
コロンビア 38
47,722
単位：購買力平価換算USドル
OECD平均
115,454

出所：日本生産性本部、前掲

（2）中小企業と大企業の生産性の格差

通常、どの国であっても、中小企業の生産性は大企業と比べて低いが、日本では、諸外国と比べても、特に、中小企業・小規模事業者の大企業に比べた労働生産性が低くなっている。

グラフ１－２－３のOECDの分析によると、製造業の企業規模別の生産性の格差は次のとおりで、Ｇ７諸国では、格差の大きい順で、日本、ドイツ、フランス、イギリスとなる。

〈グラフ１－２－３〉大企業を100とした場合の中小企業の労働生産性

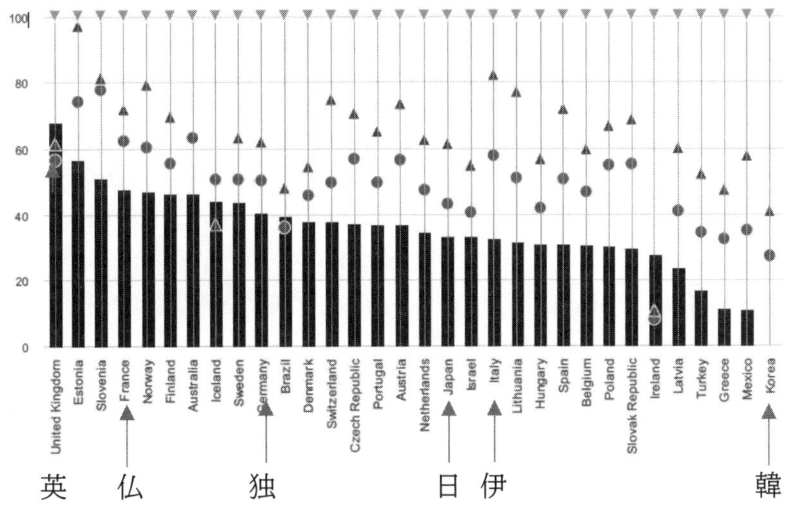

▼大企業（従業員250名以上）＝100
▲中小企業（従業員50名以上250名未満）
●小規模～中小企業（従業員10名以上50名未満）
（出所）OECD Compendium of Productivity Indicators　2021
Labour productivity in SMEs and large firms, manufacturing

労働生産性＝付加価値額÷労働力＝資本装備率×資本生産性であり、資本装備率＝資本ストック÷労働力、資本生産性＝付加価値額÷資本ストックと算定される。よって、労働生産性の上昇には資本ストックと資本生産性の伸びが貢献する。

中小企業の生産性が特に低い日本では、他国と比べて特に中小企業、小規模企業の設備投資が不十分で、資本ストックの蓄積と資本生産性の向上が相対的に不足している様子がみえる。スタートアップを含む中小企業、小規模事業者を成長過程の企業と考えると、日本では、企業が成長するための投資が不足していると理解することができよう。

このグラフには米国のデータはないが、この前のグラフにあるように米国の労働生産性は世界第３位、日本の倍近くとなっている。一方で、米国は、日本と同様、それ以上に、中小企業、小規模企業、個人自営業者の数が多い。企業数の約99％が従業員500名未満の小企業（small businesses）であり、81％が個人事業主である。この中小企業で従業者数の約47％を占めている[13]。

中小企業は、生産性を高めることで大企業へと成長することができる。中小企業の生産性が低い日本には、どこかに中小企業が大企業へと成長しにくい状況があることがわかる。

一般的に企業の生産性は、成長投資をして、競争力を高め売り上げを増やし、費用が逓減する中で上昇する。設備、人材、情報システム、R&Dなどの成長投資を新興企業から既存大企業までが積極的に行う中で資本ストックも増大し、生産性も向上する。こうして、スタートアップ、小規模企業、中小企業から大企業へ、さらにはグルーバル企業へと成長する。

実際、次の**グラフ１－２－４**のとおり、中小企業庁が大企業と中小企業の労働生産性上昇の要因を分析した結果では、2013年度から2018年度の労働生産性の上昇要因としては、大企業では製造業、非製造業ともに資本装備要因がプラスであるが、中小企業の非製造業では資本装備率要因がマイナスとなっている。中小企業では設備投資などが不足している状況がみえる。

13　米国中小企業庁によると、2017年の米国の従業員500名未満の中小企業は約3,170万社、うち個人事業者は約2,570万社、500人以上の大企業は、20,139社。中小企業の雇用者数は約6,100万人、民間部門の雇用数の47.1％を占める。

〈グラフ1－2－4〉大企業と中小企業の労働生産性上昇の要因分解
（2013年度から2018年度）

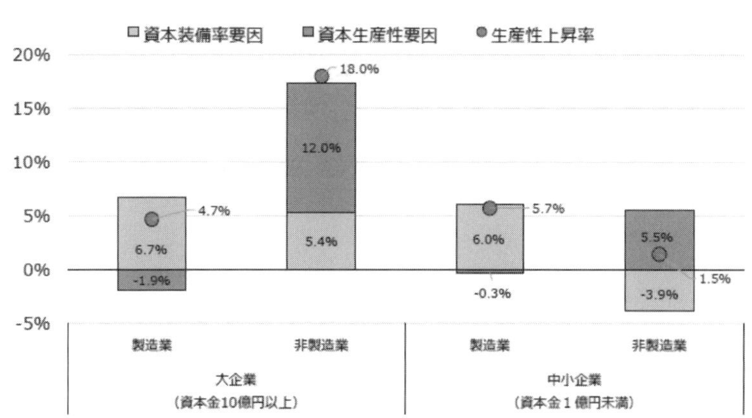

（出所）中小企業庁作成の事務局説明資料_中小企業政策審議会制度設計ワーキンググループ第4回（2020年8月27日）

1－3 減少を続ける日本のグローバル企業

成長企業が革新的な事業に成功してグローバル企業へと成長すると、他の多くの企業を大企業へと成長させ、さらの多くの中小企業を生み出す。そして、これらの成長企業群が、設備投資の増大、雇用の増加、賃金の上昇、個人消費の拡大などを通じて裾野広く国の経済成長を大きく牽引する。

（1）グローバル企業の社数

フォーブス・グローバル2000（2021年版）にランク入りしたグローバル企業の国別の社数は、次の**表1－3－1**にあるように、日本は215社と、米国590社、中国291社の次である。日本の次はイギリス66社であるが、その次の韓国も62社にまで達している。

上位500社でみると、日本43社、米国170社、中国68社、韓国15社である。2000年版の上位500社では、日本104社、米国185社、中国12社、韓国11社であった。2000年から2021年までに、上位500社でみても日本のランク入り企業は104社から43社へと大きく減少している。この間米国はそれほど変わらず、中国は大きく増えている。また韓国も11社から15社に増えている。

〈表1－3－1〉 フォーブス・グローバル2000社（2021）

・2021年の上位10ヶ国の国別社数

順位	国名	社数
1	米　国	590
2	中　国	291
3	日　本	215
4	イギリス	66
5	韓　国	62
6	香　港	59
7	カナダ	56
8	ドイツ	54
9	フランス	53
10	インド	50

・500社での上位国の国別社数（順位は2021年）

順位	国名	2021年	2000年
1	米国	170	185
2	中国	68	12
3	日本	43	104
4	イギリス	21	33
5	韓国	15	11

（出所）フォーブス・グローバル2000（フォーブスが世界のトップ公開企業2000社を売上高、利益、資産、時価総額の4つを基準に順位付けしたもの。2021年版では、時価総額は2020年4月30日の株価終値で、発行済み普通株式のすべてを含めている）。日本の最高位はトヨタ自動車の11位。2000年のデータはフォーブス・グローバル500(2000年版)からのもの。

（2）グローバル企業に成長した企業の数

日本ではこの数十年、新興企業が創業して他に多くの企業の成長を引っぱりながら一挙にグローバル企業に成長するといった、ダイナミックな動きが減少し、今ではほとんど見られなくなっているように思える。次の表にあるように日本では、この30年間で、世界的な大企業にまで成長した企業が５社にとどまる。米国ではランクインした590社中の上位100社のうちでも９社ある。

データで説明することは困難であるが、１つの企業がグローバル企業にまで成長すると、その関連で多数の中小企業が国レベルの大企業に成長し、さらに多数の中小企業が生まれていることだろう。

〈表1－3－2〉 フォーブス・グローバル2000社中
1990年以降に設立された企業

1）日本企業（ランクイン215社中）

順　位	日本内順位	社　名	設立年
753	73	楽天	1997
1301	125	SBIホールディングス	1999
1374	137	NEXON	1994
1579	157	エムスリー	2000
1968	212	オープンハウス	1997

（参考：1990年以前に設立された著名なＩＴ企業）

27	2	ソフトバンク	1981

2）米国企業（上位100社中）

順　位	米国内順位	社　名	設立年
10	5	アマゾン	1994
13	6	アルファベット	1999
33	16	フェイスブック	2004
74	30	アッヴィ	2013
152	59	ペイパル	1998
163	62	セールスフォース	1999
219	85	ネットフリック	1997
256	95	ナビディア	1993
262	96	テスラ	2003

（参考：米国のランクイン590社中1990年以前に設立された著名なＩＴ企業）

15	7	マイクロソフト	1975
6	3	アップル	1976
71	29	オラクル	1984
75	31	シスコ・システムズ	1984
92	37	デル・テクノロジーズ	1984
275	99	フィサーブ	1984

（3）テクノ系グローバル企業の数

次の表にあるようにグローバル2000社中に、先進的な技術力をベースに成長を続けるテクノ系企業は、次の表にあるように177社ある。このうち、米国企業は81社、中国企業26社、台湾企業15社の次に日本企業13社となっている。

〈表１－３－３〉 テクノ系企業の国別社数

国名	全177社 社数	割合
米　国	81	45.8%
中　国	26	14.7%
台　湾	15	8.5%
日　本	13	7.3%
その他 18か国	42	23.7%

国名	上位20社 社数
米　国	13
韓　国、台　湾	2
中国、ドイツ、 アイルランド	1

（出所）フォーブス・グローバル2000

上位20社は、次の**表1－3－4**のとおり。この数十年でグローバル企業となった著名企業が続くが、この中に日本企業の姿はない。

内訳は、米国13社と、米国企業が圧倒する。韓国、台湾それぞれ2社、中国、ドイツ、アイルランドがそれぞれ1社である。次の表にあるようにいずれも新しい産業分野を開拓しながら成長し、国内、国際経済を牽引した企業ばかりである。

〈表1－3－4〉 テクノ系企業のランキング177社のうち上位20社

テクノ系内順位	社名	国	売上高	時価総額
1	アップル	米国	2,939億ドル 32兆3,290億円	2兆3,000億ドル 253兆円
2	サムスン	韓国	2,007億ドル 22兆0,770億円	5,105億ドル 56兆1,550億円
3	アルファベット	米国	1,824億ドル	1兆5,000億ドル
4	マイクロソフト	米国	1,533億ドル	2兆ドル
5	テンセント	中国	700億ドル	7,738億ドル
6	フェイスブック	米国	860億ドル	8,705億ドル
7	インテル	米国	779億ドル	2,637億ドル
8	IBM	米国	736億ドル	1,194億ドル
9	TSMC	台湾	481億ドル	5,581億ドル
10	オラクル	米国	397億ドル	2,277億ドル
11	シスコ	米国	480億ドル	2,229億ドル
12	デル	米国	943億ドル	774億ドル
13	鴻海精密工業	台湾	1,820億ドル	604億ドル
14	SPA	ドイツ	317億ドル	1,642億ドル
15	ブロードコム	米国	247億ドル	1,955億ドル
16	セールスホース	米国	213億ドル	2,136億ドル
17	アクセンチュア	アイルランド	457億ドル	1,909億ドル
18	SKハイニックス	韓国	270億ドル	842億ドル
19	クオンタム	米国	267億ドル	1,570億ドル
20	マイクロンテクノロジー	米国	235億ドル	1,017億ドル

（出所）フォーブス・グローバル2000

米国では、IT系の企業を中心に、アップルやテスラのような製造業を含むテクノ系の巨大な世界企業が数10年間で多数育っている。

次の章以降で詳しく説明するが、米国では、1970年代から成長企業向けの資本市場の改革を進めており、これら米国企業の多くは、改革の恩恵を受けて、創業期はエンジェル投資家やベンチャーキャピタル、近年ではクラウドファンディングから資本を調達し、その後の成長過程では、各種の未上場株式市場で多額の資本を繰り返し調達して成長投資を行う。そして、IPO・上場をして、証券取引所等で巨額の資金を調達して、グローバル企業へと成長している。

1－4 資本ストックが伸びず主要国と比べて低迷する日本の経済成長

日本の経済成長率は、長期間にわたって低迷している。次の**表１－４－１**のように2000年から2007年平均で1.27％、2010年から2019年で0.99％となり、OECD諸国の中でも低位の水準にある。いわゆる失われた30年と呼ばれる事態であるが、この間、これらの国々と比べても資本ストックの寄与が極わずかという状況が続いている。

また、次のページの**グラフ１－４－１**で2010年から2019年までのGDP成長率の要因分解をみると、日本では特に、資本ストックの上昇の貢献が少ない。1990年代に入って一段下がって、2000年代に再度資本ストックの伸びが低下している。

企業の設備投資等が低迷し、中小企業が成長せず、大企業が増えず、グローバル企業が現れず、日本の資本ストックの蓄積を停滞させて、経済成長も低迷させている状況がここにも示されている。

〈表１－４－１〉 各国の経済成長率と資本ストックなど

国名	GDP成長率 2010-2019年 年平均	資本 ストック	資本の質	労働時間	全要素 生産性	GDP成長率 2000-2007年 年平均
韓国	2.88	1.17	0.15	0.21	1.35	5.04
豪州	2.31	1.01	-0.03	0.87	0.46	3.44
米国	2.24	0.42	0.28	1.15	0.39	2.48
英国	1.78	0.5	0.04	1.2	0.02	2.61
ドイツ	1.66	0.18	0.2	0.56	0.72	1.32
日本	0.99	0.01	0.16	0.13	0.68	1.27

（出所）OECD, "Compendium of Productivity Indicators 2021 GDP growth: contributions from labour, capital and multifactor productivity", (2021).

〈グラフ１－４－１〉 主要国と比べた日本のGDP成長率と
要因分解（2010－2019年）

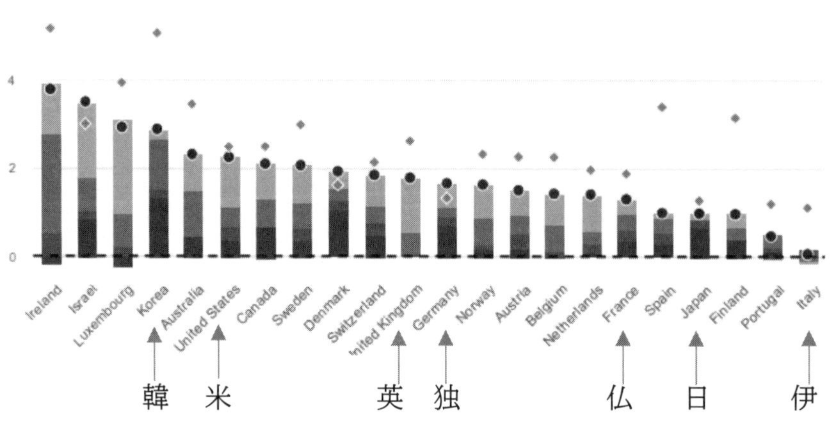

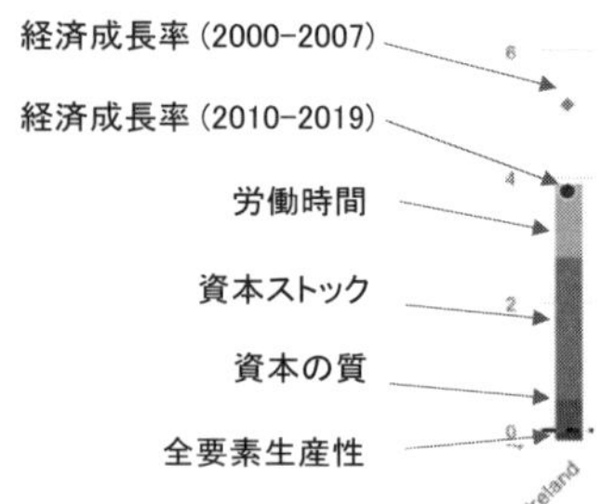

（出所）OECD Compendium of Productivity Indicators 2021 GDP growth: contributions from labour, capital and multifactor productivity

次の**グラフ１－４－２**で日本の1985年から2019年までの経済成長率と、これに対する労働時間、資本ストック、資本の質と全要素生産性の伸び率の寄与の推移をみる。

日本では、1985年から1990年までの４％代後半の高成長の頃から、その後の1990年代の２％程度の成長においても資本ストックの伸びは１％前後と成長に寄与していた。しかしながら、2000年代に入ると成長率の低迷以上に資本ストックの伸びは縮小しリーマンショック以降、ほとんど拡大していない状況が続いている。

〈グラフ1－4－2〉 1985年から2019年までの日本の労働時間、資本ストック、資本の質、全要素生産性の経済成長への寄与

・日　本

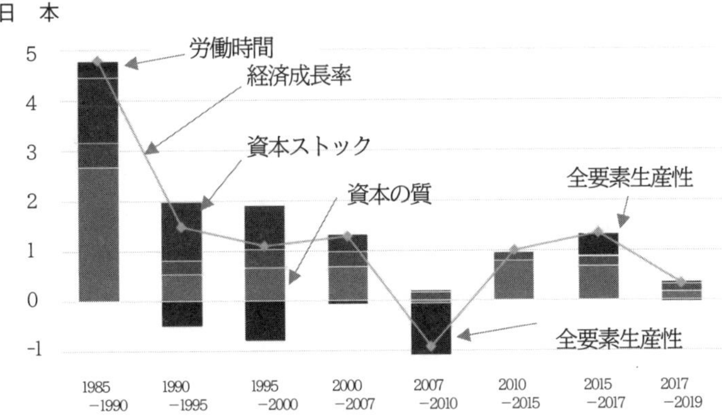

（出所）OECD Compendium of Productivity Indicators 2021 GDP growth: contributions from labour, capital and multifactor productivity

以上のように、諸外国と比べて、日本では、設備投資などの成長投資が不足し、企業が成長せずに経済も成長しない状況がみえる。日本の企業の育成・成長環境は、他国と比べて見劣りしているのではないか、企業が大規模な事業を創起して成長する仕組みや環境に何らかの構造上の問題があるのではないか、と考えざるを得ない。

第2章

未上場株式市場が発展する米国、これを追い駆けるイギリス、ＥＵ、中国、韓国その他の国々、これらに遅れる日本

〈全体フロー図〉未上場株式市場でのエクイティ・ファイナンスによる
企業の成長・個人資産の拡大と経済成長

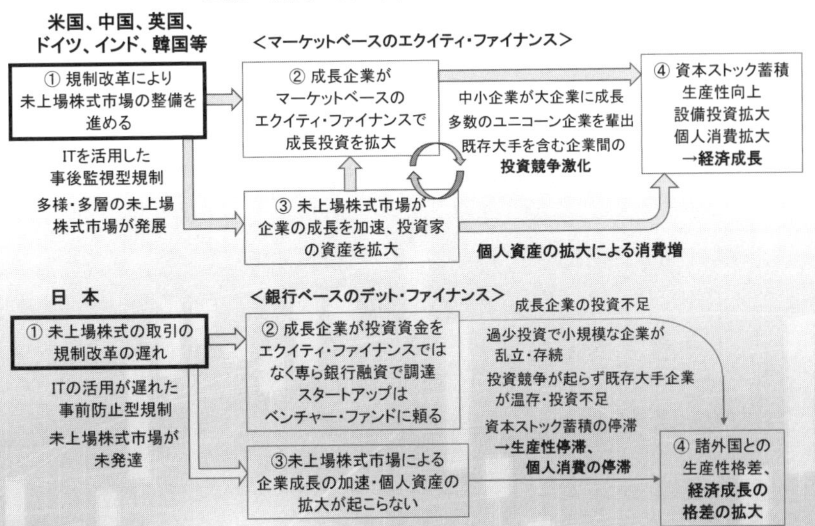

米国、中国、英国、
ドイツ、インド、韓国等
<マーケットベースのエクイティ・ファイナンス>
① 規制改革により
未上場株式市場の整備を
進める
ITを活用した
事後監視型規制
多様・多層の未上場
株式市場が発展
② 成長企業が
マーケットベースの
エクイティ・ファイナンスで
成長投資を拡大
③ 未上場株式市場が
企業の成長を加速、投資家
の資産を拡大
中小企業が大企業に成長
多数のユニコーン企業を輩出
既存大手を含む企業間の
投資競争激化
個人資産の拡大による消費増
④ 資本ストック蓄積
生産性向上
設備投資拡大
個人消費拡大
→経済成長
日 本
<銀行ベースのデット・ファイナンス>
① 未上場株式の取引の
規制改革の遅れ
ITの活用が遅れた
事前防止型規制
未上場株式市場が
未発達
② 成長企業が投資資金を
エクイティ・ファイナンスでは
なく専ら銀行融資で調達
スタートアップは
ベンチャー・ファンドに頼る
③未上場株式市場による
企業成長の加速・個人資産の
拡大が起こらない
成長企業の投資不足
過少投資で小規模な企業が
乱立・存続
投資競争が起らず既存大手企業
が温存・投資不足
資本ストック蓄積の停滞
→生産性停滞、
個人消費の停滞
④ 諸外国との
生産性格差、
経済成長の
格差の拡大

第１章でみたように、日本でユニコーン企業がごく少数しか育たず、グローバル企業も減少傾向にあり、生産性がほとんど伸びず、なかなか中小企業が大企業へと成長しない。設備投資も低迷し、経済成長率が低迷を続ける。

この大きな要因は、成長投資の質と量にあるのではと考えられており、スタートアップの投資を促進するためのリスクマネー供給の拡大は、常に政策議論の対象となっている。

一方、米国では、2018年当時でも新興成長企業の創業直後からの資本の調達と上場を支援するJOBS Actの第３弾の制定が議会で議論されていた（第１弾は2012年第２弾は2015年）。このJOBS Act 3.0制定は実現しなかったが、この時の改正項目のうちから、適格投資の範囲の一般投資家への説明会の解禁などに、SECのルールの改正等が進められている。米国では、企業のイノベーションと成長を支援し、国際競争力を強化し、経済成長を促進するために、世界最高のパフォーマンスを誇る資本市場をさらに良くするために絶えず改革している。

日本では、スタートアップに限らず、成長企業が投資資金を調達する資本市場が機能していないのではないか。リスクマネー供給拡大の観点から、このようにスコープを広げて、成長投資が拡大しない要因を探るために、日本の資本市場を米国の資本市場と比較してみた。成長企業向けのファイナンスを議論するため、社債市場は捨象して、株式市場に絞って比較すると、日本の株式市場は、米国や他の主要国とかなり異なる構造をしていることがわかった。

この章で詳しく解説するが、米国では、未上場の成長企業が広く投資家から資本を調達し、投資家間で株式が流通する未上場株式市場（プライベート・エクイティ・マーケット[14]）が、多層に多様に発展している。イギリス、ドイツ、中国、韓国でも米国を追いかけて未上場株式市場の発展を進めている。

一方、日本では、成長企業向けの資本市場が機能するどころか、一部を除いてほぼ存在しない。未上場株式市場はM＆Ａ市場での売買やファンド等からの投資等を除いてほぼ未発達であり、資本を調達する市場として機能していないし、投資家が投資する流通市場も未発達のままである。

14　未上場株式市場のことをプライベート・エクイティ・マーケットやプライベート・ストック・マーケットという。略してプライベート・マーケットということも多い。上場株式市場のことを、同様にパブリック・エクイティ・マーケットなどという。

2－1 米国等主要国と日本の株式市場の構造・実態比較

（1）未上場株式市場（プライベート・エクイティ・マーケット）の分類―店頭市場、店頭登録市場・代替的証券取引所、マーケットプレイスと株式投資型クラウドファンディング

米国、日本等の株式市場の構造を比較する前に、市場についての基本用語や分類について、説明する。

①市場、マーケット

市場やマーケット（market）は、証券取引所やクラウドファンディングのように、建物やコンピュータ・システム、会員組織、取引ルール、決済手段などのある市場もあれば、店頭市場のように、企業、証券会社、投資家等による個々の取引の集まりやつながりとして存在しているものもある。

現実に存在する市場を大きく分類すると、店頭市場、店頭登録市場、代替的証券取引所、マーケットプレイス、クラウドファンディング、となる。このうち店頭登録市場は、ほぼ電子化されて代替的証券取引所となっている。基本的に、証券取引所や代替的証券取引所は、一般投資家を含む不特定多数の投資家から注文を、取引参加者である多数の証券会社が委託売買等で取引所に集めて市場取引を実施している。プライマリー取引は、証券会社が発行企業から株式を引き受けて取引所で小口にして転売する。よって、形式上、取引所内ではセカンダリー取引のみが行われる。

②店頭市場、店頭登録市場、電子市場取引システム（ATS/PTS）、代替的証券取引所

店頭取引とは、証券会社間、証券会社と顧客（発行企業、投資家）との取引をいう。**店頭市場**（over-the-counter market）とは、証券会社の連携の下、店頭取引が集まり、つながった状態を、概念的に、または特定の地域等に存在する実態として、表現する言葉である。

店頭市場では、各証券会社が顧客や他の証券会社、各種市場との間をつなぐ

オンライン・トレーディング・プラットフォームを置くことで、ネットワーク化されている。

証券会社以外にも、米国では、ファインダーやプロモーター、弁護士、公認会計士などが発行企業と投資家、投資家間に介在している場合が多い。こうした取引が電話・メールベースではなく証券会社等が設置するオンラインプラットフォーム上で行われて、後に説明するマーケットプレイスに発展する。なお本書では、証券会社がプラットフォームの提供を含め全く関与せずに発行企業と投資家、投資家同士が直接、相対または多数で行う取引も、店頭市場の取引に含めて考える。

店頭登録市場とは、この本では、店頭市場のうち、証券業団体や証券会社等の運営者の下、顧客と証券会社、証券会社間の取引が一定程度組織化・制度化された市場をいう。市場ごとに組織化・制度化の程度は様々であり、店頭市場との明確な線引きは難しい。一定のルールの下で一般投資家・機関投資家等と証券会社間、証券会社間で取引が行われ、銘柄登録、気配値の公表などが行われ、さらに、発展すると、売買注文の集約・ルールに基づく迅速な価格決定・取引の執行など取引所と同様の機能を持つようになる。

1990年代以降、店頭登録市場は、次に説明する自動オークション等を行う電子市場取引システムを設置することで、証券取引所と同様に電子化された代替的証券取引所となっている。

投資家は基本的に証券会社に委託等をして代替的証券取引所で売買する。このため、市場内ではセカンダリー取引に限られるが、店頭市場で発行企業から依頼を受けた証券会社等が市場内で販売・転売することでプライマリー市場の機能も果たす。

電子市場取引システム[15]とは、オンラインで投資家から市場への大量の売り注文と買い注文を集約し、かつて立会場で人を介して行ったダブル・オークション方式（ザラ場、板寄せなど）やマーケットメイク方式など競争的な市場取引の方法で自動的に取引を成立させるコンピューター・システムである。特に、

15　米国では、レグATS制定の前から、多数の証券会社者等が上場株式を自動的に市場取引する電子市場取引システムを設置しており、このとき用いられた電子市場取引システムや市場の仕組みをPTS（Properiety Trading System）やECN（Electronic Communications Network）と呼んでいた。

高速・高頻度処理の可能なものが証券取引所で用いられている。

代替的証券取引所とは、この本では、電子市場取引システムを用いて未上場株式を売買する証券取引所と同様の機能を持つ組織化・制度化された市場をいう。上場株式同様に、未上場株式についても、発行企業、機関投資家、一般投資家などから委託等を受けた証券会社間で、システム上で自動的にオークション方式やマーケットメイク方式の市場取引が行われる[16]。証券取引所のように市場参加者が証券会社に限定され、発行企業や投資家は証券会社を介して取引することが多いが、機関投資家等の大口の投資家も市場参加者となるものもある。

代替的証券取引所には、証券取引所が、市場区分として未上場株式の市場取引のために電子市場取引システムを設置して開設したもの（ロンドン証券取引所のAIMなど）、証券業協会が会員証券会社の店頭登録市場を電子化したもの（NASDAQ、JASDAQなど）、証券会社が次に述べるATSやPTS、MTFの登録・認可を受けて開設したもの（OTC Marketsなど）、などがある。上場株式市場ではダークプール[17]など証券取引所外での取引ニーズに応えて開設される。

証券会社が設ける**代替的証券取引所**は、経緯的には、上場株式市場で、証券会社が、電子市場取引システムを用いて証券取引所を補完し代替する市場を開設したものである。米国では、ATS（Alternative Trading System：代替的取引システム）、日本では、PTS（Propriety Trading System：私的取引システム）、EUではMTF（Multilateral Trading Facility：多角的取引施設）という。

以下では、ATS、PTS、MTFが代替的証券取引所であることを明確にするため、ATS代替的証券取引所、PTS代替的証券取引所、MTF代替的証券取引所と表現することもある。

16　オークション方式とは、大量の売りと買いの注文（株価及び株数）の価格と取引量を自動的にマッチングして価格と取引量を決定する市場取引の方法である。時間優先・価格優先のルールの下、連則的にマッチングするザラバ方式と、一定期間の売りと買いの注文をボードに並べて価格優先のルールでマッチングする板寄せ方式などがある。一方、マーケットメイク方式とは、マーケットメイカーと呼ばれる証券会社が複数で競争して、株式銘柄ごとに自己の売値と買値を市場で投資家に提示して、自己売買する市場取引の方法をいう。それぞれ、かつては、証券取引所の立会場で行われていたもので、市場の電子化が進んで電子市場取引システムで自動的に、高速で行われるようになった。

17　ダークプール（dark pool）とは、決まった定義はないが、取引所外取引、ATSやPTS、証券会社内での注文のマッチングなど、投資家の売買注文を、匿名で、気配値や売買高が公表されずに執行することができる状況や仕組みを呼ぶ。手数料が安く、また、大量の売買注文でも価格変動を抑えた取引が可能とされる。

③マーケットプレイス、オンライン・トレーディング・プラットフォーム

マーケットプレイス（private securities marketplace）は、証券会社が開設する未上場株式の売買の仲介等をオンラインで行うプラットフォームである。

店頭市場では、証券会社が、**オンライン・トレーディング・プラットフォーム**と呼ばれる電子システムを、証券取引所や電子株式市場との取引、顧客の注文の処理のために設置する。これが顧客相互で売り買いする場に発展して、**未上場株式マーケットプレイス**や未上場株式取引プラットフォームと呼ばれようになる。この本では､単に**マーケットプレイス**と呼ぶ。未上場株式オンライン・トレーディング･プラットフォームと呼ばれることもある。各種規制の範囲で、発行企業が投資家に対して小規模公募または私募を行い、投資家が他の多数の投資家に未上場株式を転売する。アドバイザー等の専門家が介在する場合もある｡顧客が証券会社を通じて市場取引を行う証券取引所や店頭市場とは異なり、顧客の発行企業や投資家は、証券会社が設置するオンライン・プラットフォームで市場的に多数の投資と取引することができる、

未上場株式のうち比較的流動性の高い株式の投資家間の取引を中心とするマーケットプレイスは､「**セカンダリーマーケット**」と呼ばれる。従業員に報酬として交付した株式などが取引される。多数の従業員が、機関投資家や発行企業等による公募による買戻し（テンダーオファー）に応じて転売・換金したり、発行企業が買い戻した自社株をマーケットで値上がり後に再転売して資金調達を行ったりしている。マーケットプレイスの大手などで発展し、ATSの登録を受けて代替的証券取引所となるものもある。

④株式投資型クラウドファンディング

株式投資型クラウドファンディングとは、発行企業が直接、一般の投資家をオンラインで公募してプライマリー取引を行うプラットフォームをいう。証券会社やプラットフォーム運営会社が設置する。寄付や貸付金を集めるものと区別して、株式投資型クラウドファンディングと呼ぶことが多い。

クラウドファンディングは少額公募のオンライン･プラットフォームである。しかしながら、創業間もない小規模な企業のプライマリーの株式を一般投資家が小口で、証券会社の対面での説明もなく、プラットフォームからの情報のみで購入することができるため、少額公募よりも投資額や投資額の規制が強化さ

れている。

クラウドファンディングでも簡易な開示義務は課される。創業直後の小規模な企業でも対応できるように開示内容を簡素化している。一方、投資家保護のために１企業の１年間の募集額を制限し（米国では500万ドル（５億5,000万円）以下）、投資家の投資額を投資家の資力に応じて制限し（米国では１年間で最大12万4,000万ドル）、募集勧誘活動はクラウドファンディングのプラットフォームからの情報発信に限定する。

⑤プライマリー市場とセカンダリー市場

株式市場は、上場株式市場も、未上場株式市場も、プライマリー市場とセカンダリー市場の二つが車の両輪のようにバランスよく機能しないと発展しない。

もちろん、プライマリー取引がまず先に発展して、流通可能な株式の銘柄と株数、市場に参加する投資家の数が増える必要がある。プライマリー市場で、企業が多数の投資家相手に募集をして、有望な企業が多くの投資家から多額の資本を調達する。これを購入した投資家がセカンダリー市場で転売できることが、企業へエクイティで投資することのリスクを軽減する。むしろ、成長見込みが高まり株価が上がると、投資家は転売することでキャピタルゲインを手に入れることができる。

店頭市場では、証券会社が介在して、多数の発行企業と多数の投資家のプライマリー取引と、投資家間のセカンダリー取引の両方が多数の発行企業と投資家で市場的に行われている。

店頭登録市場や代替的証券取引所では、証券取引所と同様、通常市場取引に直接参加する者が証券会社などに限定されて、形式上、セカンダリー市場になっている場合が多い。顧客である発行企業や投資家は、証券会社の仲介や委託売買で取引する。

マーケットプレイスでは、発行企業が直接、公募や私募を行うものが多いが、投資家間の取引を中心としているものもある。

このような投資間取引に限定されたセカンダリー市場も、市場の外で、発行会社が証券会社や機関投資家に一括販売し、購入した証券会社や機関投資家がセカンダリー市場で多数の投資家に売り捌くことなどによって、プライマリー市場の機能も果たす。

クラウドファンディングは、プライマリー市場であるが、そこで未上場株式を購入した投資家が、店頭市場やマーケットプレイスで転売できることによって、プライマリー市場に特化しても他のセカンダリー市場と連携発展が可能となっている。

〈全体フロー図〉 未上場株式市場でのエクイティ・ファイナンスによる企業の成長・個人資産の拡大と経済成長（再掲）

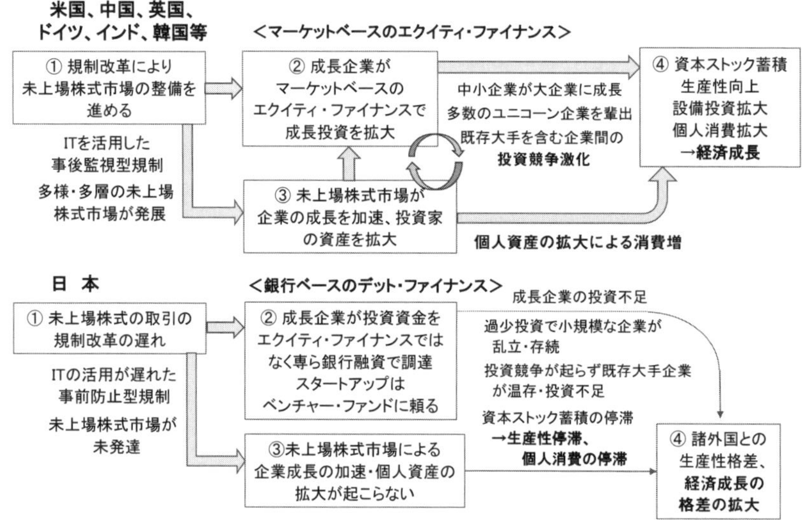
米国、中国、英国、
ドイツ、インド、韓国等
<マーケットベースのエクイティ・ファイナンス>
① 規制改革により
未上場株式市場の整備を
進める
② 成長企業が
マーケットベースの
エクイティ・ファイナンスで
成長投資を拡大
中小企業が大企業に成長
多数のユニコーン企業を輩出
既存大手を含む企業間の
投資競争激化
④ 資本ストック蓄積
生産性向上
設備投資拡大
個人消費拡大
→経済成長
ITを活用した
事後監視型規制
多様・多層の未上場
株式市場が発展
③ 未上場株式市場が
企業の成長を加速、投資家
の資産を拡大
個人資産の拡大による消費増
日　本
<銀行ベースのデット・ファイナンス>
成長企業の投資不足
① 未上場株式の取引の
規制改革の遅れ
② 成長企業が投資資金を
エクイティ・ファイナンスでは
なく専ら銀行融資で調達
スタートアップは
ベンチャー・ファンドに頼る
過少投資で小規模な企業が
乱立・存続
投資競争が起らず既存大手企業
が温存・投資不足
資本ストック蓄積の停滞
→生産性停滞、
個人消費の停滞
ITの活用が遅れた
事前防止型規制
未上場株式市場が
未発達
③未上場株式市場による
企業成長の加速・個人資産の
拡大が起こらない
④ 諸外国との
生産性格差、
経済成長の
格差の拡大

（2）米国等主要国と日本の未上場株式市場の構造の比較（概要）

米国では、歴史的に資本市場改革を続け、証券取引所から、未上場株式市場まで多層に多様に裾野広い資本市場が発展している。

イギリス、ドイツ・EU、中国、韓国などの主要国が米国を追い駆けて、IT・デジタル技術を活かした未上場株式市場の改革と振興を進めている。

一方、日本では、東京証券取引所一極集中構造が続いている。

以下では、米国を中心にイギリス、ドイツ、中国、韓国と、日本の株式市場の構造を比較する[18]。

①米国、イギリス、ドイツ、中国、韓国等の株式市場の構造

米国を先頭に主要国の株式市場は、上場株式市場と未上場株式市場が両輪となって発展し、それぞれでプライマリー取引とセカンダリー取引が活発に行われている。

次の**図２－１－１**にあるように、上場株式市場は、証券取引所で証券会社等が連携した店頭市場や代替的証券取引所から構成される。

未上場株式市場では、店頭市場と代替的証券取引所に加え、未上場株式のオンライン・トレーディング・プラットフォームを活用したマーケットプレイスとクラウドファンディングが発展している。それぞれが電子システム化しておりこれらが全体としてオンラインでつながって、国ごとに相違はあるが、米国を先頭に各国でITネットワークで一体化された多層的・多極分散的な市場構造となっている。

〈図２－１－１〉 米国等主要国の株式市場の構造（再掲）

※矢印はプライマリー取引等での資金の動きをイメージ。

18　各国の証券市場については、Royal Bank of Canada Website、日本証券経済研究所「図説アジアの証券市場」(2016)、みずほ中国ビジネスプイレス（第491号）、各市場のホームページ他を参照。

店頭市場ではプライマリー取引とセカンダリー取引の両方が行われている。店頭市場では、ファンドによる売買やM＆Ａ取引も行われる。クラウドファンディングはプライマリー市場として機能する。代替的証券取引所やマーケットプレイスは、市場参加者が証券会社や投資家に限定されると形式上はセカンダリー市場としての機能を果たすが、発行企業と証券会社が店頭市場でプライマリーの取引をすることで、いずれもプライマリー市場としても機能している。

このように多様な市場が多層に発展して、成長企業が成長段階に応じた規模の資本の調達が可能となり、一定規模になると投資家間で未上場株式が流通して株価が形成される。

投資家は、金融機関、機関投資家から一般投資家まで多様である。どの国でも、一般投資家は、機関投資家、投資会社、PEファンド等を経由して未上場企業に投資することが多い。米国等諸外国では、クラウドファンディングなどで、一般投資家が直接、未上場企業の株式を購入する方向を拡充する動きがみられる。企業の資本調達と、投資家間の転売で、未上場株式の取引価格が形成されるため、企業価値評価が市場価格をベースとしたものになり、ファンド等への投資のリスクが軽減される。このため、米国などでは、一般の投資家の資金が、年金保険基金などの巨大機関投資家や、ミューチュアルファンドなどの投資会社を経由して未上場企業に投資される。このような市場価格の存在は、M＆Ａの取引価格をより透明なものとして、取引を促進する。

②日本の株式市場の構造

一方、日本では、次の**図２－１－２**のように未上場株式市場が未発達で、証券取引所も東京証券取引所（東証）に取引のほとんどが集まり、ほぼ上場株式市場のみの東証一極集中型の市場構造にある。

日本の未上場株式市場は、市場というよりも相対取引中心で、会社法の第三者割り当て増資により、スタートアップがベンチャーファンドから資本を調達し、一部の中小企業が取引先大手企業等から増資を受ける。

証券会社が介在する発行企業による資本調達のため募集は、極小規模のクラウドファンディングや､株主コミュニティなどの限定された制度しかなく､マーケットプレイスも代替的証券取引所もない。

M＆Ａ取引やこれに関連するファンドからの投資株主コミュニティの会員間

等を除き未上場株式の転売や流通はほとんど行われていない。

〈図2－1－2〉 日本の株式市場の構造（再掲）

個人投資家
年金基金
機関投資家
金融機関
大企業
中小企業オーナー
PEファンド
ベンチャーファンド

上場株式市場
東京証券取引所
名古屋・福岡・札幌証券取引所
私設証券取引所
（PTS電子市場）（3社）
取引所外取引

未上場株式市場
証券会社の未上場株式投資勧誘禁止の例外制度
店頭取扱有価証券制度等
クラウドファンディング(5社)
極小規模
株主コミュニティ
特定投資家私募
縁故増資・第三者割当増資
M&A仲介市場
第三者割当増資

上場企業
未上場大企業
小規模企業
中堅・中小企業
スタートアップ

※矢印はプライマリー取引等での資金の動きをイメージ。

③日本の未上場株式の勧誘・募集等に関する厳しい規制

日本では、第８章、第９章で詳しく説明するが、資本調達のため投資家を募集し、未上場株式の購入を勧誘することが厳しく規制されている。

少額公募、私募、私募転売の範囲は狭く限定される。未上場企業が資本を調達するときは、厳しい規制の中、第三者割り当て増資が、関連大企業から中小企業へ、ベンチャーファンド等からのスタートアップに対して投資が行われている。少額公募[19]は１億円未満で、少人数私募は49人・社以下に勧誘先を限定する。私募の対象となる適格投資家の範囲もかなり狭い。

スタートアップは、ベンチャーキャピタルに対し１社、１社順にアプローチすることになり、多数の投資家に一度に声をかけることはできない。中小企業も、自ら関連の少数の大企業に順に増資案件への投資を勧誘して回ることになる。

19　金商法上では「少額免除」という

プライマリー市場は、発行企業が、証券会社等の支援を受けながら多数の投資家とのマルチの交渉を行うことで成立する。プライマリー市場で１社、また１社と順番に交渉していては、投資家優位の中で、市場取引とはいえない状況に陥る。

日本では、このような状況下で、複数のベンチャーキャピタルがリードインベスターの下、スタートアップへ協調して投資するシンジケート投資が行われることが多い。ミドルステージからレイター・ステージに行くほど、多くのベンチャーキャピタルがシンジケートに参加する傾向がある。ベンチャーファンドからの投資額は後述のように米国等と比べても小規模である。

このように、発行募集の市場（プライマリー市場）は未発達で、流通市場（セカンダリー市場）も、Ｍ＆Ａ市場を除いてほぼ成立していない。

Ｍ＆Ａ市場は活発で、事業承継等のＭ＆Ａ取引は盛んになっている。Ｍ＆Ａ仲介事業者に金商法上の登録義務等は課されず、売却を考える企業をＭ＆Ａ仲介事業者が紹介して回る。Ｍ＆Ａのマッチングをするプラットフォームも多数ある。

2－2 米国の株式市場：ITネットワークで一体化された多層的・多極分散的構造

米国では、多数の証券取引所を最上層とし、連邦レベルから州レベルまで、未上場株式の店頭市場が裾野のように広がり、この中に、ATS代替的証券取引所が発展し、未上場株式のマーケットプレイスやクラウドファンディングも伸長する。

米国の株式市場は、未上場株式市場を含めそれぞれの市場で、コンピューター・システムとインターネットが活用されており、むしろインターネットの活用が、規制の運用や取引監視の効率化、確実性の向上を進め、これらの市場の発展を推し進めてきた。この結果、多極分散的でありつつ、オンラインのマッチング・システムやトレーディング・システム、データベースなどがインターネット等で一体化され、一つの巨大な電子マーケットとなっている。

機能的には、米国の株式資本市場は、上場株式市場（パブリック・エクイティ・マーケット）と未上場株式市場（プライベート・エクイティ・マーケット）のそれぞれが、プライマリー取引（発行市場）とセカンダリー取引（流通市場）の場として発展している。クラウドファンディングを除き、店頭市場、プラットフォームなど実在のマーケットは、ほぼプライマリー機能とセカンダリー機能を果たしている。

上場市場と未上場市場が車の前輪と後輪のように機能し、いわば四輪駆動で、世界最高の資本市場として発展している。

米国では、成長企業が、成長段階に応じて必要な額のエクイティを調達し、資本を蓄積することができるように、各州の店頭市場、クラウドファンディング、マーケットプレイス、全米の店頭市場、OTC Markets等のATS代替的証券取引所と、多様な未上場株式市場が、階段のように整備されて、募集額を数十万ドル、数百万ドル、数千万ドル、数億ドルと加速度的に拡大しながら、資本調達を繰り返すことができる。

米国では、歴史的な資本市場改革を繰り返し、このような資本形成の階段を整える。近年では、2012年のJOBS Act[20]の制定、2015年のJOBS Act2.0[21]の制定など、証券取引法等を改正する法律の制定を繰り返すなど、今なお、この段階を充実させようと改革を継続している。

以下、次の**図２－２**を順に説明していく。

（１）上場株式市場

この本では、未上場株式市場をテーマにしているが、世界の国々が目指すところとなっている米国の株式市場の仕組みを理解するために、まず、上場株式市場の概要を説明する。

次の**図２－２**のように米国の多層の株式市場の最上層には、16の証券取引所が発展している。米国の全米市場システム（NMS）や非上場株式特権（UTP）[22]で連携し、どの証券取引所で上場しても他のすべての証券取引所で売買できる

20　2012年に米国で制定された連邦法のthe Jumpstart Our Business Startups Actを略してJOBS Actという。証券取引法、証券取引所法等の関係法令を改正するための法律である。

21　2015年に米国で制定された連邦法の the Fixing America's Surface Transportation Actを略してFAST Actと呼ぶが、このうちの資本市場改革に関する法律はJOBS Act 2.0と呼ぶ。

22　UTP（Unlisted Trading Privileges）は、いずれか一か所の証券取引所で上場した株式は他の15の証券取引所でも売買できる仕組みをいう。

など、市場として一体化している。各証券取引所の周辺には上場株式の店頭市場（第二市場、第三市場）があり、その中で証券会社が運営する33の上場株式の代替的証券取引所がある。

〈図２－２〉　米国の株式市場の概要

米国：全米取引システム等のITネットワークで一体化した
多層的・多極分散型の市場構造

○ 上場株式市場（パブリック・エクイティ・マーケット）上場企業 4,631社

・証券取引所: 16ヶ所

NYSE, NYSE American, NYSE Arca Equities, NYSE Chicago, NYSE National,
NASDAQ, NASDAQ BX, NASDAQ PHLX, Cboe BZX Equities, Cboe BYX Equities, Cboe EDGA Equities, Cboe EDGX Equities, The Investors Exchange, MEMX, MIAX, MIAX Pearl.

ATS代替的証券取引所 ：33市場

・上場株式店頭市場

第2市場（取引所会員証券会社）

第3市場（非会員証券会社）

○ 未上場株式市場（プライベート・エクイティ・マーケット）

・全米（州際）の未上場株式市場

店頭登録市場・ATS代替的証券取引所：10市場（セカンダリー取引のマーケットプレイスを含む）
OTC Markets, Global OTC, Securitize, tZERO , CARTAX など
最大手 OTC Markets ATS運営会社：OTC-Link。
市場区分：OTCQX市場, OTCQB市場, PINK市場 Expert Markets 4,201銘柄。

グレーマーケット（全米店頭市場）約1,320銘柄（試算）	未上場株式マーケットプレイス（運営会社多数）大手：NPM Forge Eguity Zen	クラウドファンディング 運営会社 51社, 発行会社 591社

・各州の店頭市場（2019年 Reg D私募等 24,643社、Reg A ミニIPO 278社）

ローカル・ストック・マーケット（州内店頭市場）　50州

○ 証券会社・登録外務員　3,394社, 62万6,063人

①証券取引所

米国には証券取引所法に基づきSECの登録を受けている国法証券取引所（national Securities exchange）が22ある。このうち株式を取り扱う国法証券取引所は、NYSE（ニューヨーク証券取引所）、NASDAQ（ナスダック株式市場）のような巨大なものから小規模なものまで、近年も増えて16あり、うち12が下記のようにNYSE、NASDAQ、CBOEの三つのグループに属する。

上場企業は、2022年９月には、米国4,631社、ニューヨーク証券取引所だけで、

2022年６月に2,584社、うち米国会社1,980社、外国会社604社となっている。

表２－２は、米国の代替的証券取引所と証券取引所の外での上場株式の取引状況のデータである。１日の売買高のうち、上場株式の売買高の６割程度が証券取引所内で、店頭取引などの取引所外が４割ある。ニューヨーク証券取引所、ナスダックが１割から２割と他の証券取引所よりは大きいが、16の証券取引所に取引が分散していることがわかる。

〈表２－２〉米国の証券取引所、取引所外取引の一覧と取引状況

証券取引所	売買高数	割合
NYSEグループ	1,425,917,761	19.54%
NYSE（N）	700,073,321	10.62%
NYSE Arca（N）	598,299,504	7.29%
NYSE National（C）	66,995,162	0.88%
NYSE American（N）	36,213,052	0.50%
NYSE Chicago（M）	24,336,722	0.25%
NASDAQ グループ	1,332,524,359	17.53%
NASDAQ（Q）	1,241,551,482	16.40%
NASDAQ（X）	54,412,386	0.67%
NASDAQ（B）	36,560,492	0.46%
Cboeグループ	1,083,066,654	13.58%
EDGX Equities（K）	524,754,712	6.48%
BZX Equities（Z）	343,853,387	4.44%
EZGA Equities（J）	113,230,120	1.41%
BZX Equities（Y）	101,228,435	1.25%
Members Exchange（U）	332,489,144	3.90%
Investors Exchange（V）	169,264,896	2.06%
MIAX Pearl（H）	58,571,278	0.75%
LTSE（L）	15,308	0.00%
証券取引所内計	4,401,849,402	57.36%
上場株式取引所外計	3,601,870,226	42.64%
NYSE 取引所外	691,646,207	8.52%
NASDAQ Chicago 取引所外	2,910,224,019	34.10%
上場株式売買合計	8,003,719,628	100.00%

（出所）Cboe, "U.S. Equities Market Volume Summary". 2021年12月31日のデータ。直近５日の平均。

証券取引所では、会員の証券会社が顧客（発行企業、投資家）から売買の委託を受けて取引をする。証券取引所では、マーケットメイカーと呼ばれる自己売買をしながら気配値を公表し、顧客の注文に応じる証券会社が活躍している。顧客からの注文が、証券会社が設置するオンラインのトレーディング・プラットフォームを経由して、取引所ごと電子市場取引システムのオーダー・マッチング・システムに集まり、大量の売り注文のリストと大量の買い注文のリストが突合わせられて価格決定と売買が行われる。取引が成立すると、清算と株式・賃金の決済が行われる。

16の証券取引所は、最良気配値[23]を共有する全米市場システムによってリンクされている。NMSでは、その中の総合気配値表示システム（Consolidated Quotation System：CQS）等で最良気配値を提示する市場へ、市場間の注文回送システムを通じて注文が回送される。また、総合取引通報システム（Consolidated Tape System：CTS）等を通じて売買情報が公表される。16の証券取引所のうち、NYSE、NYSE American、NYSE ArcaとNASDAQの４つがNMSの中心となっている。その他の取引所では、主に、他市場への上場銘柄も取引できる非上場株式取引特権 Privilegeを利用し、中心の４つの証券取引所、特に、NYSEとNASDAQに上場した銘柄の売買を行っている。このように、NMSとUTPによって、16の証券取引所に分かれている市場が一つの市場のように機能している。

証券取引所ごとに、特徴と強みがあり、上場基準も異なる。例えば、大きい企業はNYSE、相対的に小さい企業はNYSE Americanなど一定の役割分担がある。米国では、過去に市場の集中と分裂をどうするべきかについての議論が起こり、この結果、証券取引所を単一にせず、複数の取引所を競わせることで各証券取引所の経営努力とイノベーションを促進することを選んだ結果[24]、このように、分散しつつシステムで一体化された市場となった。

23　最良気配値（さいりょうけはいね）とは証券取引所等で、継続的に発表された売り買いの注文の値段（気配値）の中で、買い手にとって最も有利な最も安い売り気配値と売り手にとって最も有利な最も高い買い気配の両方のことをいう。

24　清水葉子「HFT, PTS, ダークプールの諸外国における動向~ 欧米での証券市場間の競争や技術革新に関する考察~」（金融庁金融研究センター、2013）。

②上場株式の店頭市場（第二市場、第三市場）とATS

1）第二市場・第三市場

米国には、証券取引所外で上場株式を取引する店頭市場として、証券取引所の会員証券会社による第二市場と、非会員証券会社による第三市場がある。いずれも、証券会社が取引所の外でネットワークを形成して、上場株式を機関投資家等と取引している。

2）ATS電子株式市場（代替的取引システム）

ATS代替的証券取引所では、証券会社がコンピューター・マッチング・システムである電子市場取引システムを活用して、市場的取引の場を提供する証券会社間で銘柄と気配値の情報を共有し、オンラインで多数の顧客の売りと買いの注文を自動的にマッチングし、需給調整・価格決定をする。証券取引所と同様の機能を果たすものである。

ATS代替的証券取引所のうち、銘柄ごとの取引高が一定の基準以下の小規模なものは、レギュレーションATSという規制の下で、気配値情報の公表等が免除される。取引参加者は匿名となり、価格や注文量などの取引内容が外部から見えにくい取引であり、ダークプールと呼ばれる。

現在、SECに届け出たATSは69、うち休止中は１つある[25]。上場株式の取引所外取引を取り扱う NMS Stock ATSsと呼ばれるATSは48、うち休止中は14ある[26]。

3）オンライン・トレーディング・プラットフォーム

米国では証券取引所のマッチング・システムや、証券会社におけるトレーディング・システム等の導入が進むなど、コンピューター・システムの活用が、証券取引所、証券会社と顧客、証券会社間の取引で行き渡っている。証券会社は、自社のトレーディング・システムと多数の顧客をオンラインでつないで、オンライン・トレーディング・プラットフォーム（Online trading platform）と呼ばれるシステムを構築している。ここでは、証券会社が他の証券会社とネットワークを形成しつつ、証券取引所での自己売買や、自社の顧客である発行企業や投資家の保有する株式の売りと買いの注文（委託売買）を仲介するなどの取

25　SECのホームページ, Alternative Trading System（ATS）List“, May 23 2023.
26　SECのホームページ, “Form ATS-N Filings and Information”, May 25 2023.

引をしている[27]。上場株式の仲介、委託売買等の受発注などのオンライン専業の証券会社は、オンライン・ブローカーと呼ばれている[28]。

（2）未上場株式市場

未上場株式市場では、まず、証券会社が連携した店頭市場（Over the Counter Market）で証券会社等が多数の発行企業と投資家、多数の投資家相互を結びつける。

州ごとの証券会社の店頭市場であるローカル・ストック・マーケットから、州際の証券会社の店頭市場であるグレー・マーケットまで、各州単位で存在し、全米レベルに広がる。

全米レベルの店頭市場では、全米レベルの店頭市場をベースに、OTC Marketsである代替的証券取引所が多数発展する。

証券会社がオンライン・プラットフォームを用いて設置した未上場株式のマーケットプレイスも多数ある。プライマリー市場とセカンダリー市場の両方の機能を果たしている。

プライマリー取引に特化した創業後日の浅い企業と、一般投資家向けのプラットフォームである株式投資型クラウドファンディングも伸長している。

①店頭市場
—OTC株式市場、グレー・マーケット、ローカル・ストックマーケット

米国では、全米レベルや州レベルの未上場株式が店頭市場（over-the-counter market）で活発に取引されている。店頭市場では、顧客である投資家は、各証券会社のオンライン・トレーディング・プラットフォームを使って売り買いの注文をする。流通市場が形成されて、証券会社がマーケットメイカーとなって店頭市場で株式の売りと買いの気配値を自由に提示している。未上場企業が証券会社の支援を受けながら、州法に基づく株式の公募、レグDルール504やレグAの小規模公募、レグDルール506の私募等を取扱い、未上場企業が、株

27　オンライン・ストック・トレーディング・プラットフォーム、トレーディング・プラットフォーム、オンライン・マーケットプレイス等呼び方は色々ある。

28　日本では、同様の個人投資家向け上場株式のトレーディング・システムがネット証券と呼ばれている。

式を公募または私募で発行して資本を調達する。公募又は私募で市場に流れた株式が、証券会社の取引規制やルール144、ルール144A等の下で流通する。

連邦レベル（州際）の未上場株式を取り扱う店頭市場が電子化・組織化されて、運営者のいる店頭登録市場となったものとして、OTCBBとOTC Marketsがある。FINRAの会員がこの２つでは取り扱われていない銘柄を扱う州際の店頭市場は、グレー・マーケットと呼ばれる。

また、各州に州内を中心に取引される株式を取り扱うローカル・ストック・マーケットという店頭市場がある。州内株式市場（intrastate stock market）とも呼ばれる。

1）OTC株式市場

OTC株式市場（OTC Equity Market）は、米国の金融業規制機構（FINRA：Financial Industry Regulatory Authority）の会員証券会社による未上場株式の州際の店頭市場である。会員企業が取り扱う未上場株式（over-the-counter equity）について、銘柄登録をして、ティッカー・シンボル（銘柄コード）を入手し、FINRAの各種規則に基づき取引し、オンラインで取引結果を報告する。店頭登録市場として組織化されているOTCBBとOTC Market、これらに登録されていない銘柄を扱うグレー・マーケットに区分される。

2）グレー・マーケット

州際の店頭市場としては、グレー・マーケットと呼ばれている証券会社のネットワークによる店頭市場がある。FINRAの定義によると、OTC株式市場から、店頭登録市場のOTCBBとOTC Marketsで取り扱われる銘柄を除いたものを扱う店頭市場をグレー・マーケットという。証券会社が相互の連携のもとオンライン・トレーディング・プラットフォーム等を活用して顧客との店頭取引を行っている。

FINRAのデータ[29]では、州際のOTC市場の国内企業銘柄数は2022年７月時点で5,565ある。この直近の2022年７月の5,565から、ほぼ同時期のOTC Marketsの４区分の国内企業銘柄数計3,778を除いた1,787銘柄が、グレー・マーケットの取り扱う国内企業銘柄数に概ね等しいことになる。FINRAのOTC株式市場の銘柄数計17,140のうち、米国企業5,565、外国企業11,575と海外企業の

29　FINRAホームページ, Over-The-Counter Equites, Market Statistics, Market data, historical data.

ほうが多い。

3）ローカル・ストック・マーケット

ローカル・ストック・マーケットは、各州の証券取引法に基づき州内で取引される株式を取り扱う店頭市場である。州ごとに証券会社のネットワークで店頭取引が行われている。州内株式市場（intrastate securities market）とも呼ばれる。州法に基づき、発行企業による州内に限定した株式の公募や私募も行われる。

ローカル・ストック・マーケットについては、２－４（１）にあるように米国の中小規模の証券会社の数や支店等の数の多さなどをみても、その存在が感じられる。発行企業や投資家の数などの統計的なデータは見当たらない。発行企業数は数万社と言われている。関連するデータとしては、レグDによる私募等の2009年から2017年までの発行企業の実数83,802社がある。この数字は、主に株式の私募を行った企業であるが、社債の私募等を行った企業も含む。これが、ローカル・ストック・マーケットの取り扱う会社数の一応の目安になる。

本章で説明するように、米国には、企業の市場からのエクイティ・ファイナンスを支援する大小様々な証券会社（ブローカー・ディーラー）や発行企業の資本等の調達活動を助けるファインダーやプロモーターと呼ばれる職種の専門家が分厚く存在する。ファインダーは投資家候補を発行企業に紹介する。プロモーターは、発行企業の資本調達のプロモーションやマーケティング全般を支援する。投資助言事業者、証券外務員、経営コンサルタントや弁護士、会計士などの専門家がこれらの業務を担っている。

これら多様なセルサイドの支援者から構成される店頭市場では、企業やその支援者が数多くの投資家にその企業のビジネスモデルを説明し、株式の購入を働きかける。大小様々な証券会社が成長企業の資金調達を支援する店頭市場の機能が、企業が創業から成長してIPOをするまでの成長段階に応じて次第に大きな額となる資本調達を効率的に支援する。

②OTCBBとOTC Markets他のATS代替的証券取引所

1）OTCBB

OTCBB（Over-the-Counter Bulletin Board）は、1990年に開設されたFINRAが運営する会員証券会社の店頭取引が組織化された未上場株式の店頭登録市場である。マーケットメイカーと呼ばれる証券会社が銘柄を登録し、同一の銘柄に複数のマーケットメイカーがそれぞれ売値（売り気配）と買値（買い気配）をFINRAの電子システム上に表示し、他の証券会社から顧客の注文を受けて売買する仕組みである。1999年に、監査報告書付きの財務諸表のSECへの提出など開示義務が強化されたため、登録銘柄の数（number of issues）も減少している（2019年は３銘柄、2020年は取り扱い銘柄がない）。

２）OTC Markets

OTC Marketsは、OTC Marketsグループが運営する、適格投資家に限らず投資家向けに未上場株を取り扱うATS代替的証券取引所である。SECから証券会社（ブローカー・ディーラー）の登録を受け、OTC LinkというATSの登録を受けた電子株式市場である。マーケットメイカーが電子システムを経由して気配値を公表し、これを受けて相対取引が行われたり、証券会社を通じて、発行企業､機関投資家､個人投資家等の売買注文が電子システムで自動的にマッチングされて、取引が執行されている。名前はOTC Marketsであるが、店頭市場における気配値情報誌のピンクシートからスタートし、店頭登録市場が電子市場取引システムを用いてATSの登録を受けている。

OTC Marketsは、2022年８月７日時点での取り扱い銘柄数は、米国企業の普通株式の計で4,201銘柄ある。OTCQX、OTCQB、PINK、Expert Marketsという４つの市場区分があり、それぞれ以下のような銘柄を取り扱うために一定の登録基準がある（括弧内は米国企業銘柄数）[30]。

a. OTCQX ：海外を含む優良企業向け市場（156）

b. OTCQB ：継続開示を行っている米国企業、海外ベンチャー企業（308）

c. PINK：米国内外の幅広い企業（国法廃止銘柄の多くを含む）（1639）

d. Expert Markets：プロの投資家向けに限定された市場（1782）

OTC Marketsでも、マーケットメイカーが、自社で一定の銘柄を購入し、売りと買いの気配値を市場参加者に提示し、売買注文に応じる等で活躍し、取引量が少ない未上場株式の市場での流動性を高めている。

ペニーストックという１株５ドル未満の安価な株式が、OTC Marketsの市場区分のうちのPINKを中心に、グレー･マーケットやローカル･ストック･マー

30 OTC Marketsホームページ, “Stock Screener”.

ケットなどでも取引されている。資本調達を繰り返す中で株式分割を行う結果、こうした少額の株式が生じやすく、小規模な会社情報の開示等が不十分な未上場企業の流動性の低いリスクの高い銘柄も含まれている。

なお、NASDAQも、元々は、FINRAの前身である全米証券業協会（NASD: National Association of Securities Dealers）が運営していた電子気配値発信システムから発展した未上場株式の店頭登録市場であった。NASDAQは、1971年にスタートし、新興企業向けの店頭登録市場として発表して多数の著名IT企業のIPO（NASDAQへの上場）を実現したのち、2006年に証券取引所に転換した。

3）その他未上場株式のATS代替的証券取引所

未上場株式を取り扱うATSであって、FINRAにOTC-ATSとして登録し、2023年第一四半期に取引実績を報告しているものが、10ある。

うちOTC MarketsのOTC LINK ECN ATS、OTC LINK NQB IDQSの２つのATSが取引高の８割強、外国企業の未上場株式を取り扱って発展しているGLOBAL OTCが取引の２割弱（ほぼ外国株式を取り扱う）、この２社で99％を占める。

他の７社で１％に満たない[31]。これらのうち、PPX、Variable Investment ATS、Rialto、Securitizeなどは、次に説明するマーケットプレイスのうち、「セカンダリーマーケット」の機能を果たすためATSの登録を受けているものである。FINRAのデータでは見当たらない大手２社（NPM、Forge）や、Zanbato ATS、新規登録のCartaxとともに、株式市場として機能している。

その他に、暗号通貨の取引所とするTZERO、不動産の証券化をあつかうLEX、農業分野に特化したFNC AG STOCKなどのATSが規模は小さいがその分野の電子エクイティ市場としてATSの登録を得ている。

③マーケットプレイス（未上場株式取引プラットフォーム）

マーケットプレイスは、米国を先頭に、イギリス、ドイツ、中国、韓国、ドイツなど多くの国々で開設されている。米国では、ユニコーン企業を育成する場として発展している。

31　FINRAホームページ, “ATS Transparency data Quarterly Statistics”.

小規模公募、私募、私募転売という未上場株式の免除取引を、証券会社が設置したオンライン・プラットフォームで発行企業や投資家が実施するものである。

米国では、マーケットプレイスは、発行企業による州法やレグDルール504に基づく小規模公募、レグDルール506の私募、これらの公募・私とルール144Aによる適格購入者への転売を併用した資本調達や、投資家が購入した株式の転売、従業員が報酬として受け取った株式の転売・換金、機関投資家等の未上場株式への投資等の場となっている。近年では、JOBS Act以降に500万ドルから7,500万ドルまで拡大されたレグA（拡大された範囲はレグA＋と呼ばれる）による小規模公募（ミニIPO）も行われている。

マーケットプレイスには、証券会社の登録を受けた運営会社が開設しているものと、証券会社の登録は受けずに、自ら募集し転売する発行企業、投資家や、これを手伝う証券会社にシステムを提供するものもある。

ナスダック・プライベート・マーケット、フォージなどの大手や新興企業が「セカンダリーマーケット」として機能するためATSの登録を受けている。

1）オンライン・トレーディング・プラットフォームからの発展

米国では、証券会社が未上場株式の取引のためにオンライン・トレーディング・プラットフォームを盛んに活用する。流動性が低い未上場株式の売買を促進するため、証券会社の仲介の場であるとともに、投資家間のマッチングと相対の売買交渉の場を提供している。

1990年代に、証券取引所の電子化の中で、証券会社が顧客との取引のためにオンライン・トレーディング・プラットフォームを設置した。開示義務の負担が軽減される簡易開示の範囲が広がる中で、このプラットフォームが企業の発行募集の場となる。

2000年代半ばからは、特に、投資家が私募で購入した株式などを他の投資家に転売するセカンダリーの場としても発展し、未上場株式マーケットプレイス（private securities marketplace）と呼ばれるようになった。

売り手側の顧客は、株式の公募・私募をする発行企業であり、また、持ち株を転売する投資家である。機関投資家、富裕層などの適格投資家や企業から株式を報酬として交付された経営者や従業員が多い。買い手は、成熟段階のスタートアップや成長企業への投資に関心のある機関投資家や個人投資家などである。適格投資家の範囲が広がっているため、比較的高収入の個人にも広がっている。

発行企業や投資家が、証券会社が設けたシステムに、発行企業、適格投資家、一般投資家など属性別に会員登録する。システムを運用する証券会社の委託売買や仲介等で、または自己で募集するためにシステムを借りて、自分の持ち株を売りに出し、または買う仕組みである。取引の相手を探す機能に留まるプラットフォームもある。

2）プライマリー＆セカンダリー、DPO、Tender Offerなど多様な機能

マーケットプレイスでは、未上場株式の取引の各種免除規定の範囲内で、発行企業や投資家が他の多数の投資家に株式の募集を行い、投資家が未上場株式を転売するなどプライマリー＆セカンダリーの両方の機能が発揮される。

マーケットプレイスでは、州法に基づく株式の公募、SECのレグDルール506の私募、レグDルール504やレグＡの小規模公募が行われる。

また、マーケットプレイスでは、これらの発行募集とルール144Aの適格機関購入者への転売を組みあわせたプライマリーの募集が行われる。機関投資家が多数の投資家に売りさばくことを前提に、発行企業が私募で機関投資家に未上場株式を大口で販売することで、多額のエクイティの調達の場として機能する。

発行企業や投資家が証券会に引き受けを依頼せずに、プラットフォームを借りて、投資家に対して直接、公募を行う Direct public offering（DPO）[32]の場としても機能している。証券取引所での証券会社を介さない直接上場（Direct Listing（直接上場）でも売出し価格にマーケットプレイスにおける市場価格が参照される。

さらに、投資家が購入した株式の転売、従業員が報酬として受け取った株式の転売・換金、機関投資家等の未上場株式への投資等、セカンダリー取引の場になっている。証券会社による未上場株式の仲介の場として機能し、証券会社が株式を転売する顧客を支援するためのアドバイザーなどを設置する場合もある。

32　DPOは、上場するときにIPOをせずに直接売り出すDirect Listingと同じ意味でも使われるが、州法での株式の公募、ルール505やレギュレーションＡの小額公募など、証券会社の仲介や引き受けがなく、発行企業が直接公募する場合をいう。

セカンダリー取引としては、経営者や従業員が報酬として交付された株式をルール144による公募や144Aによる適格機関購入者に対象を限定した募集で転売する。ファンドが投資先企業の株式を転売することもある。特に、2010年代中頃から、「セカンダリーマーケット」と呼ばれる創業経営者、株式報酬を受け取った役職員などによる未上場株式の転売・換金の取引について伸長した。企業の従業員に対する私募の免除規定であるルール701に基づき従業員へ株式報酬として交付した株式などを、発行企業や機関投資家が多数の従業員等から株式を買い集めるテンダーオファーが行われる。発行企業が買い集めた株式を自社株式として、株価上昇後、再転売することで資金を調達することも行われる。一連の段取りをプログラムとして提供する大手マーケットプレイスもある。

米国では、プラットフォームのシステムが電子市場取引システムの機能を持ち、売り注文と買い注文を集めてシステムを使って自動的に需給調整・価格決定を行うときは、ATSの登録が必要となる。このため、「セカンダリー・マーケット」は、大手のマーケットプレイスなどがATSの登録を得て、電子株式市場に発展している。近年は、当初からセカンダリーマーケットのATS電子株式市場として事業を開始するものも現れている。このようにかなりテクニカルな市場取引が証券取引所のようにシステムを使って自動的に行われている。取引量が少ない場合など、ATSの登録を受けないで、このような取引を行うセカンダリー・マーケットもある。

3）大手マーケットプレイスの発展の歴史

米国のマーケットプレイスの発展の歴史を、主要企業の創設と変遷の中でみてみる[33]。

○未上場株式マーケットプレイスの大手4社

ーNasdaq Private Market（NPM）

ーShares Post

ーForge global

ーEquity Zen

・2004年にSecond Market solutionsが設立される（後にNPM（Nasdaq Private

33 David F. Larcker, Brian Tayan, and Edward Watts, "Cashing It In Private-Company Exchanges an Employee Stock Sales Prior to IPO", Stanford Closer LOOK Series 1, September 12, 2018 (Stanford, 2018).

Market）と合併)。

・2009年にShares Postが設立される。当初は、販売先を探すための掲示板機能から、スペシャリストの支援などを置いて仲介機能を持つようになる。

・2000年代後半から未上場株式マーケットプレイスは、次のような未上場の著名企業（マーケットプレイスで成長した著名企業の例）のIPO前の株式を取り扱い、これらの企業が大型のIPOを果たしたことでマーケットとして成長した。

・2012年にShares Postは、ブローカー・ディーラーの登録なしで仲介行為を行ったとして、SECに摘発された。このため、証券会社を買収して証券業（ブローカー・ディーラー）の登録とATSの登録を得た。

・2012年のJOBS Actでは、ルール144Aの適格機関購入者への私募転売での一般的広告・一般的勧誘の解禁で、インターネットでの募集ができるようになる。これを受けて、マーケットプレイス大手は、従業員株式等の転売やセカンダリーオファリングを中心とする「セカンダリーマーケット」としてさらに発展する。

・2013年１月にEquity Zenが設立される。同年ナスダックとShares Postが合弁でNasdaq Private Market（NPM）を設立する。

・2015年にナスダックがSecond Postを買収し、NPMと統合させる。NPMは、流動性向上プログラムとして従業員株式の転売を通じた発行企業の株式の流動性向上を支援することを特徴としている。この「セカンダリーマーケット」で比較的流動性の高い株式の売買を扱うためATSの登録を受ける。

・2017年の４社の売買額の合計は40億ドル、取り扱い企業数計は200社～300社。このうち最大手のNPMで32億ドル、51社、１社当たり約6,300万ドル（69.3億円強)。

・2020年11月にShares PostはForge Globalと合併している。

・2022年３月にForge globalがニューヨーク証券取引所でIPO。

○マーケットプレイスで成長した著名企業の例

以下、IPO前の時価総額はSharesPostでの2010年頃の流通株式の価値から算定した企業価値（values of Shares trading)[34]である。

---

34 "Index pegs Facebook at $11.5B, Twitter at $1.4B", San Jose Business Journal, Thursday, March 4, 2010.

ーLinkedin Corp.

2003年設立、2011年にIPO

IPO前の2010年の時価総額：13億ドル（1,430億円）

ーFacebook

2004年設立、2012年にIPO

IPO前の2010年の時価総額：115億ドル（1兆2,650億円）

ーTwitter

2006年設立、2013年にIPO

IPO前の2010年の時価総額：14億4,000万ドル（1,584億円）

ーTesla,Inc.

2003年設立、2010年6月IPO

IPO前の2010年の時価総額：12億8,000万ドル（1兆4,080億円）、公開価格での時価総額は16億ドル

4）マーケットプレイスの多様な展開

近年では、マーケットプレイスで、これまでのレギュレーションDの私募やルール144A、ルール144に加え、一般投資家向けのレグA＋のミニIPOや、この小規模公募で市場に流れた株式の一般投資家間の売買などが発展している。クラウドファンディングがレギュレーションAの小規模公募も取り扱う場合もある。レグA＋プラットフォームやレグA＋オファリング・プラットフォームなどと呼ばれる。

Dalmore Group、StartEngine、Seedinvest、Republicの4社中心に行われている。

2012年のJOB Actでは、小規模公募の範囲も拡大され、500万ドル上限から5,000万ドル上限になった。さらに、2021年に行われた免除規定のハーモナイゼーションという規制の見直しの結果、7,500万ドル上限となっている。

現状、マーケットプレイスは、大きく、次の4つに分かれる。

a. 証券会社がATSの登録を受けてマーケットプレイスを「セカンダリーマーケット」中心のATSとして展開しているもの

b. 証券会社がATSの登録を受けて、セカンダリーに限らず多様な機能を持つマーケットプレイスを展開しているもの

c. 証券会社がATSの登録を受けずに、プライマリーの小規模公募、私募、

セカンダリーの転売などを展開しているもの

d. コンサルティング会社やプラットフォーム運営会社が、証券業の登録を受けずに、マーケットプレイスのシステムを、自ら発行募集を行う企業や転売の公募を行う投資家に提供しているもの

マーケットプレイスの範疇の外ともいえるが、エンジェル・コミュニティなどで、発行企業と投資家、投資家間のマッチングサイトを運営しているものもある。

a. の「セカンダリーマーケット」のATSに属するものとしては、PPX、Variable Investment ATS、CartaX、などがある。売却希望価格（売り指値）と購入希望価格（買い指値）をサイトで掲示して注文を待ち、価格の推移やその他会社の関連情報を掲示するものが多い。

－**PPX**は、証券取引に関連するシステムプロバイダーのノースキャピタルが、ATSの登録を受けて、セカンダリーマーケットを開設している。

－**Zambato**は、ATSの登録を受けてセカンダリー取引を中心とした証券会社が運営するマーケットプレイスである。米国とイギリスで国際的に事業を展開している。

－**Variable Investment ATS**は、サウスダコタの証券会社VIAが運営するマーケットプライスで、主にセカンダリー取引についてATSの登録を受けている。

－**CartaX**は、企業価値評価や、キャップテーブル作成システムなどを提供するCartaが、近年、ATSの登録を受けて電子市場取引システムで効率を高めた「セカンダリーマーケット」中心に事業を展開している。

b. のATSの登録を受けつつ各種機能を果たすマーケットプレイスとしては、Realto、Securitizeなどがある。a. とb. の区別は相対的なものであり、NPMとフォージもこの分類に属すと考えられる。「セカンダリーマーケット」としてこの分類に属するものと考えられる。

－**Realto**は、レグA＋のミニIPOで市場に流れた株式の一般投資家間の売買などでATSに発展する。

－**Securitize**は、近年、デジタル・トークンのプラットフォームで、各種免除規定の規制確保や売買成立、取引執行を迅速・確実に行うＡＴＳも現れている。

デジタル・トークンのプラットフォームで、レグA＋小規模公募（ミニＩＰＯ)、レグDの私募のプライマリー市場、従業員株式やファンドが保有する株式の転売などセカンダリー市場の機能を幅広く効率的、総合的に取り扱う。

c. のATSの登録もなく証券会社が仲介等でプライマリーやセカンダリーの市場取引をプラットフォームを用いて行っているものとしては、大手のEquity Zen Securitiesをはじめ多数ある。証券会社が自社のサイトに適格投資家会員専用ページを設けて私募の案件を紹介することなどが行われる。近年は、Seedinvestなど、レグA＋のミニIPOを中心とするマーケットプレイスが目立つ。

—**Seedinvest**は、証券業の登録を得ているST Securitiesが株式の仲介等の業務を担うことで運営されている。クラウドファンディング、レグA＋のミニIPOなどプライマリー取引のサイトである。

d. の証券会社の登録はなく、コンサルティング会社などがプラットフォームを提供しているマーケットプレイスとしては、Repiblic、StartEngine、Manhattan Street Capitalなど多数ある。

—**Republic**は、証券業の登録をせずに、募集する企業や投資家にマッチング・プラットフォームを提供するサービスとして運営されている。

—**StartEngine**は、株式投資型クラウドファンディングのStartCapitalが、近年、レグA＋の小規模公募とレグDの私募等と転売と行うマーケットプレイスを開設したものである。

—**Manhattan Street Capital**は、証券業の登録なしで、コンサルティングと投資家とのマッチングの場の提供を中心に、レグA＋のミニIPOを中心とするプライマリーの募集を支援するプラットフォームである。

④株式投資型クラウドファンディング

多数の投資家から多人数の少額の投資額を積み上げるオンラインの株式公募（少額公募）の場である株式投資型クラウドファンディング（Equity Crowd Funding）が、2012年にJOBS Actで連邦法レベルで法制化され、レギュレーション Crowd Fundingを定めて、2016年３月に開始した。証券会社（ブローカー・ディーラー）またはファンディング・ポータルという運用会社がプラットフォームを提供している。

運営会社にSECの登録義務を課し、開示義務の負担をフォームCによって簡素化しつつ、オンラインで直接株式を購入する一般個人の投資家保護のため、募集額の上限を500万ドル（５億5,000万円）、投資家の投資額は資力に応じ最大20万ドル（2,200万円）とし、広告宣伝等の募集・勧誘の手段はクラウドファンディングのサイトに限定している。

ブルー・スカイ・ローと呼ばれる各州の証券取引法の規制の下、ローカル・クラウドファンディングという各州内に閉じた募集も行われている。

米国の株式投資型クラウドファンディングは、イギリス等には出遅れたが、2016年３月にスタートしてから着実に発展している。2018年12月末までに、51社が運営するクラウドファンディングによって株式の公募をした企業は、延べ1,351社あり、そのうち105社が追加投資（follow on）の募集をしたものである。519社が募集を完了し、１億820万ドル（119億円）を集めている[35]。

○米国の株式投資型クラウドファンディング大手５社

—Wefunder

—StartEngine

—Netcapital

—Seedinvest

—Republic

発行企業のうちにはハイテク企業のスタートアップから一般の小規模企業や中小企業と幅広く、社会的課題に対応した企業や、食品・飲料業などの地域文化に根差した企業なども含まれる。

クラウドファンディングで成長した未上場企業は、州や全米の店頭市場、マーケットプレイス等で、成長段階ごとにそれに応じた金額規模の資本を調達し、成長投資をする。クラウドファンディングで一般投資家が購入した株式は、店頭市場や未上場株式マーケットプレイスで転売されて、流通する。既にIPOを実現した企業も登場している。

35　The Staff of the US. SEC, “Report to the Commission Regulation Crowdfunding, June 18, 2019”, (SEC, 2019).

2－3 日本の株式市場：未上場株式市場が未発達で、東京証券取引所一極集中構造[36]

先述のように、日本の株式資本市場は、その取引が東京証券取引所（東証）とその周辺に集中している。未上場株式市場全体がほぼ未発達の状況にあり、上場株式市場も東証に取引が集中しており、株式市場全体が東証一極集中構造となっている。このような状況が、米国に限らず主要国と比べた日本の株式市場の特徴となっている。

次の**図２－３**のように、東証は、多様なタイプの市場をそろえ、取引所外取引、PTS等の補完機能も充実している。ネット証券などインターネットの活用も、東証に上場された銘柄を中心に盛んに行われている。

〈図２－３〉 日本の株式市場の概要

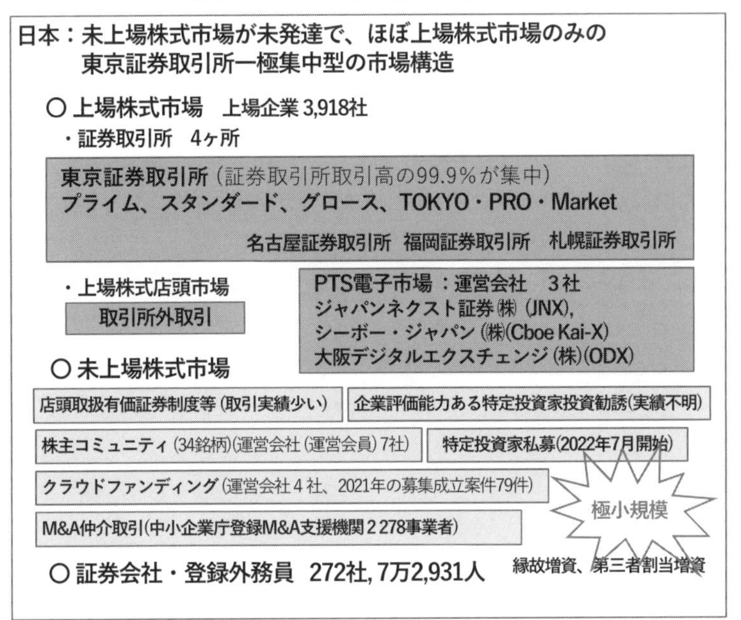

日本：未上場株式市場が未発達で、ほぼ上場株式市場のみの
東京証券取引所一極集中型の市場構造
○ 上場株式市場　上場企業 3,918社
・証券取引所　4ヶ所
東京証券取引所（証券取引所取引高の99.9％が集中）
プライム、スタンダード、グロース、TOKYO・PRO・Market
名古屋証券取引所　福岡証券取引所　札幌証券取引所
・上場株式店頭市場
取引所外取引
PTS電子市場 ：運営会社　3社
ジャパンネクスト証券㈱（JNX),
シーボー・ジャパン㈱(Cboe Kai-X)
大阪デジタルエクスチェンジ（株)(ODX)
○ 未上場株式市場
店頭取扱有価証券制度等（取引実績少い）
企業評価能力ある特定投資家投資勧誘(実績不明)
株主コミュニティ（34銘柄)(運営会社（運営会員）7社)
特定投資家私募(2022年7月開始)
クラウドファンディング（運営会社４社、2021年の募集成立案件79件)
M&A仲介取引(中小企業庁登録M&A支援機関２278事業者)
極小規模
○ 証券会社・登録外務員　272社, 7万2,931人
縁故増資、第三者割当増資

36　日本証券経済研究所「図説日本の金融市場」（2018)、日証協や各証券取引所のホームページの記述・データ等を参考にしている。

一方、未上場株式市場は、ベンチャーファンドからのリスクマネー供給、一部中小企業の関連大手企業からの縁故増資、M&A市場を除き、株式コミュニティや株式投資型クラウドファンディング等、極小規模である。

M＆A市場は、カーブアウト（子会社売却）、ファンド投資案件の売却や事業承継等で中堅・中小企業関連でも活発化している。未上場株式のプライマリー市場もセカンダリー市場も、ほぼ存在しないと考えられる。

（1）上場株式市場

①証券取引所

日本の証券取引所は、金商法に基づき内閣総理大臣の免許を受けて運営されている。証券取引所は、金融商品取引所が開設する金融商品市場であり、金商法では取引所金融商品市場という[37]。

株式を取り扱う証券取引所には、日本証券グループ東京証券取引所（プレミアム、スタンダード、グロース、TOKYO PRO Market）、名古屋証券取引所、札幌証券取引所と福岡証券取引所の４つがある。

１）東京証券取引所への取引の集中

日本の証券取引所では、取引のほとんどが東証で行われており、上場企業数、売買代金、売買高（株数）のどれも東証に集中している。

次の**表２－３－１**のとおり、日本全体の上場企業数3,927社中、東証が3,826社と98.6%を占める。売買高（株式数）でも売買代金でも、2022年間で、日本全体の4,253.82億株、872兆6,405億円のうち、東京証券所が4,251.49億株、872兆5,316億円とそれぞれ99.95％、99.99%を占める[38]。

37　有価証券の売買等を行う市場を金融商品市場といい（金商法第２条第14項）、内閣総理大臣の免許を受けて金融商品市場を開設する者を金融商品取引所という（同条第16項）。

38　㈱日本取引所グループ統計月報16-1「全国証券取引所売買高・売買代金」。

〈表2－3－1〉 日本の証券取引所別の上場企業数

証券取引所名	上場企業数	東証に重複していない企業数	割合
東京証券取引所　2022年8月31日	3,826	－	98.6%
プレミアム	1,837	－	47.3%
スタンダード	1,448	－	37.3%
グロース	483	－	12.4%
TOKYO PRO MARKET	53	－	1.4%
名古屋証券取引所　2022年9月21日	275	59	1.1%
プレミア市場	180	4	
メイン市場	80	42	
ネクスト市場	15	13	
福岡証券取引所　2022年8月末	107	26	0.2%
本則市場	89	19	
新興市場（Qボード）	18	7	
札幌証券取引所　2021年末	58	16	0.2%
本則市場	49	9	
アンビシャス	9	7	
合計	－	3,927	100.0%

（出所）各証券取引所のホームページ

2）市場区分と新興市場

東証は、2022年4月4日に、市場区分を見直して、プライム市場・スタンダード市場・グロース市場に再編された。以前の、市場第一部、市場第二部、マザーズとJASDAQ（スタンダード・グロース）の4つの市場区分は、東証と大阪証券取引所が2013年に株式市場を統合したときからのものである。

以下の新しい市場区分のコンセプトは、東証のホームページから抜粋したものである。

－プライム市場：多くの機関投資家の投資対象になりうる規模の時価総額（流動性）を持ち寄り、高いガバナンス水準を備え、投資者との建設的な対話を中心に据えて持続的な成長と中長期的な企業価値の向上にコミットする企業向けの市場

－スタンダード市場：公開された市場における投資対象として一定の時価総額（流動性）を持ち、上場企業としての基本的なガバナンス水準を備えつつ、持続的な成長と中長期的な企業価値の向上にコミットする企業向けの市場

－グロース市場：高い成長可能性を実現するための事業計画とその進捗の適

時・適切な開示が行われ一定の市場評価が得られる一方、事業実績の観点から相対的にリスクが高い企業向けの市場

※新興市場としては、JASDAQとマザーズがあったがグロース市場に再編された。

東証では、Arrowheadと呼ばれる高速取引に対応した電子市場取引システムが用いられている。2010年1月4日に稼働開始した。2019年11月5日にバージョンアップされている。

地方証券取引所にも、新興企業向けの市場区分がある。名古屋証券取引所がネクスト市場、福岡証券取引所がQ-Board、札幌証券取引所がアンビシャスという新興市場を併設している。

3）特定取引所金融商品市場（TOKYO PRO Market）

TOKYO PRO Marketは、プロ向け市場と呼ばれる特定投資家向けの証券取引所である。特定投資家は、機関投資家や上場企業、資本金5億円以上の株式会社、その他証券会社が承諾した法人や個人（個人の場合は、純資産及び投資性金融資産が3億円以上の者等の要件がある）などからなる。証券会社等が、特定投資家に限定した私募を取り扱うときは、特定投資家私募として、開示義務が免除される。代わりに、会計情報を記載した特定証券情報の投資家への提出または公表が求められる。特定証券情報には、発行企業の事業及び経理に関する事項などが記載される。金融商品取引所は、取引所金融商品市場ごとに、その会員証券会社が一般投資家からの委託による売買を禁止して、特定投資家等からの委託を受けて有価証券の買い付けをする特定取引所金融商品市場を開設できる（金商法第117条の2）。

東証がこの特定取引所金融商品市場であるTOKYO PRO Marketを2009年に開設した。開設当初は、Tokyo AIMとして、㈱Tokyo AIM証券取引所が運営し、2012年に東証に移管された。

特定取引所金融商品市場で投資家が証券会社に委託して公募して株式を転売（売出し）するときは、発行企業開示義務が免除される。発行企業に有価証券届出書提出や毎年度の有価証券報告書の提出は求められない。その代わりに、取引所からこれらに準じた会社情報の開示が求められる。

金商法上は、TOKYO PRO Marketにおける募集・売出しは、特定取引所金融商品市場への上場でもあるので、東証のTOKYO PRO Marketへの上場と呼

ばれている。上場基準に、株主数、流通株式、利益の額などの形式基準（数値基準）がないことが特徴となっている。

成長企業向けの発行市場としての発展が期待されたが、上場企業や特定投資家といった市場参加者があまり増えずに取引実績が伸びず、上場企業も急には増えない。上場している企業は2022年７月現在56社となっている。

４）立会外取引

市場での通常の取引時間外の取引（市場内時間外取引）を立会外取引と呼んでいる。

主に機関投資家の大口取引やバスケット取引などに利用される。証券取引所内の取引で大口の注文を出して相場へ影響を与えることを回避して、立会外取引を利用して売買を成立させる。東証の立会外取引は、ToSTNeT（Tokyo stock Exchange Trading Network system）という電子市場取引システムで行われるのでToSTNeT取引と呼ばれている。立会外取引もほぼ東証に（よって、ToSTNeTに）集中している。

②上場株式の店頭市場（取引所外取引[39]）

次の**表２－３－２**にあるように、株式を、証券取引所の会員証券会社が証券取引所の外で取引する取引所外取引が176兆円（16.8%）ある。このうちPTSでの取引が9.7%を占める。40%が取引所外となっている米国と違い、取引所内取引が中心である。上場株式の取引所外取引は、日本証券業協会（日証協）の「上場株券等の取引所金融商品市場外での売買等に関する規則」のもとで行われている。

PTSは、証券会社がオンラインの電子市場取引システムを活用して主に機関投資家の売りと買いのマッチングをする市場である。PTSでは、証券取引所と同様、取引参加者が証券会社に限定されおり、投資家は証券会社に委託して株式を売買する。PTSも東証の取引を補完する形で発展している。2004年に、オークション方式を認めてから、債権取引に加えて株式のPTSが登場し、７社までに増えたが、現状では、３社のシステムが稼働している。未上場株式の取引は

39　取引所外取引とは広い意味での「店頭取引」であるが、日本証券業協会（日証協）の規則では、証券取引所を介さない上場株式の取引を「取引所外取引」とよび、店頭取引は上場株式以外の株式に限定している。

行われていない。

PTSは、信用取引が認められてないことを要因に取引が伸び悩んでいたが、2019年８月末から、PTSでも信用取引ができるようになった。

ジャパン・ネクスト証券株式会社、Cboeジャパン株式会社の２社に加え、2022年６月27日から大阪デジタル・エクスチェンジ株式会社がPTSを運営している。

〈表２－３－２〉日本の証券取引所と取引所外取引の売買代金

（兆円）

	上場株式取引合計	取引所内売買	取引所外売買			合計に占める割合	
			計	ＰＴＳ	その他	ＰＴＳ	その他
2021年	983	832	152	86	65	8.8%	6.6%
2022年	1,048	872	176	102	74	9.7%	7.1%

（出所）日証協　PTS Information Network

（２）未上場株式の取引と市場

日本では、ベンチャーファンドからのリスクマネー供給と、PEファンドにおける未上場株式の売買やM＆A取引が、未上場株式市場での株式と資金の流れの多くを占めている。しかしながら、日本のリスクマネー供給は諸外国と比べても金額的にはかなり小規模なものとなっている。

①リスクマネー供給―ベンチャーファンド等からの出資

スタートアップからベンチャーキャピタルへのリスクマネー供給は、スタートアップが発行した未上場株式をファンドが購入することで行われる。スタートアップがファンドの無限責任組合員（General Partner：GP）であるベンチャーキャピタルにアプローチして、専ら相対の交渉で、第三者割り当て増資を受ける。複数のベンチャーキャピタルが連携・協調して投資するシンジケートを組むことが多い。

第４章で説明するが、諸外国と比べても、ベンチャーファンド等からのリスクマネー供給は小規模であり、ベンチャーキャピタル等の投資額は日本はOECD諸国の中でも30カ国中20位と下位にある。それでも、日本の未発達の未上場株式市場における存在感は大きい。

②PEファンドからの未上場の大企業、中小企業への出資とM&A市場

プライベート・エクイティ・ファンド（PEファンド）は、多くの投資家から集めた資金を基に、未上場企業の株式を取得し、経営改革などによって企業価値を高めた後に売却することで高い収益を得ることを目的とした投資ファンドである。

取り扱う案件としては、バイアウト案件、グロース案件、アドオン案件がある。バイアウト案件では、大企業の子会社をいったん取得（バイアウト）して、企業価値を高めて売却する案件（カーブアウト）が主流である。他に、成長が停滞する企業や、経営危機にある企業の案件（ターンアラウンド）に加え、近年は中小企業の事業承継案件が増えている。アドオン案件とは、既にバイアウトした企業に、他の企業を合併させるために資金を出す案件をいう。

PEファンドは、単なる仲介ではなく、企業価値の向上が可能な有望案件を積極的に発掘し、経営体制を改革し、価値を高めて、Ｍ＆Ａ、MBOまたはIPOにより売却をする。

PEファンドでのＭ＆Ａ取引は、主に、大企業のカーブアウト（子会社売却）やバイアウト案件で行われているが、ベンチャーファンドの投資案件の売却の場合もある。

日本のPEファンドの年間の取引案件総額は、GDP比で見ると、ドイツの３分の１、米国の７分の１程度と、他の先進国と比べて小規模に留まっている。

③中小企業の第三者割り当て増資・縁故増資

中小企業も、新規事業を進めるときに、エクイティを活用している実態はある。第４章の**表４－１－７**にあるが、中小企業庁のアンケート調査によると、現状でも、新規事業を検討した企業の12％の一定程度の中小企業が、事業提携先・取引先大手企業等からの第三者割り当て増資を経験している。

資本政策のための縁故増資も行われる。会社法では、新株の発行等を「募集株式の発行等」という。株主に割り当てる場合を株主割り当て、株主以外の特定の者に割りてる場合を第三者割り当てという。割り当てる権利をだれにも与えずに募集する場合で、対象者を一定の範囲に限定して募集することを縁故募

集といい、対象者を限定しないで募集することを公募または一般募集という[40]。割り当て自由の原則に基づき、どの株主にどれだけの株式を割り当てるかの決定権は会社にある[41]。

縁故増資は、親類縁者、従業員、取引先などに対象を限定して行う。相続、事業承継、創業者利得の分配などのために株式数や議決権の配分を見直す場合などで行われる。提携先や取引先との関係強化や財務の健全化のために行われることもある。

既存株主の権利を損なう可能性があるため、市場価格よりも有利な価格で割り当てる場合には株主総会での特別決議が必要となる。統計的データはなく、実態は不明である。

(3) 店頭登録市場と証券会社による未上場株式の投資勧誘[42]と市場

①店頭登録市場

日本では、2004年にJASDAQが証券取引所になった以降、従来から店頭登録市場と呼ばれていた金商法第67条第2項の店頭売買有価証券市場は存在しない。

店頭登録市場が成立するためには、証券会社が連携して市場取引をするための市場としての管理体制を整える必要があるが、このような仕組みを持つ制度

40　会社法第199条では、会社がその発行する株式を引き受けるものの募集をするときに定めるべき事項（募集事項）を規定する。第202条で株式の割り当てを受ける権利を株主に与える場合に追加される募集事項を定めている。会社法に基づく募集の手続きのうち、株主以外に株式の割り当てを受ける権利を与えてから募集する場合を第三者割り当てという。一方、誰にも割り当てを受ける権利を与えずに募集する場合を、縁故募集（募集の対象を特定のものに限る場合）と公募（募集の対象を限定しない場合。一般募集ともいう）という。株主割り当て以外は基本的に会社法上の手続きは同様である。前田庸「会社法入門」有斐閣（2008）。

41　実務的には、縁故増資のことを第三者割り当て増資と呼ぶことも多い。また、割り当て権を与えずに募集する場合でも、割り当て株数は申し込みを受けるまでに決められて、勧誘に応じて投資家が株式の購入を申し込むときに、購入予定額と同額の証拠金を支払い、これが募集額に達するまで順に申込額に応じて株式の割り当てを受けることが通常行われている。

42　店頭売買有価証券市場は、金商法第67条第2項に基づき日証協が開設している。かつて、ここへの上市（店頭登録）が店頭公開と呼ばれ、上場へのステップであった。2004年にJASDAQが店頭売買有価証券市場から証券取引所に転換した後、店頭売買有価証券市場には登録銘柄がない。

は、グリーンシート市場が2018年に廃止されて以降、日本には存在しない。

よって、日本では、この本でいうところの組織化された店頭市場である店頭登録市場は存在しない。

②証券会社による未上場株式の投資勧誘と店頭市場

株式の発行や転売のための勧誘は、長年の顧客である機関投資家や個人投資家との関係性を構築している証券会社に仲介等や引受けを依頼しないと困難である。特に、未上場株式の場合は、無名で成長過程の発行企業が独力で株式の募集ができる範囲は限られている。しかしながら、日本では1970年代後半から証券会社の未上場株式の投資勧誘が原則禁止されて、店頭取引もほぼ行われていない。

証券会社が介在する店頭取引、店頭市場については、日証協が「店頭有価証券に関する規則（店頭有価証券規則）」を定めて、会員の証券会社・金融機関[43]（以下「会員証券会社」という）は、未上場株式等（店頭有価証券）の購入の勧誘（投資勧誘）を原則として禁止し[44]、その例外として以下のような証券会社の投資勧誘を認める制度を設けている。（各制度の詳細は第９章参照）

1）店頭取扱有価証券の投資勧誘
2）適格機関投資家に対する投資勧誘
3）経営権の移転等を目的とした投資勧誘
4）フェニックス銘柄制度
5）株主コミュニティ
6）株式投資型クラウドファンディング業務
7）企業価値評価が可能な特定投資家に対する投資勧誘

43　銀行等の金融機関は、内閣総理大臣の登録を受けることで、有価証券関連業の一部を業として行うことができる（金証法第33条の２）。

44　店頭有価証券に関する規則第３条第１項では「 協会員は、次条［経営権の移転等を目的とした店頭有価証券の取引に係る投資勧誘］から［第４条 店頭有価証券の適格機関投資家に対する投資勧誘］第４条の２［企業価値評価等が可能な特定投資家に対する店頭有価証券の投資勧誘］まで、第６条【店頭取扱有価証券の投資勧誘】、第７条【上場有価証券の発行企業が発行した店頭取扱有価証券の投資勧誘】、「株主コミュニティに関する規則」、「株式投資型クラウドファンディング業務に関する規則」または「店頭有価証券等の特定投資家に対する投資勧誘等に関する規則」の規定による場合を除き、店頭有価証券については、顧客に対し、投資勧誘を行ってはならない。」と定める。

8）特定投資家投資勧誘

以下で説明するように1）から4）の各制度の取引実態は乏しく、5）株主コミュニティ制度、6）株主投資型クラウドファンディングは、発展途上で、小規模のままである。このように、例外的制度をみるとそれぞれ取引実態が乏しく、店頭取引が不活発で、自然発生的な店頭市場も発展しない。

7）の企業価値評価が可能な特定投資家に対する投資勧誘と、8）特定投資家私募制度については、最近始まったばかりの制度であり、今のところ実績は乏しい。

1）店頭取扱有価証券投資勧誘

会員証券会社は、店頭有価証券のうち、上場株式、株主が1,000人・社を超えて継続開示義務が課されている大企業の株式、有価証券届出書に準じる会社内容説明書を日証協に届け出た企業の株式については、発行企業の募集額1億円未満の少額免除の範囲での募集または売出し、勧誘先49人・社以下の少人数私募・私売り出しを取り扱い、未上場株式の投資勧誘をすることができる。これを店頭取扱有価証券投資勧誘という。

先述の日証協の資料によると、取引実績は以下のとおり。

－店頭取扱有価証券投資勧誘

累積取扱件数：24件　累積発行総額：約9,251億円

(2003年4月～2020年10月現在)

－上場企業店頭取扱有価証券投資勧誘

売買件数：32件　売買金額：約105億円

(直近1年間の状況：2019年10月～2020年9月末)

2）適格機関投資家投資勧誘

適格機関投資家に対して投資勧誘をすることが認められている（適格機関投資家については第8章で説明する)。公表されている統計データは見当たらず、日証協の資料でも「証券会社へのヒアリングによると年間数件程度」と記載されている。

3）経営権の移転等を目的とした取引のための店頭有価証券投資勧誘

証券会社によるM&Aのための投資勧誘を認めるものであるが、店頭有価証

券規則に基づく取引は実績がない。2020年11月の日証協の資料[45]にも実績なしとされている。証券会社による未上場企業等のM&Aの支援は、コンサルティングなどの投資勧誘を伴わない方法によって行われているものと考えられる。

4）フェニックス銘柄

上場廃止になった銘柄を保有する投資家のために投資勧誘することを認めるもの。平成28年6月30日以降、取り扱われている銘柄はない。

5）株主コミュニティ制度

株主コミュニティは、特定の未上場企業の株式を証券会社の運営のもと、投資家間で売り買いする会員制の組織である。地域に根差した企業等の未上場株式の取引・換金ニーズに対応し、また、株式投資型クラウドファンディングの後に株主コミュニティが組成される可能性も期待して創設された。

運営会員である証券会社の投資勧誘は、コミュニティに参加している会員投資家に対するものに限定される。会員投資家を募集することは禁止される。

2015年に開始して、2022年6月までに運営会員7社で合計34銘柄が取り扱われた。2021年の売買高は9億9,139万円、募集または私募の取扱額は1億9,160万円である。

6）株式投資型クラウドファンディング

米国でのJOBS Actでの株式投資型クラウドファンディングの導入を受けて、日本でも、2015年から制度化された。運用会社は第一種少額電子募集事業者の登録を受ける。現在、運用しているのは下記の4社である。2021年に成約株式の発行価額総額は、24億5,362万円、103案件を募集して79件成約となっている。

件数は少ないが、投資回収が相対による他の投資家への売却や、M&Aで実現している。一部の運営会社で株主コミュニティが併設されて、そこでの転売によるキャピタルゲインの獲得も実現した。

○株式投資型クラウドファンディング

ーエンジェルナビ㈱

ー㈱CFスタートアップス

ー㈱FUNDINNO

ー㈱ユニコーン

45　日証協「非上場株式の発行・流通市場の活性化に関する検討懇談会（第1回資料）事務局説明資料―非上場株式の一層の活用―」2020年11月30日。

インターネットで少額の投資を募るものであり、日本の成長企業のエクイティ・ファイナンスの手段としては画期的な制度ではある。しかし、第８章及び第９章で説明するが、募集総額が１年間に１億円、特定投資家を除く投資家の投資額が１社50万円までと少額であり、成長企業の資金ニーズに十分に応え、一般投資家に成長企業への投資と資産拡大の機会を提供するものとはなっていない。

2－4 米国と日本の証券業

以下では、米国と日本の証券業について、それぞれの業界の規模や構成、業務内容とその動向などを簡単に解説する。結果は、これまでみた米国と日本それぞれの株式市場の構造を反映したものとなっている。

（1）証券業の規模・構造

表２－４－１は、米国と日本の証券会社の業種と社数、支店数、登録外務員の数を比較している。

米国の証券業界は日本と比べて桁違いの規模であり、株式を扱う証券会社数で12.5倍、投資顧問業[46]で26.1倍となっている。近年のPCCPとして米国の証券業界では、ブローカー・ディーラー専業の社数が長期的に減少しているが、一方で投資顧問業が増えている[47]。

表２－４－２は、米国と日本の証券会社の規模別の構成である。FINRAと日証協の会員証券会社の規模別構成を比較している。FINRA会員証券会社は登録外務員の人数で、日証協は資本金規模別大手と中小を区分しているので直接の比較はできない。

米国の証券業界は、大手から中小規模へと社数が多くなる裾野の広い業界構造となっている。営業所の数も15万4,722か所、１社平均で約44か所もあり、大手証券会社の本社はニューヨーク市等に多く存在するが、各州に地元の証券会社が存在し、大手や地方の証券会社等の営業所が各州、各都市に存在する。

46　2006年９月施行の金商法で、投資顧問業は投資運用業（投資一任業務、ファンド運用業務）と投資助言代理業（投資助言業務、代理・媒介業務）に名前を変えた。

47　FINRA, "2022 FINRA Industry Snapshot".

一方、日本の証券会社は、資本金10億円以上で半数近くとなり、１社あたりの営業所の数も８か所程度と多くなく、比較的大企業中心、大都市中心の構造となっている。

〈表２－４－１〉 米国と日本の証券会社数、営業所数、登録外務員数等

米国（2021年末）

証券会社計		ブローカー・ディーラ専業	ブローカー・ディーラー・投資顧問兼業	投資顧問専業	登録会社計
All FINRA-Registered Broker- Dealer Firms		Broker-Dealer Firms-Only	Dual Broker-Dealer and Investment-Adviser Firms	Investment Adviser Firms-Only	Total Registered Firms
3,394社		2,914社	480社	31,669社	35,063社
営業所数	149,887	米国/日本	証券会社数 12.5倍	投資顧問業会社数 26.1倍	
登録外務員	626,063				

日本（2022年6月）

日本証券業協会正会員数		第二種金融商品取引業協会正会員数	投資顧問業協会正会員	合計（延べ数）
272社		630社 （2023年８月）	828社 投資運用会員 344社 投資助言・代理会員 484社	1,730社
営業所数	1,736		登録外務員数	
登録外務員	72,931人	米国／日本	8.6倍	

（出所）FINRA、日証協、第二種金融商品取引業協会、投資顧問業協会のホームページより

〈表２－４－２〉 米国と日本の証券会社の規模別社数

米国・FINRA会員証券会社数（2021年末）3,394社		日本証券業協会正会員数（2022年6月）263社（外国法人を除く）	
登録外務員500名以上の会社	161社	資本金100億円以上	32社
登録外務員499～151名	185社	資本金10億円以上、100億円未満	89社
登録外務員150名～1名	3,048社	資本金10億円未満	142社
営業所数	149,887	営業所数	1,736
登録外務員	626,063人	登録外務員	72,931人

（出所）FINRA、日証協のホームページから。

（2）証券業の業務・業態

証券会社には、ブローカー・ディーラー専業と投資アドバイス専門（投資顧問業）とこの両者の兼業の業態がある。

以下のような業務がある。この分類は米国と日本とでほぼ同様である。

①企業の資金調達の側に立つセルサイドと呼ばれる業務

1）公募、私募を取扱い、仲介し、または引き受け・販売において投資勧誘するときは、自社の既存の顧客網を活用し、また他社と連携して、多数の投資家へ購入を働きかける。株式の販売価格の算定などのサポート業務も行う。企業が株式等を公募・私募等をするときの購入する投資家の募集・勧誘などの代行や仲介等のブローカー業務

2）株式の引受けを行うアンダー・ライティング業務

3）M＆Aの仲介・紹介その他の各種サポート業務

4）公募・私募等や資産の証券化など資金調達に関するアドバイザー業務

②投資家の側に立つバイサイドと呼ばれる業務

1）投資家の株式等の売買の仲介等や委託売買をするブローカー業務

2）機関投資家、富裕層、個人投資家等の株式等の資産運用の助言などのアドバイザー業務

③株式・社債その他の有価証券（株式等）を自己売買し、投資運用するディーリング業務

セルサイドを総合的に営業する証券会社兼投資顧問業は、投資銀行と呼ばれる。米国の投資銀行では、証券化商品等でのディーリング業務の比重が高まっている。大手にいくほどブローカー・ディーラーと投資顧問の両方を兼業した投資銀行業務が盛んである。ブディック型投資銀行と呼ばれる特定の業種のIPOや、M＆Aのサポートや仲介等をする業態もある。地方証券会社や大手の地方支店では、バイサイドの投資家支援業務が中心であるが、セルサイドで地域の成長企業の資金調達等の支援も行っている。

日本の証券業では、バイサイドの一般投資家を対象とするリテール部門の比重が高く、ほとんどの会社で未上場株式のセルサイドの業務のウエイトはかな

り小さい。証券会社は、日証協の規則により、原則として未上場株式の投資勧誘を禁止されており、その分、未上場株式の公募、私募の取り扱いや、引受け業務や仲介等の本来基幹となる業務の範囲が米国と比べて狭い。企業の資金調達を助ける投資銀行的な発展は、証券取引所での上場等で主幹事会社のできる大手証券会社中心となっている。証券会社によるセルサイド業務になじみの薄い日本では、自己資金を用いたディーリング業務を行う証券会社や投資会社を投資銀行と呼ぶこともある。

特に、日本の地方証券会社では、収益面では、地方富裕層を対象にしたリテールでの株式取引の委託手数料や投資信託の販売等のウエイトが高い。発行株式や社債の募集の支援など、セルサイドの業務については、上場企業の第三者割り当て増資のサポートなどの業務に限られるが、上場企業が東証に集中している状況では、実態は乏しい。事業承継案件のPEファンドへの紹介などの業務を行っている証券会社もある。M&Aやファンド関連を除き未上場株式の取引実態がほとんどないなか、地元成長企業による未上場株式の私募の支援といった地方でもニーズがありそうな投資銀行業務もほぼ行われていない。

(3) IT化・オンライン化

米国では、証券会社が自社と外部との取引にコンピューター・システムとインターネットを用いたオンライン・トレーディング・プラットフォームが発展した。オンラインで証券取引所への売買の注文を処理することから始まり、発行企業と投資家、投資家間の売買の仲介や委託売買の実施に加え、顧客から株式の売りと買いの注文を集め、システム内でマッチング（つけ合わせ）をして取引を成立させ、処理している。Single－Dealer Platform（SDP）という、証券会社・投資銀行が顧客との取引の処理に加えて各種の情報提供などのサービスに用いるシステムもある。オンライン・ブローカーと呼ばれるインターネットでの上場株式等の仲介等を専業とする証券会社（オンライン専業証券会社）も活発に活動している。これらも近年は統廃合が進み、総合的な投資サービス会社に集約化している。

こうした証券会社のプラットフォームが未上場株式の募集や転売を取り扱ううちに、双方向的に発展して、2000年代半ばから、売りと買いの参加者による売買の場を提供する未上場株式のオンライン・マーケットプレイスが伸長した。

規制当局では、SECが開示情報の公衆縦覧のためのオンライン・データベースのEDGAR（Electronic Data Gathering, Analysis and Retrieval）を提供している。FINRAの会員証券会社は、顧客との未上場株式の取引情報を基本的に全件オンラインでFINRAに報告する。このためのMarket Transparency Reporting Toolsと総称される分野ごとのシステムが会員証券会社に提供されて、顧客との取引情報がFINRAに集められ、取引監視に活用される。

米国では、上場株式はもちろん、未上場株式の株券の電子化も進んでいる。一方、日本では、2009年に上場株式の電子化が始まり、未上場株式はいまだ対象外である。

日本の証券業界のIT化は、東証の上場株式の取引を中心としたシステム化から進められた。東証内のシステム化、証券取引所と証券会社各社の取引のオンライン化、証券会社と顧客との取引のためのオンライン・トレーディング・プラットフォームの導入、上場株式を取り扱うPTSの導入などである。

日本取引所グループ（JPX）では、取引所システムへの市場利用者の接続サービスとして、arrownetを提供している。JPXと他の市場関係機関への接続機能も備え、統一的な証券市場ネットワークとして機能している。また、立会外取引では、ToSTNeT（Tokyo Stock Exchange Trading Network System）が活用されている。

東証では、東証の各電子市場取引システムに対応したシステムと端末等を開発・販売しているISV（Independent Software Vender）の一覧をホームページに掲載している（2022年９月現在で15社）。掲載を希望し、かつ、東証が指定するテスト結果を提出したISVを掲載している。

（4）まとめ―スタートアップ、小規模企業・中小企業の成長を支える米国の分厚い証券会社と市場のネットワーク

日本は中小企業が多く、米国は大企業中心の国と考えている方が多いが、実際は、米国は膨大なフリーランス、小規模企業、中小企業が活躍する国である。

米国中小企業庁（Small Business Administration）によると、2018年で、従業人500人を超える大企業は約２万社、従業員500人以下の企業数は3,540万社

あり、うち従業員のいる社数が606万社ある[48]。

こうした膨大な小規模企業、中小企業の資金調達を、上述のような全米で活動する大手から中小までの分厚い証券会社等のネットワークが支援する。連邦の証券取引法、証券取引所法、州の法律の規制の下で、成長段階に応じたエクイティ・ファイナンスの仕組みを提供し、成長するチャンスのある小規模企業・中小企業が資本を十分に集められるようにする。

連邦政府、州政府では、アドバイザーの派遣、信用保証、各種補助金など日本の中小企業政策と同様の政策も行うが、中小企業政策の柱の一つが、資本形成の支援であり、成長企業による資本の調達、社債による長期借入の支援などである。募集規模が大きくなるにつれて段階的に厳しくなる簡易開示義務を中心とした適度な規制と監視体制で、一定の投資家保護と公正な競争のもと、資金調達機能を果たす市場とする。

以上のことは、かつては、他の国々ではなかなかまねできないものであった。だが、1990年代から資本市場のIT化が本格化する中で、イギリス、ドイツ、EU諸国、中国、韓国、インドなどの国々も、店頭市場での取引をはじめ、オンライン・データベースによる簡易開示、オンラインのプラットフォームの活用により、米国を追い駆けて未上場株式市場を発展させることが可能となった。

2-5 イギリス、ドイツ、中国、韓国などの国々—米国を追い駆け未上場株式市場を振興

イギリス、ドイツ、中国、韓国など多くの国々で、米国の資本市場改革を追い駆けて、ITを駆使して、かつ規制を見直して、未上場株式市場を振興している。企業の成長段階ごとに適した市場を整備して、ダイナミックなエクイティ主導の経済成長に取り組んでいる。

現状、各国それぞれに、米国同様、未上場株式の店頭市場があり、株式投資型クラウドファンディングや未上場株式のオンライン・マーケットプレイスも伸長し、代替的証券取引所も発展する。

48 U.S. SMALL BUSINESS ADMINISTRATION, Office of Advocacy, “Frequently Asked Questions, Revised December 2021”.

①イギリス

イギリスでは私募の証券市場が発展する中、1995年、ロンドン証券取引所の中に未上場株式のマーケットであるAIM（Alternative Investment Market）を整備した。証券取引所に開設された市場であるが、未上場株式（unlisted equity securities）として、株式の公募に課される厳格な開示義務が軽減された範囲で売買されている。AIMは、成長企業のエクイティ調達の場として発展している。ノマドという証券会社が成長企業を指導し、AIM上場をガイドする。

その後、2013年には、アクイス証券取引所（Aquis Exchange）が開設された。電子市場取引システムを用いた代替的証券取引所であるMTFの登録を受けて、上場株式市場のAQSE Main Marketと未上場株式市場のAQSE Growth Marketを開設している。

イギリスでは、各国に先駆けて、2010年代初頭から株式投資型クラウドファンディングが発展した。同じ未上場株式のプラットフォームで小規模公募やセカンダリー取引が行われている。2011年開設のCrowdcube、2012年開設のSeederの大手２社が発展し、その他多数のクラウドファンディングが登場している。

〈図２－５－１〉 イギリスの株式市場の概要

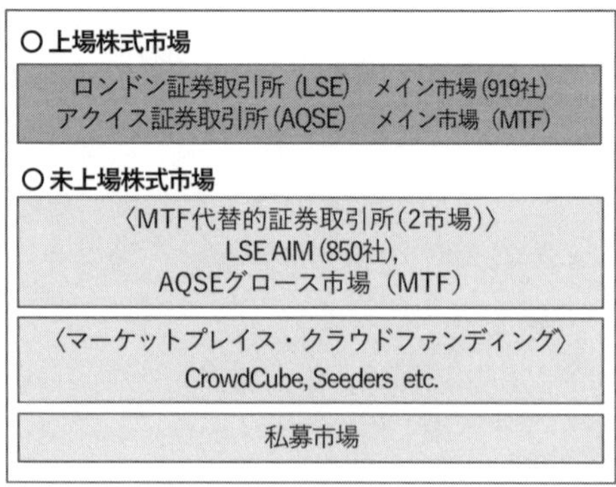

②ドイツ

ドイツでは、フランクフルト証券取引所（FWB）に、上場株式市場である規制市場と未上場株式市場である自由市場の二つの区分が整備されている。

1997年、世界的な新興市場ブームのころに、FWB規制市場には、メインボードに加えて成長企業向けの新興市場のノイアマルクト市場が開設された。その後、2000年代に入ってからの株式市場改革で、FWBは、規制市場を、プライムスタンダードとジェネラルスタンダートに再編成した。

2005年に、証券取引所外の店頭市場を再編し、FWBに自由市場を開設した。ファンドや適格投資家も参加し、開示義務が軽減されて、最低限の規制の下で企業が資金を調達し、未上場企業の株式が売買される市場である。2017年にエントリースタンダードをスケイルと改称して、現在、スケイルとクオーテーション・ボードの２区分となっている。

〈図２－５－２〉 ドイツの株式市場の概要

○ **上場株式市場**（国内510社、外国10,402社）

フランクフルト証券取引所(FWB)
FWB規制市場
プライムスタンダード　ジェネラルスタンダード
地方証券取引所(ベルリン,デュッセルドルフ,
ハンブルク, ミュンヘン,シュトゥットガルト)

Over-the-Counter(店頭市場)

○ **未上場株式市場**

〈MTF代替的証券取引所(2市場)〉
FWB自由市場
スケイル市場(138社)、クオテーション・ボード

PE私募市場

〈クラウドファンディング・
マーケットプレイス〉(78)
Companisto、Seedmatch、
Crowd-Investment、BetterFront

地方証券取引所が５つあり、ベルリンやシュトゥットガルトの証券取引所では、FEPと同様に、規制市場（上場株式市場）と自由市場（未上場株式市場）の二つの区分があって、後者は中小企業のエクイティ・ファイナンスの場として機能している。

ドイツでは、歴史的に、シュルトシャイン（schuldschein）という長期の約束手形が、地方の中小企業等の設備資金等の調達手段となっていた。ユニバーサルバンクと呼ばれる証券業務や信託業務も行なう銀行などに対して私募で発行されており、私募市場を形成している。こうした私募の伝統のもとで、PEファンドやベンチャーファンドも売買する中小企業向けの社債や未上場株式の私募市場が展開されている。

クラウドファンディングも盛んで、EUワイドのものを含め78ある[49]。Companisto、Seedmatch、Crowd-Investment、Betterfrontなどがある。セカンダリー取引を行うマーケットプレイスが併設されているものもある。

ドイツ以外のEU諸国でも、EU委員会が牽引して米国を追い駆け、長期的に企業の成長資金のファイナンスを、銀行型（Banked-base）の借入から、市場型（market-base）の資本や社債へ移行することを進めている。EUは、資本同盟という資本市場の統合作業を進める中で、資本市場を通じたエクイティ・ファイナンスを強化することによる経済システムの強靭性の向上と経済成長を目指している。2015年には、欧州委員会ユンケル委員長が、EU資本市場同盟イニシアティブについての行動計画を発表した。この中で、過度な銀行セクターへの依存から抜け出すため、資本市場における障害を取り除くこと、特に、中小企業による資本市場からの資金調達を促進する方針が示された。具体的には、目論見書（開示書類）の簡素化等の改善、クラウドファンディングの促進、私募債の普及、ベンチャーキャピタルの育成等を進めることとしている。

③中国[50]

中国では、1990年に上海証券取引所が再開され、同じ年に深圳証券取引所が設立され、それぞれのメインボードが開設された。

2005年には、深圳証券取引所に中小企業ボードが開設された（一板市場）。2009年には、深圳証券取引所にナスダックを参考にした新興企業向けの創業ボード（二板市場）が開設されている。

上海市場では、長期的な計画のもと、2020年までにグローバルな世界一流の

---

49 Crowdfunding Hub, "Current State of Crowdfunding in Europe 2021".

50 日本証券経済研究所「図説アジアの証券市場2016年版」、神宮健「中国の創業板市場について」『季刊中国資本市場研究、2019 Autumn』（野村財団、2009）、ベリーベスト法律事務所ホームページ「深圳OTCマーケット2020年—前海株式取引センターに登録するガイド」（2020）、Daxveconaultingホームページ、"CROWDFUNDING in China"、October21

資本市場となることを目指してきた。2019年7月には、国家イノベーション戦略・資本市場改革の中心として、ハイテク新興企業向けの科創板を開設した。この科創板も伸長し、近年では、銘柄数も400を超える。

2021年9月には、北京証券取引所が開設された。

未上場株式市場については、2001年には、中国証券業協会が運営する未上場企業の店頭市場の株式譲渡代替システム（三板市場）開設された。2013年には、未上場の新興企業向けの店頭市場の全国中小企業株式譲渡システム（新三板市場）が開設された。PEファンドが拡大する中で、新三板市場における未上場株式へのPEファンドからの投資が盛んになっている。

また、全国各地の産権交易所が未上場株式を取り扱っていたところ、2017年には地域で流通する株式と社債を取り扱う地域性株式取引センターを制度化した。新四板市場と呼ばれて、深圳の前海株式取引センターをはじめ全国に約40のセンターが整備されている。

中国ではクラウドファンディングも発展している。2011年ごろからスタートした中国のクラウドファンディングは、急速に伸長して、株式投資型、融資型、寄付型など各種合わせると世界最大規模と言われるようになった。その後、規制強化で2016年をピークに減少し、株式投資型は、2016年に133あったが、2021年には21までに整理されている[51]。

〈図2－5－3〉　中国の株式市場の概要

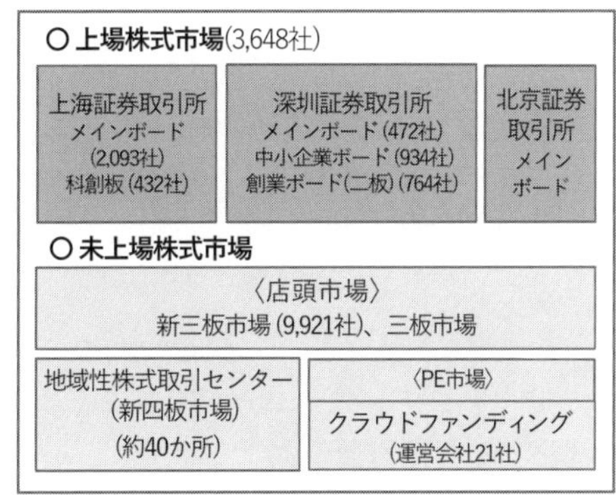

51　Daxue consulting, “Everything you need to know about crowdfunding in China”, October 20, 2021.

中国では、2014年に「資本市場の健全な発展の更なる促進に関する国務院の若干の意見」を発表した。ここでは、「実体経済の発展促進のため」、「規範化・透明化され、効率性と安定性を備えた、開放的で重層的な資本市場を構築する」ことを目指す。このため、「株式発行登録制度の改革」、「中小企業用市場の整備等」などを進めることとしている。

このように、中国でも、米国のような多層的な体系の形成を目指し、中長期的に株式市場を振興している。ユニコーン企業の数は増加し、中小企業の成長も著しい。

④韓国

韓国では、韓国証券取引所（KRX）に、メイン市場のKOSPI市場と新興市場のKOSDAQ市場が開設されている。2013年には、中小企業が資本を調達することを促進するために新興市場のKONEC市場を開設した。

未上場株式市場では、金融投資協会が組織化したK-OTC Marketという店頭市場がある。2017年には、K-OTC Marketのアネックスとして、K-OTC PROを開設した。ベンチャーファンド、PEファンド、機関投資家等が未上場株式を取引するオンライン・プラットフォームである。

韓国では、成長企業のエクイティ・ファイナンスに１億円未満の小規模公募が盛んに使われてきた。1990年代後半のITベンチャーバブルのころに、開示義務が一切ない中で小規模公募を行った企業の破綻が続いた。このため、その後は、一定の簡易な開示義務を課して、投資家保護を強化する中で、引き続き、成長企業の重要な資金調達手段となっている。

近年では、クラウドファンディングも大きく伸びている。コロナ禍においてさらに伸長している。Wadiz、Makestar、OpenTrade、Xquareなどを先頭に、多数のクラウドファンディングが競ってスタートアップ・ベンチャー企業のエクイティ・ファイナンスの場として活躍している。

韓国では、クラウドファンディングをさらに発展させる努力を続けている。2019年６月には、韓国証券監督委員会が、クラウドファンディング振興計画を発表した。そこでは、コロナ禍でライフスタイルが変容する中でこそ、革新的なスタートアップと小規模企業・中小企業の成長を実現することを表明する。このため、「賢い投資家達（wisdom of crowd）からの投資」を促進するべく、

１社１年間の募集額の上限を15億ウオンから30億ウオン（２億8,000万円）に拡大し（投資家の投資上限額は2,000万ウオン（192万円）以下)、募集開始前の情報提供やピッチイベントの開催を促進する等の施策を進めることとしている。

〈図２－５－４〉韓国の株式市場の概要

○ 上場株式市場(2,186社)
韓国取引所(KRX)
KOSPI市場(821社)
KOSDAQ市場(新興市場)(1,563社)
KONEC(中小企業市場)(123社)
場外取引市場（店頭市場）
○ 未上場株式市場
〈店頭市場〉
K-OTC Market(136社)
〈未上場株式取引
プラットフォーム〉
K-OTCBB　K-OTC PRO
〈小規模公募市場〉
〈クラウドファンディング〉
Wadiz, Makestar, OpenTrade,
Xquare 他多数

第3章

ユニコーン企業を生み、小規模企業を大企業に育てる未上場株式市場—米国企業の資本形成プロセス

〈全体フロー図〉 未上場株式市場でのエクイティ・ファイナンスによる企業の成長・個人資産の拡大と経済成長

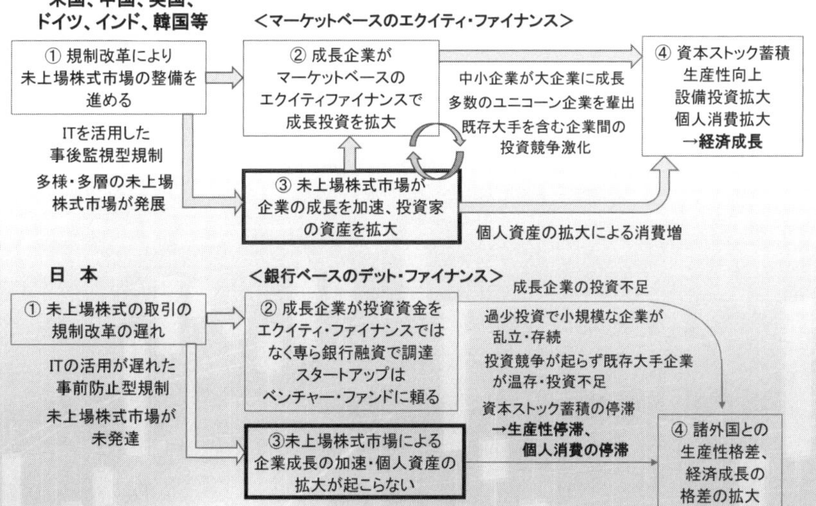
米国、中国、英国、
ドイツ、インド、韓国等
＜マーケットベースのエクイティ・ファイナンス＞
① 規制改革により
未上場株式市場の整備を
進める
② 成長企業が
マーケットベースの
エクイティファイナンスで
成長投資を拡大
④ 資本ストック蓄積
生産性向上
設備投資拡大
個人消費拡大
→経済成長
中小企業が大企業に成長
多数のユニコーン企業を輩出
既存大手を含む企業間の
投資競争激化
ITを活用した
事後監視型規制
多様・多層の未上場
株式市場が発展
③ 未上場株式市場が
企業の成長を加速、投資家
の資産を拡大
個人資産の拡大による消費増
日　本
＜銀行ベースのデット・ファイナンス＞
成長企業の投資不足
① 未上場株式の取引の
規制改革の遅れ
② 成長企業が投資資金を
エクイティ・ファイナンスでは
なく専ら銀行融資で調達
スタートアップは
ベンチャー・ファンドに頼る
過少投資で小規模な企業が
乱立・存続
投資競争が起らず既存大手企業
が温存・投資不足
ITの活用が遅れた
事前防止型規制
未上場株式市場が
未発達
資本ストック蓄積の停滞
→生産性停滞、
個人消費の停滞
③未上場株式市場による
企業成長の加速・個人資産の
拡大が起こらない
④ 諸外国との
生産性格差、
経済成長の
格差の拡大

米国等主要国の成長企業は、市場で多くの投資家から多額の資本を何度も調達し)、設備、IT、人材、R&Dに成長投資をする。市場では、多様な投資家が未上場株式を購入し、投資家間で売買する。

この章では、以上を具体的に理解するため、米国の未上場株式市場は、どのように、スタートアップがユニコーン企業となり、成長企業が大企業となり、上場してグローバル企業を目指すのか、このプロセスを説明する。この資本形成（Capital formation）と呼ばれる成長企業の資本の調達と蓄積と拡大のプロセスを整理する。さらに、日本の資本形成の現状も説明する。

3－1 未上場株式市場で資本を調達して成長する米国企業

次の**図3－1－1**に示したように、米国では、成長企業が成長段階ごとに未上場株式市場でエクイティを調達することができる。多層に整備された未上場株式市場で、スタートアップ・ベンチャー企業も、中堅・中小企業、小規模企業も、創業から上場するまで、成長段階に応じて広く投資家からエクイティを調達し、資本形成を進め、大胆に投資をして成長する。

成長企業は、競争力の高いビジネスモデルを実現して、事業を拡大し、収益性を高め、または負債を資本に替えて財務を改善する。株価が上昇し、時価総額が拡大して、募集するたびに資本調達額を増しながら大企業になり、そして、プライベート・カンパニーのまま成長を続けるか、IPOを実現して、資本形成を加速して、グローバル企業に成長していく。

成長企業は、創業時には自己資金に加え、友人・家族・親族から集めた資金で事業を始める。その後、成長初期は各種の未上場株式のマーケットで個人や中小企業などの一般投資家やエンジェル投資家、その後はベンチャーファンド等から投資を受け、次第に、事業会社、金融機関、投資会社、機関投資家、事業会社などからエクイティを集め、資本形成の階段を昇っていく。

会社設立後、直ちに、州の店頭市場であるローカル・ストック・マーケット、や、クラウドファンディングなどで資本を調達する。その後、全米レベルの店頭市場や、マーケットプレイス、OTC Markets等のATS代替的証券取引所で多様な投資家からエクイティを集める。州法に基づく公募や、レグDルール

504による少額の公募（マイクロIPO）、レグAの小規模公募（ミニIPO）、レグDルール506の私募などで調達額を増やす。基本的に証券会社と各種の市場を介して個人投資家を含む多くの投資家から資本を調達する。ルール144、ルール144Aなどの私募転売で株式が投資家間で転売される。

〈図3－1－1〉米国　スタートアップの成長過程（イメージ）

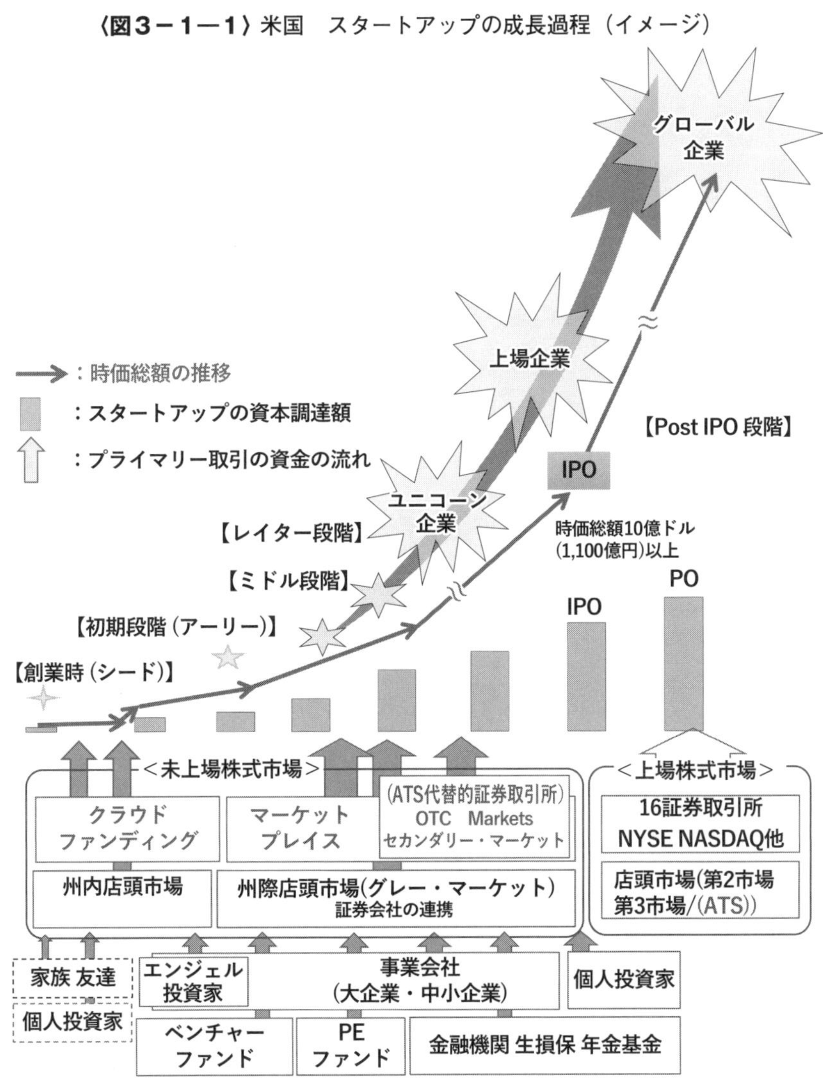

〈図3－1—2〉米国　一般企業の成長過程（イメージ）

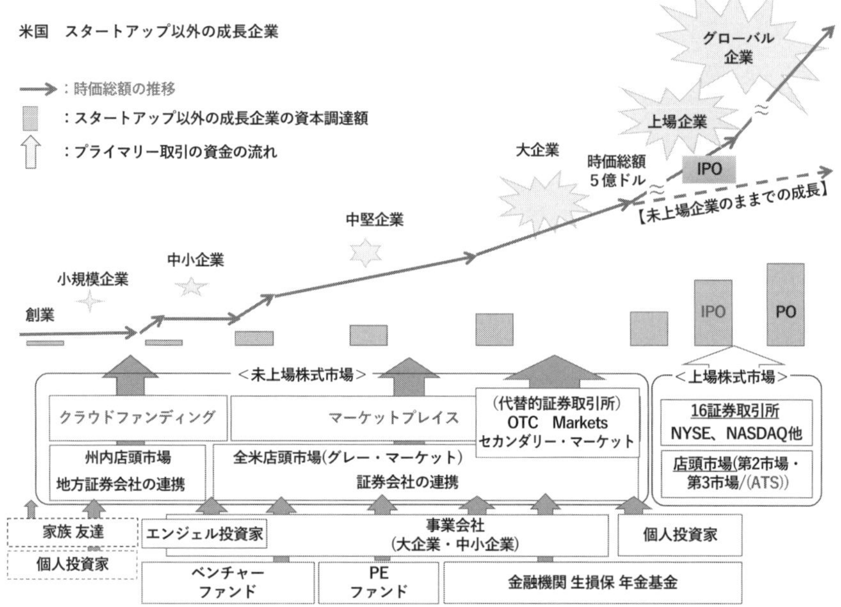

（1）スタートアップ・中小企業が成長段階ごとに資本を調達し成長投資をする

資金調達ラウンド（funding round）とは、スタートアップその他の成長企業が資本を調達するために一定期間行う、株式を購入する投資家の募集・勧誘活動をいう。シード、アーリー、ミドル、レイターの各成長段階ごとに、創業直後のシードラウンド、ベンチャーキャピタルラウンドから始まり、次に、発行する優先株式等の呼び方で、シリーズA（ラウンドA）、シリーズB（ラウンドB）などと呼ばれる、発行企業が自らまたは証券会社に依頼して一般投資家や機関投資家に公募または私募を行い、または私募等で少数の投資家に販売し、投資家がセカンダリー市場で株式を多数の投資家に転売・流通させる。

プライマリー市場で従業員を含む多くの投資家が発行企業から購入した株式を、セカンダリー市場で発行企業や機関投資家が株式を買い集め、転売し、また、発行企業が自社株を値上がり後に転売して資金を調達したりする。これらはセカンダリー・ラウンドと呼ばれる。

①スタートアップの成長過程

図3－1－2にあるように米国でも日本と同様に、創業するときには、自己資金と友人、家族・親族の資金（friends & family round）からスタートするが、米国では、会社設立直後から、市場で資本調達を行う。

米国のスタートアップは、シード段階では、各州のローカル・ストック・マーケットと呼ばれる証券会社と顧客の取引が集まった店頭市場で、州の証券取引法の下で株式の公募を行い、エンジェル投資を受け、ベンチャーファンド等の投資を受ける。クラウドファンディングやレグA＋を行うマーケットプレイス[52]で少額公募をすることもある。

ミドルステージ以降は、マーケットプレイス、連邦レベルの店頭市場のグレー・マーケットや、OTC　Marketsなどの代替的証券取引所を活用したりして、連邦法下の小規模公募や私募で、未上場株式市場から資本を調達する。募集額を拡大しながら、調達ラウンドを繰り返し、資本を蓄積しつつ、研究開発や設備、人材に投資して事業を拡大し、成長する。

短期間で急成長するIT系のスタートアップに限らず、バイオ系やマニュファクチャリング系のスタートアップも、未上場株式市場で、株価が上がって、時価総額が拡大してユニコーン企業になるなど十分成長した後に上場し、証券取引所で巨額の資本を調達してグローバル企業となる。

②スタートアップ以外の成長企業の成長過程

図3－1－2にあるように必ずしもハイテク・革新的でなくても、成長意欲と成長可能なビジネスモデルを持つ企業も、より長い期間が必要だが、スタートアップと同様に未上場市場で資本を調達し、一部でも事業に成功して、成長見込みが高まれば、資本が集まり、資本形成を繰り返しながら段階的・長期的に成長することができる。

転売可能な市場の存在が、投資家の成長企業への投資リスクを軽減し、リターンを高めることで、資本を集められるようにして企業の成長を後押しする。

52　米国では、企業がレギュレーションA＋を行うためのシステムを提供するプラットフォームもクラウドファンディングと呼ぶことがある。以下では、連邦法とレギュレーションCF等に基づくものに限ってクラウドファンディングと呼び、その他の株式の小額公募、私募、転売を行うトレーディング・プラットフォームをマーケットプレイスとしている。

その後は、未上場市場で資本調達を続け、プライベート・カンパニーのままで成長し続けるか（Private to Private）、十分に成長してからIPOを実現し、証券取引所で巨額の資本を調達してグローバル企業を目指すといった資本形成の階段が存在する。

なお、IPO後の５年間は、スタートアップ・オン・ランプ（高速道路の進入路）と呼ばれて、JOBS Actで設けた制度に基づき、IPO前に売上が12億3,500万ドル未満であった新興成長企業（ＥＧＣ）では、内部統制に関する監査法人の意見書の提出の免除など上場維持コストが軽減されている。

③成長企業の資本調達を助ける証券会社と未上場株式市場

米国では大規模なベンチャーファンドその他のファンドや、豊富な資金を持つ多様な投資家に加えて、各州レベルから全米レベルの店頭市場、クラウドファンディング、マーケットプレイス、ATS代替的証券取引所など、分厚い市場が用意されている。

このように成長段階ごとに企業と募集額の規模に合わせた資本調達が可能な市場があって、成長企業は調達ラウンドが進むごとに段階的に調達額（募集額）を拡大することができる。

未上場の成長企業は、証券会社等の助けを受けて未上場株式市場で多様な投資家からエクイティを調達する。証券会社等は、私募を取り扱って、顧客のネットワークを通じて多くの投資家に、企業の事業内容と未上場株式の価格等の募集条件を提示して、勧誘する。

地方の証券会社が地元の事業会社や個人投資家に対し株式を売り込み、企業の必要資金を集める。証券会社が連携した店頭市場で、投資家による株式の転売の募集が日常的に行われる。大株主による転売の公募や、発行企業や機関投資家等による従業員等の小口株主からの買い付け（買い集め）の公募が行われることもある。これらを、セカンダリー・オファリングという。なお、発行企業がIPOを行った後にPO（株式の公募）を行うことも、セカンダリーオファリングという。

米国では、発行企業等の勧誘方法などに一定の規制があり、少人数私募では一般的な広告宣伝が禁止されるが、適格投資家向けの私募では解禁されていて、インターネットの活用等自由に行われる。この制約の範囲で、ピッチやデモデイという場での発行企業経営者によるプレゼンテーションといったスタイルでも行われる。このような方法で、企業が自社の株式を積極的にセールスする。個人投資家間の人的なネットワークによる情報の共有も盛んである。

証券会社は、企業の未上場株式の発行と販売活動を、証券会社（ブローカーディーラー）が助けて、引受けたり、顧客のネットワークに情報を流して仲介したりするなど、企業の投資資金の調達を支援する投資銀行として機能している。マーケットメイクと呼ばれる気配値の公表をしながら、数多くの一般または特定の投資家へ募集・勧誘活動を行う。また、プロモーターという専門事業者が、発行企業の未上場株式のセールスプロモーションに協力する。比較的少額の募集については、ファインダーという勧誘業者が、適格投資家などを発行企業に紹介する。

このように、企業はプライマリー市場における募集・勧誘活動を、証券会社やファインダーに依頼し、株式の募集に関する情報を証券会社やファインダーの顧客網で投資家に提供し、投資家候補を多数集め、その中から発行企業が交渉しながら投資家を決めるスタイルとなる。

証券会社にも、少額の募集を扱う小規模な会社もあれば、巨額の資金調達を引き受ける大規模な投資銀行もある。このため、店頭市場では、小規模な募集から大規模な募集まで幅広く取り扱うことができる。

近年では、各種のプラットフォームを用いて、証券会社の媒介や引き受けなどを省くDPO（Direct Public Offering）といわれる直接公募も増えている。

（2）機関投資家、事業会社に加え個人投資家が未上場株式へ投資する

未上場株式は、多数の機関投資家・個人投資家が、発行企業からの募集に応じて、これを購入し他の投資家に転売することで、流通する。

米国では機関投資家、投資会社、ファンド、事業会社、エンジェル投資家、富裕層から一般の個人投資家までが、未上場株式に投資する。一般の個人投資家はクラウドファンディングやミューチュアルファンド等を通じて投資することも多い。年金基金、共済基金など、大衆から広く資金を集める大規模機関投資家も、専ら投資会社やファンド等を通じて成長企業に投資する。

これらが中堅・中小企業、スタートアップなどの私募や小規模公募に応じて投資し、また、大規模に株式を購入した投資家が、店頭市場やマーケットとプ

レイスで自分でまたは証券会社等に依頼して転売の募集をする。

大きく成長した企業に未上場の段階から投資した個人投資家は、大きなリターンを得て、資産を拡大する。IPOを実現し、グローバル企業に成長すると、未上場株式の投資家は巨額のリターンを得る。

そもそもシード段階やアーリーステージの成長途上の頃の企業の株式は株数も取引金額も小さく、エンジェル投資家、中小企業オーナー、投資経験のある富裕層の個人など一般投資家の投資対象となるが、機関投資家の投資対象にはなりにくい。

このような機会を、なるべく多くの個人に広げることが、SECの重要な政策課題となっている。近年も、メインストリートインベスター（商店街に店を構える投資家）を適格投資家に加える検討が行われ、資産額の基準なしに、投資業務などに関連する一定の資格や経歴を有する者を適格投資家に加えることにした。JOBS Actで制度化したクラウドファンディングも、米国の国民を投資家に加え、広く成長企業への投資機会を提供するためのものと位置付けられている。

（3）未上場株式市場が企業の成長を加速し、個人の資産形成に大きく貢献し、経済を成長させる

米国では、企業が未上場株式市場から資本を調達し、投資して、事業に一部成功するなど成長の見込みが高まると、未上場株式の市場価格を上昇させ、時価総額を拡大させる。

ビジネスモデルの強さが実証されると、株式の評価額や取引価格が上昇し、時価総額が拡大して、投資家の資産を拡大させ、新たな投資家を集め、次のラウンドの資本調達額を拡大させ、企業の成長投資が拡大する。

この段階になると金融機関、投資会社、さらには一般投資家から資金を集め、ファンドや中でも未上場株式会社を通じて未上場株式に積極的に投資するようになる。

資金が投資家から市場を通じてエクイティとして企業に入り、企業が成長し、投資家の資産が増加し、それがまたエクイティとして企業に供給される。この循環が企業価値と資産価値の創造を加速し、次の投資の原資となる。この好循環が、成長企業の成長を加速する。数億ドルの資本調達額の累計が、数倍もの

企業価値（時価総額）を生み、10億ドルを超えるユニコーン企業となる。

この成長加速のメカニズムについては、本書３－４で事例を用いて詳しく説明する。

（4）成長企業の資本形成の階段─多様で多層の未上場株式市場を整備する

米国では、企業が成長の節目ごとに適切な額のエクイティを調達し、資本を蓄積しつつ、事業を拡大する。これを資本形成（キャピタル・フォーメーション）と呼ぶ。

企業が資本形成できるように、資本市場を、発行企業の規模や募集額の段階ごとに整備する。未上場株式市場の資本形成の階段は、スタートアップがユニコーン企業になり、小規模･中小企業が大企業になる道筋であり、王道である。企業を設立後グローバル企業にまで成長させる経済的なシステムを用意する。

繰り返しになるが、大規模なベンチャーファンドその他のファンドや、豊富な資金を持つ多様な投資家家に加えて、各州レベルから全米レベルの店頭市場、クラウドファンディング、マーケットプレイス、ATS代替的証券取引所など、分厚い市場が用意されている。

未上場企業は、未上場株式市場で多様な投資家からエクイティを調達する。証券会社等がこれを手伝い、私募を取り扱って、顧客のネットワークを通じて多くの投資家に、企業の事業内容と未上場株式の価格等の募集条件を提示して、勧誘する。地方の証券会社が地元の事業会社や個人投資家に対し株式を売り込み、企業の必要資金を集める。

米国で、未上場株式市場で資本を調達して十分成長してから上場し、グローバルに成長した著名な企業に、**LinkedIn**（2011年にIPO）、**Facebook**（2011年、現Meta Platforms）、**Twitter**（2013年、現X）などがある。近年では、３－４で取り上げるが、**Uber**（2019年）が有名である。

日本でユニコーン企業になってから上場した企業は、**メルカリ**（2018年）が最初で2022年８月現在唯一の事例である。

GAFA（ガーファ）と呼ばれる米国のグローバルIT企業、巨大プラットフォーマーのうち2000年代に発展した**Google**や、**Facebook**（現：Meta platforms）も未上場株式市場での資本の調達を繰り返しながら成長し、IPOを経てグローバル企業となった。ただし、各社の経営戦略と未上場株式市場の発展の状況によって、資本形成の過程は異なっている。

Facebookは2004年に設立され、2009年のシリーズDまでレグDルール 506の私募などを繰り返して、ベンチャーキャピタル等から資本を調達している。その後は、株主が転売するセカンダリー・マーケット・ラウンドを複数回実施して、時価総額を高め、十分に成長してからIPOをしている。

Googleも、創業直後から、レグDという小規模公募と私募の仕組みなど、で店頭市場からエクイティを調達し、成長投資して、時価総額を拡大させ、資本形成をしながら成長している。

米国では、今日では、多くの企業が、未上場のまま、十分に成長してからIPOをする。IPOをするときは、時価総額で10億ドル（1,100億円）のユニコーン企業、100億ドルのデカコーン企業、1,000億ドルのヘクトコーン企業へと成長してからの大型のIPOが多い。米国内の市場を制覇し、IPOをするときは、グローバル企業を目指すときとなる。

3－2 ベンチャーファンドか銀行借入に依存して成長するしかない日本企業

日本では、**図3－2**のとおり、成長企業は、創業直後から銀行借入を調達して緩やかに成長する。スタートアップ・ベンチャー企業はベンチャーファンドからの資本調達に頼る。

日本では、未上場株式市場がほとんど発展していないため、企業は、創業後、ファンドの資金を得られたスタートアップ・ベンチャー企業を除き、銀行借入と内部留保等により成長する。機関投資家や一部の事業会社等がファンドにも投資するが、多くの投資家は株式であれば上場株式へ投資する。

資金が十分に集まらずにスタートアップ・ベンチャー企業の多くが小規模な時価総額でIPOを行い、上場後の成長も不十分となる。

〈図3－2〉日本企業の成長プロセス

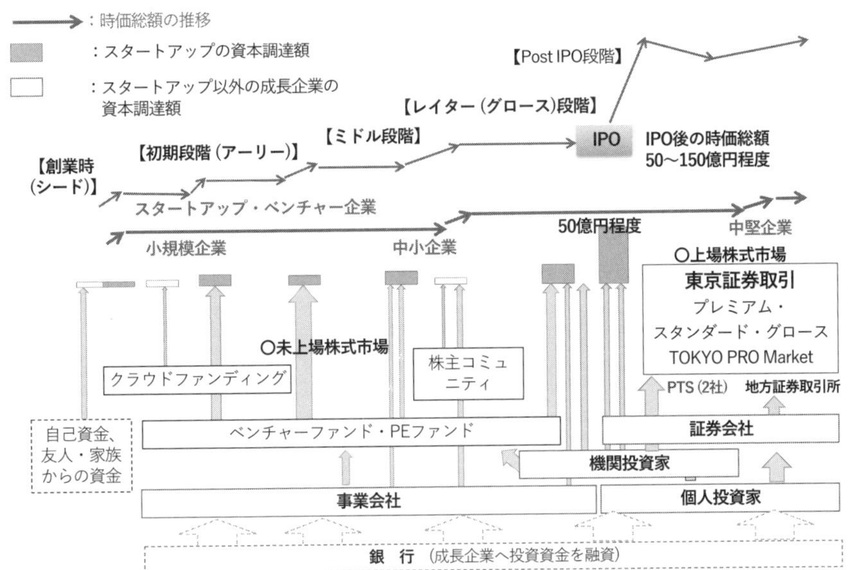

（1）企業が銀行借入中心に資金を調達する

日本でも、事業を開始するときは米国と同様に、自己資金と友人・家族から集めた資金で会社を設立する。多くのスタートアップ・ベンチャー企業は、ベンチャーファンド等からの投資に頼ってIPOにたどり着く。ファンドからエクイティを得られなかったスタートアップやその他の成長企業は、その多くが銀行からの借入も得られずに事業を断念するか、物的担保を用意したり事業計画を縮小するなどによって、銀行融資の範囲で、投資資金を調達する。成長企業の極一部では、クラウドファンディングが活用されている。

（2）未上場株式は投資家の投資対象とならない

日本では、ほとんどの未上場株式は、投資家の投資対象とならない。未公開株式と呼ばれて株式の募集に関する厳しい規制の中で、企業の発行募集の実績が乏しく、開示義務もなく、流通もしないので、むしろ一般投資家に対しては慎重な取扱いが求められている。実際のところファンドの取引やM＆A等を除き未上場株式の取引の実態は乏しい。

転売ができないことが、未上場株式への投資とこれを行うファンドへの投資のリスクも高める。市場価格がないことが未上場株式に投資するファンドの評価を困難とする。このことが年金基金等の機関投資家等がファンドに投資することを抑制する。

中堅・中小企業等は、一部で行われている関係大企業からの第三者割り当て増資を除いて、専ら、資本政策上必要なときに縁故募集を行なっている。

3－3 資本調達増・成長投資拡大と個人資産拡大・株式投資増の好循環による成長加速

米国等の主要国では、未上場株式市場で、成長企業が私募や小規模公募で投資家からエクイティを調達し、大胆に成長投資を実施し、事業の成功見込みが高まると、未上場株式市場での株式の評価額・募集価格や、投資家間の取引価格が上昇する。企業価値・株価が上昇し、時価総額が拡大すると、これがさらに投資家を集め、次の資本調達額を拡大し、設備、人材などの成長投資を加速する。この企業の資本調達額・成長投資増と時価総額・投資家資産拡大との好循環の中で多くの企業が大企業やユニコーン企業へ成長する。

（1）未上場株式市場での株価の上昇・時価総額の拡大とユニコーン企業・大企業への成長

①スタートアップ・ベンチャー企業の株価・時価総額の急上昇とユニコーン企業への成長

図3－3－1は、横軸は、スタートアップの創業後の経過年数であり、調達ラウンドごとの資本調達額とその累計額と調達後の企業価値（時価総額）の変化をイメージしたものである。

企業が資本を調達し、成長投資をして、事業に一部成功し、成長見込みが高まると、株価が上がり時価総額が拡大する。成長期待が高まると、特に、スタートアップでは、株価が急上昇し、資本調達額累計の何倍にも時価総額が拡大する。時価総額の拡大で投資家の資産が拡大すると、その企業へより多くの投資家からへより多額の資金が集まり、次の資本調達額と成長投資が拡大する。この企業の資本調達増と投資家の資産拡大の好循環が、企業の成長を大幅に加速

〈図3－3－1〉米国のスタートアップの成長プロセス

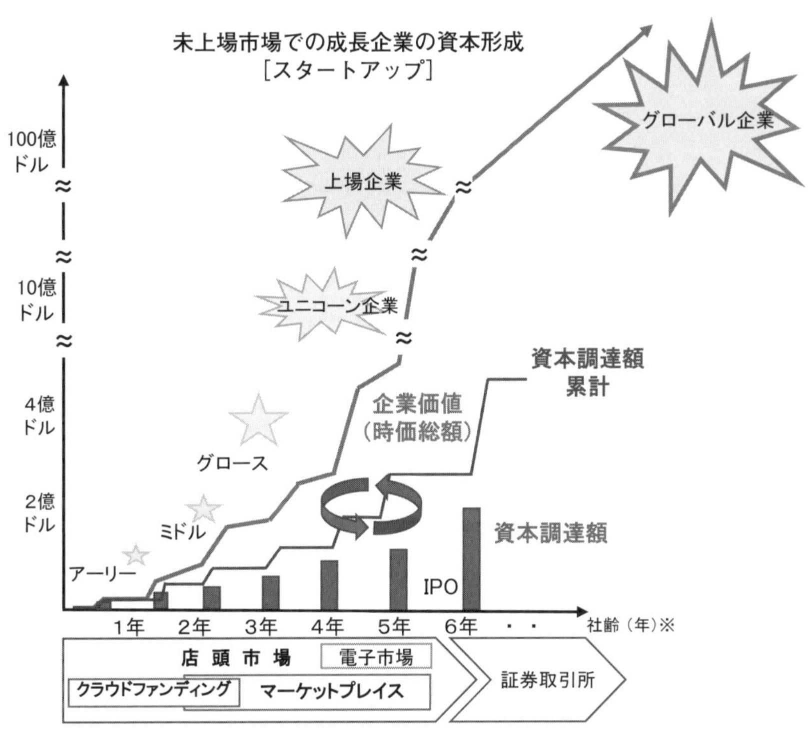

する。この未上場株式市場の成長加速効果で、多くの企業が大企業やユニコーン企業（時価総額10億ドル以上の未上場企業）へと成長する。

このように、米国等の未上場株式市場が発展した国々では、スタートアップが、事業に一部成功して、その競争優位が実証され、成長軌道に乗ると、投資家の資金が集まり、株価が急上昇し、短期間で資本調達額累計の何倍にも時価総額が拡大する。成長企業が繰り返し資本を調達し、イノベーションを実現し、未上場のまま、次々に大企業へ、ユニコーン企業へと成長する。

②小規模、中堅・中小の成長企業の資本形成と株価上昇・時価総額の拡大

米国等の未上場株式市場の発展した国々では、スタートアップ以外の成長企業でも、より長い年数をかけながら、未上場株式で繰り返し資本を調達し、資本形成を進め、小規模企業、中堅・中小企業も大企業へと成長する。成熟した企業が、新規事業の資金をスポットで市場からエクイティで調達することもある。収益力が高いが負債の大きい企業が借入を資本に換えることで財務体質を強化することも行われる。

スタートアップと同様、経営権の確保のため、私募で株主を選び、まだ資金調達ラウンドの前の株式の分割や、無議決権株式・優先株式を活用する。

〈図３－３－２〉米国の成長企業の成長プロセス
（スタートアップ以外）

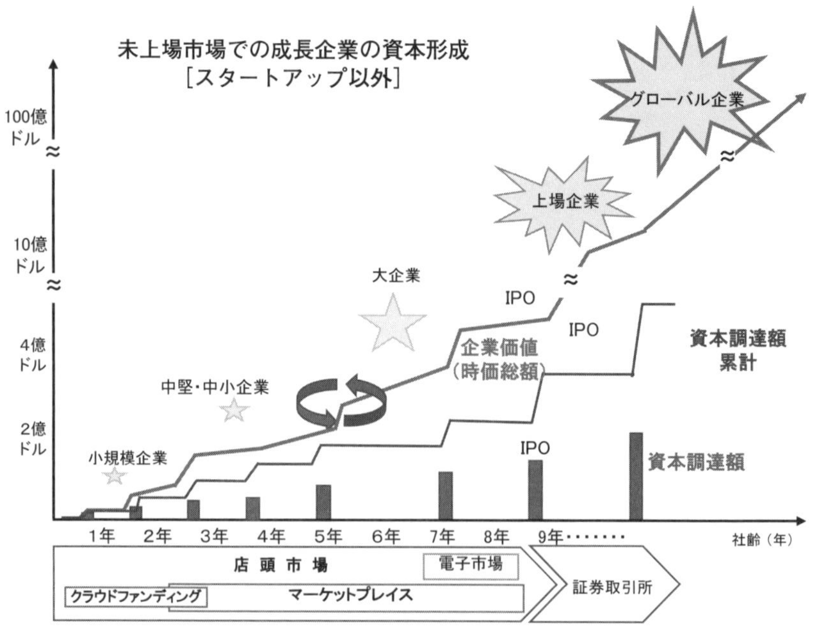

（2）日本のスタートアップ・成長企業の第三者割り当て増資による資本調達

日本では、未上場企業や証券会社による未上場株式の投資勧誘が厳しく規制され、未上場株式市場もほぼ存在しないため、スタートアップは一部のエンジェル投資家やベンチャーファンドから、中小企業は取引先の大手企業などから資本を調達する。

スタートアップ以外の企業は、資本調達による成長がほぼできず、自己資本と銀行借入に基づく慎重な投資を行う。銀行借入を返済しながら内部留保を蓄積して資本形成を続けて、継続的に投資を続け、事業を拡大し、時間をかけながら大企業へと成長する。

未上場株式の取引価格、市場価格がなく、資本調達額の累計以上に時価総額が大きく拡大することも、IPOの直前期を除いては、ほとんどない。未上場株式市場での資本調達と時価総額拡大の好循環も成長加速効果もないため、ベンチャーファンドから投資を受けられたスタートアップも、ユニコーン企業へ成長することは困難を極める。

①スタートアップ・ベンチャー企業のベンチャーファンドからの資本調達を中心に成長

日本では次ページの図３－３－３のように、スタートアップ・ベンチャー企業では、資本の調達先を主にベンチャーファンドに求める。成長するにつれて事業会社等からの調達も増えるが、多くの場合、複数のベンチャーキャピタル等がリードインベスターを中心に連携したシンジケートから少額の調達を繰り返して成長する。

企業価値評価は、市場価格ではなく、資本調達ラウンドで増資要請に応じたベンチャーキャピタル等と企業で決めたものである。このため、ベンチャーファンド等からの資本調達額の累計を企業価値（時価総額）が大きく超えることも起こりにくい。国内で時価総額10億ドル（1,100億円）を超えるユニコーン企業へと成長することは大変困難となっている。

②小規模企業、中堅・中小企業の自己資本の蓄積による資本形成

図３－３－４のように日本の小規模企業、中堅・中小企業は、資本調達による成長がほぼできず、銀行借入に基づく慎重な投資を続けている。銀行借入を返済しながら内部留保を蓄積して自己資本を増加させるなかで、売上、利益を増やし、雇用を拡大して大企業への成長を目指す。投資資金を、もともとの自己資本と借入限度額の厳しい銀行借入にするため、このように大企業へと成長することが大変困難である。

株主構成の変更などの資本政策や、事業提携目的、上場準備のために第三者割り当て増資や縁故募集を行うこともある。取引先大企業等からの縁故募集（会社法上の第三者割り当て増資。金商法上は少人数私募等）を活用して、資本を調達することもある。

未上場株式市場もないため、第三者割り当て増資での企業価値の評価額に基づく資本の調達となる。

〈図３－３－３〉日本のスタートアップの成長プロセス

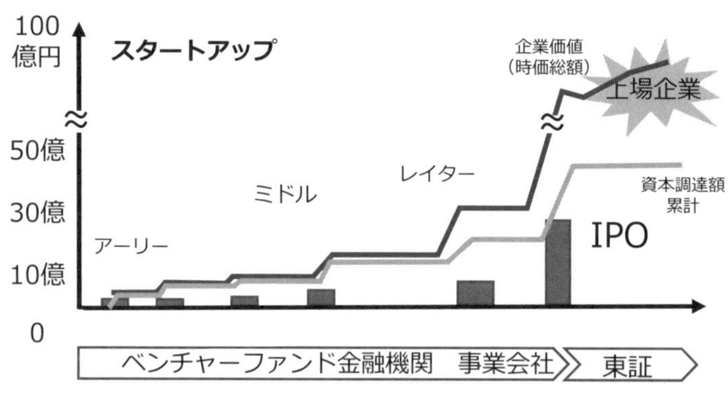

〈図３－３－４〉小規模企業、日本の中堅・中小企業の成長プロセス

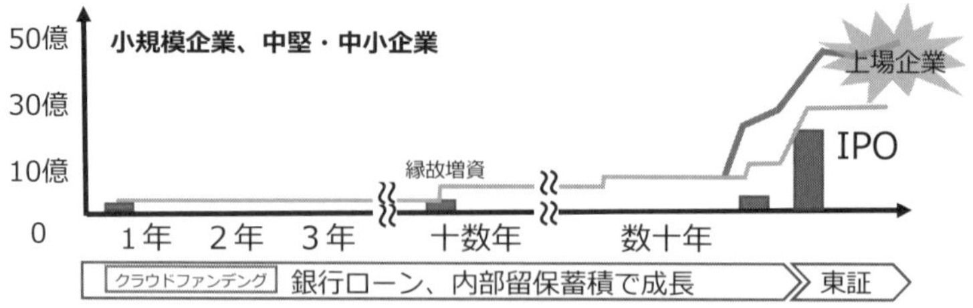

3－4 米国と日本における成長企業の資本形成プロセス（事例：Uber、Zoom、メルカリ etc.）

ここでは、以下の日米の成長企業の資本形成プロセスを紹介する。

〈米国〉

事例1　ウーバー・テクノロジー（Uber Technologies Inc.）

事例2　ズーム・ビデオ・コミュニケーションズ（Zoom Video Communications Inc.）

事例3　カーボン（Carbon Inc.）

事例4　980デバイセス（908 Devices Inc.）

事例5　オネストカンパニー（Honest Company Inc.）

〈日本〉メルカリ（mercari）

設立からIPOまでの資本調達額、資本調達額累計と企業価値（時価総額）の推移をグラフにする[53]。米国の成長企業が、未上場株式市場で資本を調達して、株価上昇・時価総額拡大の中で、次の資本調達額が増加する好循環のプロセスを事例で示す。

グラフデータの表には、調達ラウンドごとに用いたSECのセーフハーバー・ルール（免除規定）と、登録された募集額等を記載している。免除規定と募集額はSECが会社情報の公衆縦覧のために設けたオンライン・データベースであるEDGARに掲載されているものである。具体的には、株式の公募に発生する開示義務を免除するセーフハーバー・ルール（レグDとレグA）に基づくSECへの登録・届け出であって、EDGARで公衆縦覧されている各社のフォームDとフォーム1-Aから記載している。各調達ラウンドとそのときに行われたSECへの登録との突き合わせは筆者の推定を含む。表中の免除規制の欄に記載

53　各事例のデータの出所については、調達ラウンドの名称、ラウンドごとの資本調達額と企業価値（時価総額）は専らCrunch Baseからのの2021年のデータ。一部ForgeのHPからのデータを含む。企業価値はこれらの資本調達後または資本調達前の企業価値のデータ。

がないときは、EDGARでの公衆縦覧を伴わない免除規定に基づく場合など[54]である。

（1）米国の成長企業の資本形成事例

事例1　ウーバー・テクノロジー（Uber Technologies Inc.）

ライドシェアサービスを展開するウーバーは、次の**グラフ3－4－1**にあるように、2009年の設立後、まず、シードラウンド、ベンチャーラウンドで、個人投資家やベンチャーキャピタルから投資を受ける。成長期待の高まりとともに企業価値が向上し、株式の転売も行われる中、シリーズAで、資本累計124シード・ラウンドを超える企業価値6,000万ドルに達した。

〈グラフ3－4－1〉ウーバーのアーリー・ステージの資本形成

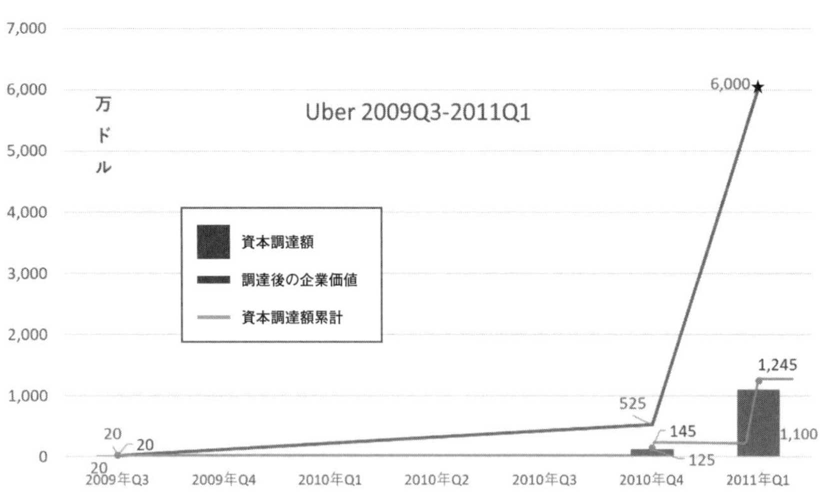

その後、株式の転売・流通を抑制しつつ、私募のプライマリー市場では、ラウンドごとに投資家の成長期待が高まり、企業価値評価も上がって、資本調達

54　証券取引法の免除規定やセーフ・ハーバー・ルールとしては、各州の証券取引法に基づく株式の公募、証券法第3条（a）（11）とルール147またはルール147Aに基づく州内に限定された株式の公募、証券法第4条（a）（2）の私募、並びに私募で購入した株式のルール144Aに基づく適格機関購入者への転売などがある。

額も拡大する。次の**グラフ３－４－２**では、シリーズBのときのレグDに基づく私募等で、約3,700万ドルを調達して、企業価値約３億3,700万ドルに達した。

〈グラフ３－４－２〉 ウーバーがユニコーン企業になる前まで

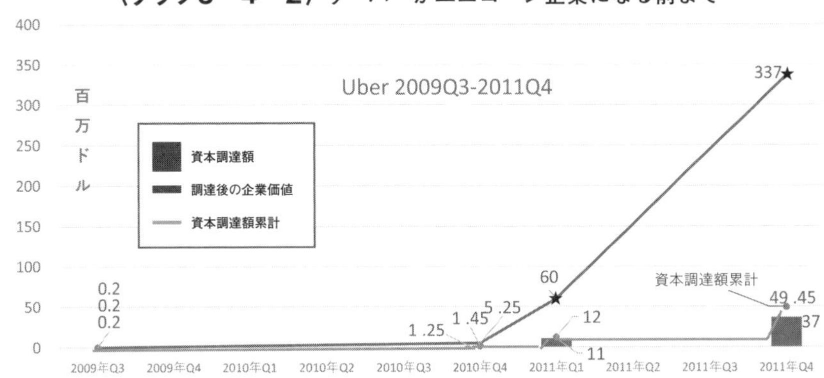

〈表３－４－１〉 ウーバーの調達ラウンドと免除規定（ユニコーン企業になる前）

公表日、開始日等	ラウンド名等	資本調達額 money raised	資本調達額累計 Amount raised	資本調達後の企業価値＊1	免除規定等＊2	募集額	SECへの提出日、効力発生日等
2009年8月	設立						
2009年8月8日	シードラウンド	20万ドル	20万ドル	20万ドル			
2010年10月15日	エンジェルラウンド	125万ドル	145万ドル	525万ドル			
2011年2月14日	シリーズA	1,100万ドル	1,245万ドル	6,000万ドル			
2011年12月7日	シリーズB	3,700万ドル	4,945万ドル	3億3,700万ドル	レギュレーションD ルール506　株式の私募	3,900万ドル	2012年2月27日

株価もさらに上昇し、企業価値が資本調達額の累計を大きく超えて拡大し、次のページ以降の**グラフ３－４－３**、**表３－４－２**のように、企業価値が10億ドルを超えるユニコーン企業となった。2013年のシリーズCでは約4億ドルを調達し、企業価値36億ドルを超えるまでに成長した。

その後も、プライマリー市場で私募等による巨額の資本調達を繰り返した。2017年にはセカンダリ・ラウンドも行われて、大量の株式が未上場株式マーケットプレイスのNPMなどで投資家間で取引され、株価もさらに上昇する。ラウンドごとの募集額が10億ドルを超えるまでに増大し、企業価値・時価総額が加速度的に拡大し、企業価値が700億ドル（7兆7,000億円）を超える。

こうして投資資金を確保し、株主との戦略的な事業提携を進めつつ事業を拡大し、グローバル企業に成長し、2019年にIPOを実施した。

〈グラフ3－4－3〉ウーバー（IPOまで）

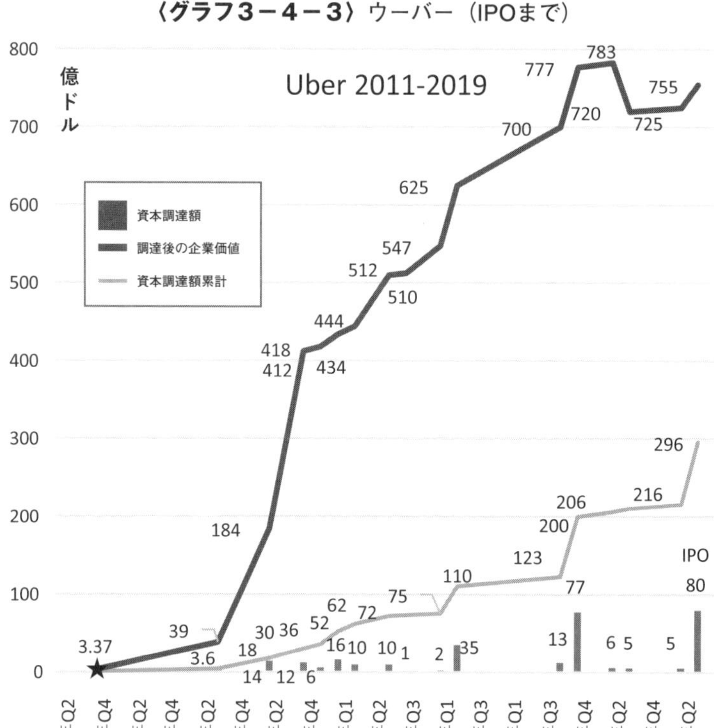

ウーバーが実施した私募等に応じた投資家はCrunch Baseのデータによると次の**表3－4－3**のとおり。初期は個人投資家、ベンチャーキャピタル等、その後は、投資銀行、金融機関、機関投資家、投資会社や海外の大規模なファンド、さらには、IT企業、自動車会社などが投資している。

このようにウーバーは、プライマリー市場における私募を通じて、多くの投資家の中から株主を選別して、投資資金を確保するとともに、技術開発や国際展開等のための戦略的事業提携を進めながら資本形成を続けている。

〈表3－4－2〉ウーバーの調達ラウンドと免除規定（ユニコーン企業になる前）

公表・開始日等	ラウンド名等	資本調達額	資本調達額累計	資本調達後の企業価値	免除規定等	募集額	SECへの提出日、効力発生日等
2013年8月23日	シリーズC	3億6,300万ドル	4億1,245万ドル	38億6,300万ドル	レギュレーションD ルール506 株式、優先株式の私募	2億7,279万ドル	2013年8月27日
					レギュレーションD ルール504（b）（1） 株式の500万ドル以下の小規模公募	99万ドル	2014年7月29日
2014年6月6日	シリーズD	14.0億ドル	18.1億ドル	184.0億ドル	レギュレーションD ルール506（c） 株式の適格投資家私募	13億4,263万ドル	2014年11月17日
2014年12月4日	シリーズE	12.0億ドル	30.1億ドル	412.0億ドル	レギュレーションD ルール506（c） 株式の適格投資家私募	28億0,333万ドル	2015年5月13日
2014年12月12日	シリーズE	6.0億ドル	36.1億ドル	418.0億ドル			
2015年1月21日	転換社債	16.0億ドル	52.1億ドル	434.0億ドル	レギュレーションD ルール506（c） 社債、新株引受権、償還可能転換優先株式等の適格投資家私募	16億9,051万ドル	2015年5月13日
2015年2月18日	シリーズE	10.0億ドル	62.1億ドル	444.0億ドル			
2015年7月31日	シリーズF	10.0億ドル	72.1億ドル	510.0億ドル			
2015年8月19日	プライベート・エクイティ	1.0億ドル	73.1億ドル	512.0億ドル			
2016年2月12日	プライベート・エクイティ	2.0億ドル	75.1億ドル	547.0億ドル			
2016年6月1日	シリーズG	35.0億ドル	110.1億ドル	625.0億ドル			
2017年12月28日	ベンチャー・シリーズ	12.5億ドル	122.6億ドル	700.0億ドル 7兆7,000億円			
2017年12月28日	セカンダリー・マーケット	77.0億ドル	199.6億ドル	777.0億ドル 8兆5,470億円			
2018年5月23日	セカンダリー・マーケット	6.0億ドル	205.6億ドル	783.0億ドル 8兆6130億円			
2018年8月27日	コーポレート・ラウンド	5.0億ドル	210.6億ドル	720.0億ドル 7兆9,200億円			
2019年4月26日	Post-IPO エクイティ	5.0億ドル	215.6億ドル	725.0億ドル 7兆9,750億円			
2019年5月9日	IPO	79.9億ドル	295.6億ドル	754.6億ドル	株式登録届出書の提出 株式の公募	81億ドル	2019年5月9日 （効力発生日）

⬇
資本調達額計 295.6億ドル

〈表3－4－3〉ウーバーの各調達ラウンドの投資家リスト

公表日	Funding Type	調達額	主な投資家名（下線はリードインベスター）
2009年8月8日	Seed	20万ドル	Garrett Camp, Travis Kalanick
2010年8月20日	Seed	-	Techstars, Techstars Ventures
2010年10月15日	Angel	125万ドル	A-Grade Investments, Adam Leber, AFSquare, Alfred Lin, Babak Nivi, Bechtel Ventures, Bobby Yazdani, Cyan Banister, David Sacks, DCVC, Dror Berman, First Round Capital, Founder Collective, Gary Vaynerchuk, Jason Calacanis, Jason Port, Jeremy Stoppelman, Josh Spear, Kapor Capital, Kevin Hartz, Khaled Helioui, Lowercase Capital, Mike Walsh, Naval Ravikant, Oren Michels, Scott Banister, Scott Belsky, Shawn Fanning, Techstars Ventures
2011年2月14日	Series A	1,100万ドル	Alfred Lin, Benchmark, First Round Capital, Innovation Endeavors, Lowercase Capital, Scott Banister
2011年12月7日	Series B	3,700万ドル	Atom Factory, Cota Capital, DCVC, Eniac Ventures, Goldman Sachs, Jeff Bezos, Jeff Kearl, Menlo Ventures, Scott Belsky, Signatures Capital, Summit Action, Tuesday Capital
2013年8月23日	Series C	3億6,300万ドル	GV, John Kobs, Scott Belsky, Shawn "Jay-Z" Carter, TPG Growth
2014年4月1日	Funding Round	—	Lars Fjeldsoe-Nielsen
2014年6月6日	Series D	14億ドル	ACME Capital, BlackRock, Fidelity, GC Capital, General Atlantic, GV, Kleiner Perkins, Menlo Ventures, Summit Partners, Wellington Management
2014年9月28日	Secondary Market	—	ESO Fund
2014年12月4日	Series E	12億ドル	ACME Capital, Glade Brook Capital Partners, Jack Abraham, Lone Pine Capital, New Enterprise Associates, Qatar Investment Authority, Razmig Hovaghimian, Valiant Capital Partners
2014年12月12日	Series E	6億ドル	Baidu
2015年1月6日	Venture Series	—	Eric Tobias
2015年1月21日	Convertible Note	16億ドル	Goldman Sachs Investment Partners
2015年2月18日	Series E	10億ドル	ACE & Company, Brand Capital, Foundation Capital, Glade Brook Capital Partners, HDS Capital, IVP, Lead Edge Capital, Light Street Capital, Square Peg Capital, Sway Ventures, Times Internet, Tomales Bay Capital, Vulcan Capital
2015年2月23日	Secondary Market	—	Akkadian Ventures
2015年7月31日	Series F	10億ドル	408 Ventures, All Blue Capital, AppWorks, Bennett Coleman and Co Ltd, Eastlink Capital, Microsoft, MSA Capital
2015年8月19日	Private Equity	1億ドル	Tata Opportunities Fund (TOF)
2016年2月12日	Private Equity	2億ドル	Letterone Holdings SA
2016年6月1日	Series G	35億ドル	FortRoss Ventures, Geodesic Capital, London Impact Ventures, Saudi Arabia's Public Investment Fund
2016年7月7日	Debt Financing	11.5億ドル	Barclays, Citigroup, Goldman Sachs, Morgan Stanley
2017年4月19日	Series G	—	Axel Springer, G Squared
2017年12月28日	Secondary Market	77億ドル	Altimeter Capital, Didi, Dragoneer Investment Group, General Atlantic, Sequoia Capital, SoftBank Vision Fund, Tencent Holdings, TPG
2017年12月28日	Venture Series	12.5億ドル	SoftBank Vision Fund
2018年5月23日	Secondary Market	6億ドル	Altimeter Capital, Coatue, SharesPost Investment Management, TPG
2018年8月27日	Corporate Round	5億ドル	Toyota Motor Corporation

事例2　ズーム・ビデオ・コミュニケーションズ（Zoom Video Communications Inc.）

オンライン・モバイルのテレビ会議システム等を提供するズームは、2010年の設立後、レグDに基づく私募等によりプライマリー市場からの資本調達を繰り返して資本形成を進めた。次の**グラフ３－４－４**は、ズームが創業してユニコーン企業になる前までのものである。この間、資本調達を繰り返すが、時価総額が資本調達額累計とそれほど変わらないが調達ラウンドのたびに１回の資本調達額は増加している。

〈グラフ３－４－４〉ズームがユニコーン企業となる前まで

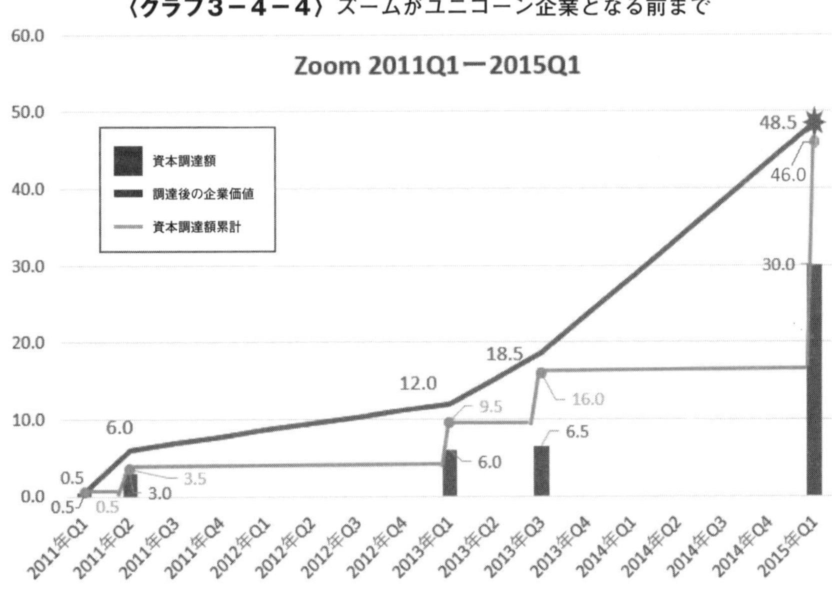

次の**グラフ３－４－５**はズームの創業からIPOまでを示す。未上場株式が、転売・流通し、マーケット・プレイスのフォージなどで取引されて時価総額が上昇した。同種のプラットフォームとの競争も厳しく、ウーバーほどには急成長していないが、2017年には、シリーズDでフォームDの記載上では９名の投資家から私募で資金を調達し、企業価値が10億ドルを超えるユニコーン企業となった。その後、2019年にはIPOを果たす。その後のコロナ禍における急成長は皆の知るところである。

〈グラフ3－4－5〉ズームがIPOするまで

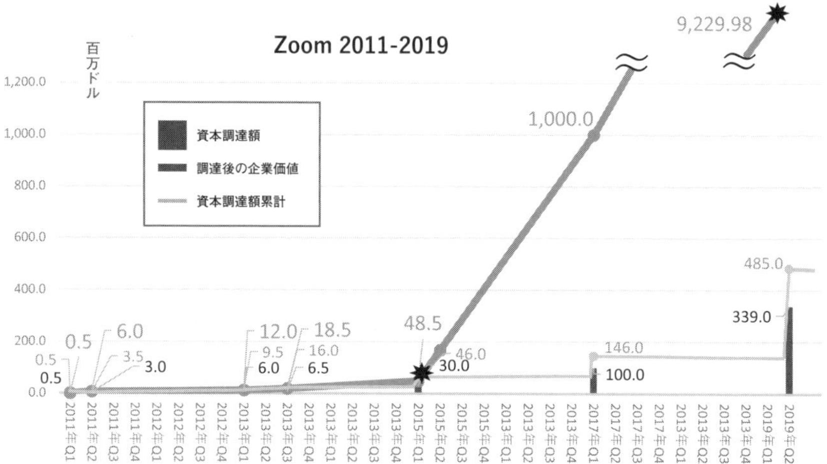

次の表にあるように、シリーズBからレギュレーションDの私募が用いられている。

〈表3－4－4〉ズームの調達ラウンドと免除規定等

公表日、開始日等 ラウンド名	資本調達額	資本調達額累計	資本調達後の企業価値	免除規定等	募集額
2010/2/5 プレ・シードラウンド	50万ドル	50万ドル	0万ドル		
2011/6/1 シードラウンド	300万ドル	350万ドル	600万ドル		
2013/1/28 シリーズA	600万ドル	950万ドル	1,200万ドル		
2013/9/24 シリーズB	650万ドル	1,600万ドル	1,850万ドル	レギュレーションD ルール506　株式の私募	650万ドル
2015/2/4 シリーズC	3,000万ドル	4,600万ドル	4,850万ドル	レギュレーションD ルール506(b)株式の私募	3,000万ドル
2017/1/17 シリーズD	1億ドル	1億4,600万ドル	10億ドル	レギュレーションD ルール506(b)株式の私募	1億1,524万ドル
2019/4/19 IPO	3億3,897万ドル	4億8,497万ドル	92億2,998万ドル	株式の公募 株式登録届出書の提出 株式の公募	3億3,897万ドル
計	4億8497万ドル		—	—	4億9,071万ドル

事例3　カーボン（Carbon Inc.）

世界で初の炭素繊維用の３Ｄプリンター等を開発・製造・販売するCarbon Inc.（本社：カリフォルニア州レッドウッド）は、2013年に設立され、レグDに基づく私募等により資本調達を繰り返し、急成長を続け、シリーズCの後半の設立後３年程度でユニコーン企業となった。株式が未上場株式マーケットプレイスのフォージ等で取引されるなかで、企業価値が資本調達額累計を大きく超えて拡大している。ハイテクではあるが、製造業系のスタートアップであり、IT系よりも成長に時間がかかるが、市場で資本調達を繰り返すことで成長を続けている。2019年にIPOを実施することを表明していたものの、2023年現在、プライベートカンパニーのまま成長している。

〈グラフ３－４－６〉カーボンがユニコーン企業になり、IPOを目指すまで

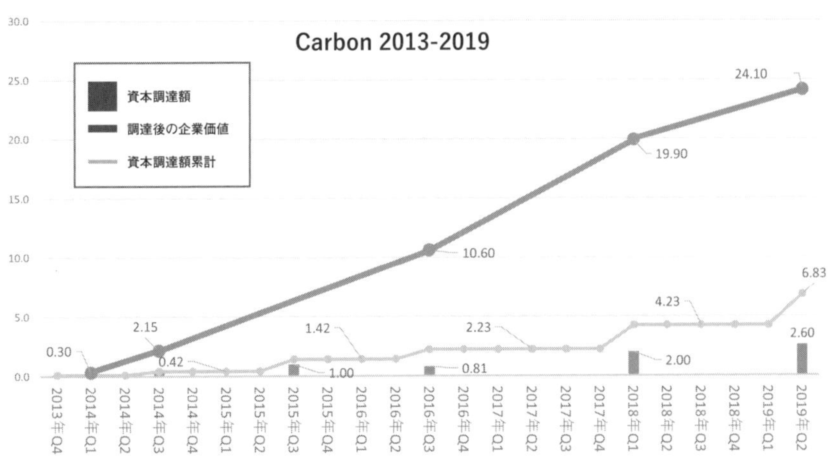

事例4　908デバイセス（908 Devices Inc.）

超小型の質量分析器等を開発する精密機器製造業の908デバイセスは、大学発ベンチャー企業として2012年にマサチューセッツ州ボストンに設立された。まず、ベンチャーキャピタルの投資を受け、その後、レグDに基づく私募等によりプライマリー市場での資本調達を繰り返して成長した。未上場株式がマーケットプレイスのフォージで上昇し、2020年にはIPOを実現した。

〈グラフ3－4－7〉908デバイセスがIPOするまで

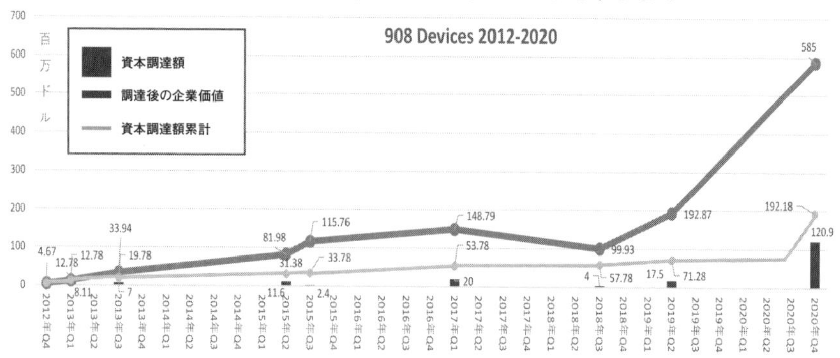

事例5　オネスト・カンパニー（Honest Company Inc）

日用品小売業のオネスト・カンパニーは、カルフォルニア州ロサンゼルスを本拠に環境にやさしい婦人・乳児向けの各種の商品を販売する。2011年の設立後、プライマリー市場でレグDに基づく私募等により資本調達を繰り返して成長を続けている。未上場株式がマーケットプレイスのシェアーズポスト（SharesPost）などで取引されて企業価値も上昇した。2015年には、シリーズDで1億ドルを超える資本調達を実施し、企業価値が16億ドルのユニコーン企業となった。その後も、6,800万ドル、5,000万ドルの資本調達を繰り返した。2021にはIPOを実現し時価総額18億ドルに達した。

〈グラフ3－4－8〉オネスト・カンパニーがIPOするまで

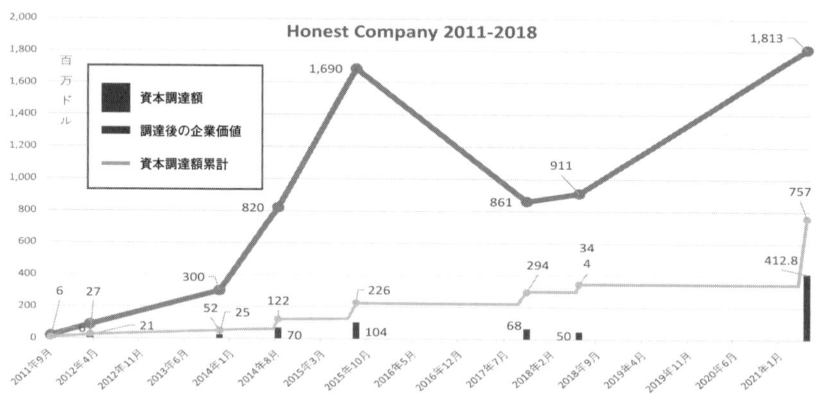

（2）日本の場合―メルカリ（mercari）がユニコーン企業となりIPOするまでの資本形成

メルカリは、個人間取引のためのスマートフォン専用のマーケットプレイスを提供する。2013年の会社設立後、米国のユニコーン企業と同様に、少額でも企業価値を拡大させる効果の大きい優先株式を活用して、ベンチャーファンド等からの資本を調達し、企業価値を拡大した。

サービス開始から４年で、ダウンロード数が国内で5,000万件、海外で2,500万件（2017年６月現在）となり、月間売上も100億円を超えた。

2016年のシリーズDでは、発行価格10,700円のD種優先株式によりベンチャーキャピタルや事業会社から約84億の大規模な調達に成功し、企業価値の飛躍的な拡大を実現した。この頃、企業価値・時価総額が1,100億円（10億ドル）を超えるユニコーン企業となる。企業価値は資本調達額累計の8.4倍となる。[55]

〈グラフ３－４－９〉メルカリがユニコーン企業になるまで

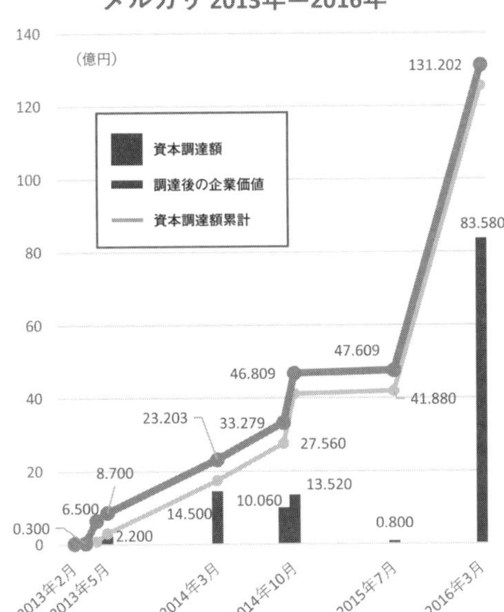

55　シリーズDの時点の企業価値（post-money valuation）を、株式の種類ごとにその株数に発行価格を乗じて、合計して求めると、企業価値は821.7億円、6.55倍となる。

その後、シリアル・アントレプレナーである創業者の考えで、「上場企業になることよりも、世界で成功することに重きを置いて」未上場のままでの成長を続けようとする[56]。しかし、米国のような資本調達額の段階的な拡大加速はなく、資本形成は停滞する。125億円程度から資本調達額累計の拡大はないままに、IPO直前期に業務提携が見込まれる事業会社等からの大型の調達に成功し、2018年6月に上場し、上場初日の時価総額は終値で約7,200億円、公募価格より67%上回るロケットIPOを果たした。

〈グラフ3－4－10〉メルカリがユニコーン企業になった後IPOするまで

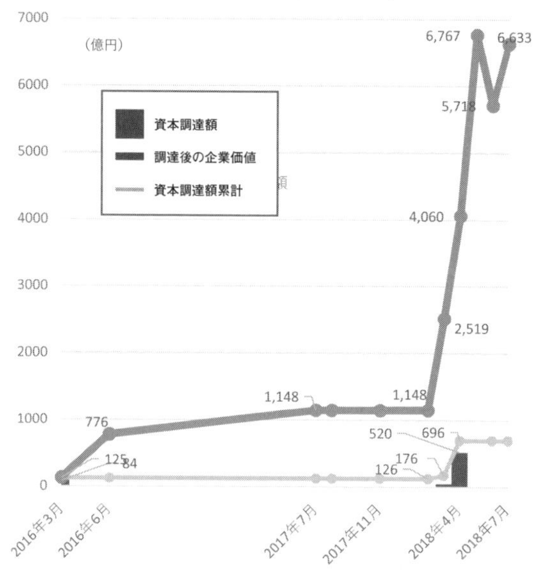

56 「上場しないメルカリ　注目集めるユニコーンモデル」ネットイヤーグループ社長 石黒不二代 日経産業新聞2017年5月18日付から引用。

〈表3－4－5〉メルカリの調達ラウンド

募集開始日等	ファンディングタイプ ＊1 ＊2	発行株式の種類	資本調達額	資本調達額累計（①）	企業価値・時価総額（②）＊3	②÷①	投資家数	投資家名
2013年2月1日	会社設立	普通株式	0.20億円	0.20億円	0.20億円	1.0		
2013年3月29日	プレ・シード	普通株式	0.10億円	0.30億円	0.30億円	1.0	5	山田進太郎、富島寛、㈱suadd、他2名
2013年6月3日	シード	普通株式	0.50億円	0.80億円	6.50億円	8.1	1	イーストベンチャーズ投資事業有限責任組合（VCF）
2013年8月30日	シリーズA	A種優先株式	2.20億円	2.20億円	8.70億円	2.9	1	ユナイテッド㈱
2014年3月28日	シリーズB	B種優先株式	14.50億円	17.50億円	23.20億円	1.3	7	グローバル・ブレイン5号VCF、グロービス4号ファンドVCF、テクノロジーベンチャーズ3号VCF、他3社と1名
2014年9月10日	シリーズC	C種優先株式	10.06億円	27.56億円	33.28億円	1.2	4	グローバル・ブレイン5号VCF、グロービス4号ファンドVCF、他2社
2014年9月30日		C種優先株式②	13.52億円	41.08億円	46.81億円	1.1	2	WIL FUND I, L.P.、他1社
2016年3月2日	シリーズD（無担保転換社債型新株予約権付社債の転換）	D種優先株式	83.58億円	125.46億円	131.20億円	1.0	9	三井物産㈱、㈱日本政策投資銀行、他5社と2名
2018年3月13日	VCシリーズ	普通株式	50.00億円	175.54億円	2,519.19億円	14.4	3	日本郵政キャピタル㈱、フォーレスト・フォールディング合同会社、ヤマト運輸㈱
2018年6月18日	ブックビルディングによる募集(IPO)	普通株式	520.26億円	695.80億円	4,059.94億円	5.8		
2018年6月19日	初値	普通株式			6,766.57億円	9.7		
2018年7月19日	オーバーアロットメント関連の第三者割当増資	普通株式	81.38億円	695.80億円	6,632.65億円	8.5		

（出所）特記のないものは㈱メルカリの有価証券届出書（平成30年6月11日訂正後）。平成30年6月18日、30日のデータは平成30年の有価証券報告書。＊1 Crunch Baseと有価証券届出書。＊2株式分割を、2014年4月30日に100倍、2017年10月20日に10倍で実施。2017年7月2日に優先株式を普通株式に交換している。＊3企業価値（post-money valuation）は、有価証券届出書の発行済株式総数残高に、そのラウンドでの発行価格または直近高値を乗じて算定している。株式交換実施後の新株予約券行使の時の企業価値は、普通株式の直近高値の発行価格を用いて算定している。IPO後は、市場価格を乗じて時価総額を算定して記載している。以上の算定では、負債については捨象している。

3-5 企業価値評価と市場価格 ─資本市場における価値創造

以上の資本形成プロセスを深く理解するために、企業価値評価と市場的な価値決定との関係を整理してみる。理論的、教科書的な説明であり、既に詳しい方や、関心の薄い方は次に進んでいただきたい[57]。

①企業価値評価と成長企業の将来の収益予測

企業価値評価は、まず、発行募集の時の株価の算定のために用いられる。株価が形成される前の、企業価値は、直近の資本調達ランドにおける未上場株式の評価額（資本調達前企業価値（Pre-money Valuation））のことをいう。発行企業は次の調達ラウンドを準備するときにこれを算定する。

この資本調達前企業価値を算定する方法には、ディスカウント・キャッシュフロー法（DCF法）、類似企業比較法などがある。よく使われるDCF法では、発行企業の将来のキャッシュフロー等を予測して、一定の割引率で現在価値に割り引いて、直前の企業価値を決定する。この企業価値は、売買交渉における交渉力で決着する面がある。ベンチャーキャピタルがエグジット時点の企業価値を投資決定時点の価値に割り戻すときのIRR（期待内部収益率）はハードル・レートと呼ばれるが、アーリー・ステージのスタートアップに対しては40%から60%との高い率であるとの研究成果がある。ベンチャーファンドへの投資に投資家が期待する内部収益率は、概ね40%～50%とのことである[58]。50%の内部収益率では、５年後に投資額が7.5倍程度に拡大する育む計算となる。

資本調達後企業価値（Post-money Valuation）は、資本調達前企業価値に資本調達額を加えたものと定義される。

②市場価格、時価総額と株主価値

市場で株価が形成されると企業価値は、株価×発行済み株式数で算定される。

57　この節の記述は、平田博紀「スタートアップのPre-money Valuationの決定に関する展望」（2019年）に負うところが多い。

58　高見茂雄、蜂谷豊彦「ベンチャー企業の企業価値評価–ベンチャーキャピタルの視点から–」富山大学紀要．富大経済論集，第48巻第１号,2002.7，pp.131-152.

時価総額から負債を除いた額と等しいものとされる。この場合の企業価値は**株主価値**と呼ばれる。

米国では、未上場の段階では、少額の株式の公募も私募も、発行企業または株式を引き受けて販売する証券会社が１株式の価格を決定し、投資家に伝える。

発行企業やそれを引き受ける証券会社が各種の評価手法のうち適切なものを選び、算定し、投資家に提示する。未上場株式が証券会社の仲介の下、投資家間で取引され、さらには、マーケットプレイス等で売買されるようになると、そこでの取引価格が参照価格として、企業評価と次のラウンドの株式の販売価格に反映される。このように市場価格が企業価値評価の基本となる。

③企業価値評価と市場の価格形成機能

未上場株式のプライマリー市場は日本では身近に存在しないので、なかなかイメージしにくいところがある。米国では、小規模公募や私募のときに、スタートアップやその他成長企業の依頼を受けた証券会社等が、売り気配値の提示をして、既存の顧客網中の多数の投資家に声をかけるなど、マーケットメイクやマーケティング活動を行う。プラットフォームが活用されたり、エンジェル組織の会合や、デモデイ、ピッチなどのイベントでのプレゼンテーションを行なう。証券会社やファインダー、プロモーターなどの支援による販売活動が行われる。募集の規模が大きくなると、アンダーライティング、投資銀行、ベンチャーキャピタルなどが業種ごとシンジケーションを組んで活動する。プライマリー取引により多数の投資家を参加させ、市場的なものにすると、転売市場の発展を促し、未上場株式の流動性を高め、市場の価格調整機能・価格決定機能を高めることができる。

シード・ラウンドでは、限定された投資家と発行企業の交渉で決定される。その後のラウンドで募集額が増加し、勧誘する投資家の数が増えるにしたがって、企業価値評価で算定された価格も市場価格的側面を高める。投資家が転売し、市場で未上場株式が取引されるようになり、市場価格が形成されると、これが市場へより多くの発行企業と投資家の市場参加を促進し、より公正な価格形成になる。

④市場価格と公正価値

多数の発行企業と多数の投資家との交渉によって市場的に決まった株価は、企業価値評価で重要な情報となる。

投資会社による未上場株式の公正価値測定についてのガイダンスであるInternational Private Equity and Venture Capital Valuation Guideline（IPEVガイドライン）では、活発に取引される市場が存在するときは、市場価格を用いて企業価値（公正価値（フェアバリュー））を算定することを原則としている[59]。

多数の発行企業と多数の投資家、多数の投資家相互の取引は、市場的な取引である。この結果決定される市場価格は、ファンドが未上場企業から株式を購入するときや、M&Aで企業を売却するとき公正価値（フェアバリュー）を算定するために排他的に参照される。

⑤企業の将来の収益による市場を通じた価値の創造

公正な価格で評価された有望な企業の株式には、投資家が集まり、取引価格・市場価格の上昇に引っ張り上げられるかのように、ラウンドごとの企業価値と株価が上昇し、資本調達額の累計の何倍もの企業価値・時価総額に達する。調達ラウンドごとの資本調達額も増加し、事業投資を実行して企業が成功する。

市場で取引されて、株価が上昇すると、資本調達額の累計額よりも、時価総額が大きくなる。効率的な市場で形成される市場価格が、理論上、フリーキャッシュフロー法で算定されたもの等しいと仮定すれば、市場価格に基づく時価総額は、将来の収益の期待が資産の価格として現れたものである。取引が実現して、株式が換金されれば、将来の期待値が、実際の価値として実現する。未来の収益期待が、金融資産となって市場で価格がつけられ、価値となって現れる。資本市場における価値創造であり、事業投資に活用されれば、企業成長の源泉となるものである。

59　平成28年度グローバル・ベンチャー・エコシステム連携強化事業（我が国におけるベンチャー・エコシステム形成に向けた基盤構築事業）調査報告書（国内VCファンドの時価評価に係る実務指針）。IPEV Board, "International Private Equity and Venture Capital Valuation Guidelines" (2022)。

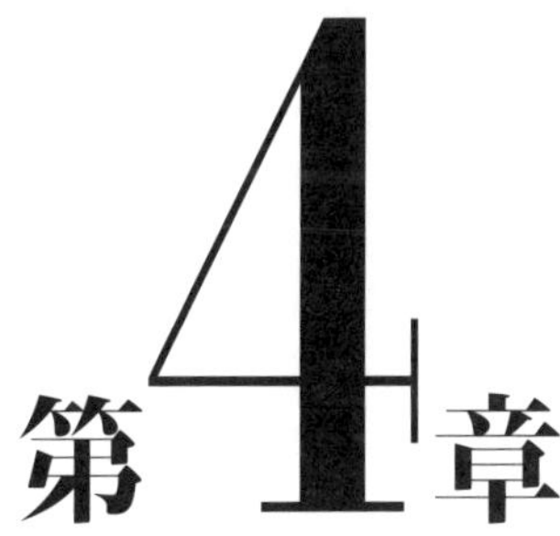
第4章

日本の成長企業のエクイティ・ファイナンスの現状

〈全体フロー図〉 未上場株式市場でのエクイティ・ファイナンスによる
企業の成長・個人資産の拡大と経済成長

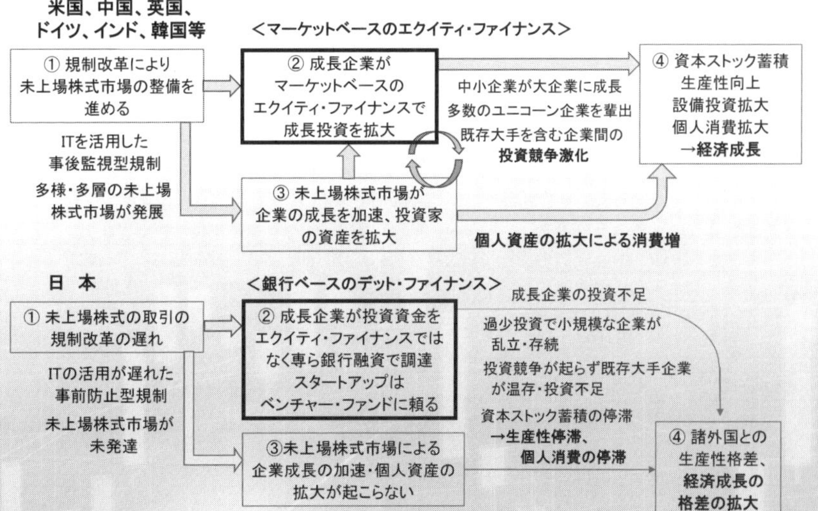
米国、中国、英国、
ドイツ、インド、韓国等
<マーケットベースのエクイティ・ファイナンス>
① 規制改革により
未上場株式市場の整備を
進める
② 成長企業が
マーケットベースの
エクイティ・ファイナンスで
成長投資を拡大
④ 資本ストック蓄積
生産性向上
設備投資拡大
個人消費拡大
→経済成長
中小企業が大企業に成長
多数のユニコーン企業を輩出
既存大手を含む企業間の
投資競争激化
ITを活用した
事後監視型規制
多様・多層の未上場
株式市場が発展
③ 未上場株式市場が
企業の成長を加速、投資家
の資産を拡大
個人資産の拡大による消費増
日　本
<銀行ベースのデット・ファイナンス>
成長企業の投資不足
① 未上場株式の取引の
規制改革の遅れ
② 成長企業が投資資金を
エクイティ・ファイナンスでは
なく専ら銀行融資で調達
スタートアップは
ベンチャー・ファンドに頼る
過少投資で小規模な企業が
乱立・存続
投資競争が起らず既存大手企業
が温存・投資不足
資本ストック蓄積の停滞
→生産性停滞、
個人消費の停滞
ITの活用が遅れた
事前防止型規制
未上場株式市場が
未発達
③未上場株式市場による
企業成長の加速・個人資産の
拡大が起こらない
④ 諸外国との
生産性格差、
経済成長の
格差の拡大

4－1　米国と比べた日本の成長企業のエクイティ・ファイナンスの現状

（1）企業の株式発行・資本調達の規模

米国と日本の企業の資本調達額には大きな格差がある。

次の**表4－1－1**は、米国と日本の企業の資本（equity）の調達における公募の額と私募の額を表している。米国企業のエクイティの調達額は、2021年では、公募（証券取引所等からの調達）により4,362億ドル（47兆9,820億円）、私募により183億ドル（2兆130億円）に達する。日本企業は、公募で6,970億円、第三者割り当てで4,939億円となる。

米国の一件当たりの調達額は公募で3.14億ドル（345億円）、日本の1件当たりの調達額は、公募で42億円、第三者割り当てで20億円となる。

このように、米国の株式による資本の調達額は日本と比べて桁違いに大きい。米国の私募の金額については、次のSECのレポートを基にすると、年500億ドル程度と試算できるため、このデータは、上場企業関連の私募などを中心とするデータと思われる。

日本の場合、上場企業の資本調達では公募に対して第三者割り当て増資の割合が高い。手続き上は、株式の公募と同様に有価証券届出書を提出して行われている。日本では、米国の私募に匹敵する統計的なデータが見当たらない。

〈表4－1－1〉　米国と日本の企業のエクイティ・ファイナンス

米国	公募＋私募	公募（Public Equity）	私募（Private Placement）
2021年	4,545億ドル	4,362億ドル	183億ドル
1ドル＝110円	49兆9,950億円	47兆9,820億円	2兆130億円
	1,426件	1,391件	35件
1件当たり	3.19億ドル	3.14億ドル	5.23億ドル
	351億円	345億円	575億円

日本	公募＋第三者割当	公募	第三者割当	私募
2021年	11,909億円	6,970億円	4,939億円	総計的データ不明
	410件	167件	243件	
1件当たり	29億円	42億円	20億円	

（出所）SIFMA、2022 Capital Markets Fact Book,
日証協「全国上場会社のエクイティ・ファイナンスの状況」

次の**表４－１－２**は、2019年の米国のレグDの私募、ルール144Ａの私募に応じて購入した株式の転売、レグＡの小額公募等の実施件数と発行企業の調達額を、SECが試算したものである[59]。社債の発行額とファンドや金融機関の調達額を含むので、私募の額と直接の比較はできないが、登録申請件数等、制度を活用したデータ型の統計であるため精度は高い。

レグＤの私募は、2019年は１兆5,584億ドル、27,381件に上った。SEC DERA58のレポートによるとこのうちファンドと金融機関以外は募集件数で過半、金額で１割弱とされる。

レグDは主に発行段階の資本の私募調達に活用されている（mainly equity offerings)。よって、１兆5,584億ドルの約１割、27,381件の約半分の1,500億ドル（16兆5,000億円)、13,600件程度がファンドや金融機関以外の企業等がレグDの私募で調達したエクイティの目安になる。

〈表４－１－２〉 米国の株式の公募・私募・小規模公募などによる資金調達（2019年：エクイティとデット）

根拠規程・免除規定	募集額実績 （億ドル）	 （ドル＝110円）	件数
証券取引法第５条の株式の公募	１兆2,000億ドル	132兆円	
レギュレーションDルール 506（b） （少人数私募）	１兆4,919億ドル	164兆1,090億円	24,636件
レギュレーションDルール 506（c） （適格投資家私募）	663億ドル	７兆2,930億円	2,269件
レギュレーションA：Tier 2 （7500万ドル以下の小額公募）	9.98億ドル	1,098億円	39件
レギュレーションA：Tier 1 （2000万ドル以下の小額公募）	0.44億ドル	48億円	12件
レギュレーションDルール 504 （500万ドル以下の小額公募）	2.28億ドル	251億円	476件
レギュレーションCF （株式投資型クラウドファンディング）	0.62億ドル	68億円	－
その他の免除規定＊	１兆1,670億ドル	128兆3,700億円	－

（出所）SEC, “Facilitating Capital Formation and Expanding Investment Opportunities by Improving Access to Capital in Private Markets”, Final Rule（2020）他。
＊：その他の免除規定には証券取引法第４条（a）（2)、ルール144A、レギュレーションSを含む。

59　S. Bauguess, R .Gullapalli, & V. Ivanov “Capital Raising in the U.S. : An Analysis of the Market for Unregistered Securities Offerings, 2009-2017”, DERA, SEC.

日本では、未上場企業の資金調達については、データがかなり限られている。**表４－１－１**のように、上場企業の資本の調達額は把握できるが、私募の統計的なデータはほぼない。未上場企業がIPOの前に資本をどのように調達しているか、実態がわかるデータとしては、次の**表４－１－３**の日証協の店頭有価証券の投資勧誘制度等の会員証券会社による実績データと、**表４－１－１０**のベンチャーファンドと**表４－１－１１**のPEファンドによる投資額程度となる。

ある程度の実績があるのは、株式投資型クラウドファンディングである。年々、資本調達の実績は増えているが、年で平均して10億円程度である。株主コミュニティは、会員間の転売の実績はあるが、資本調達での実績は金額の大きなものが１件あって、これがかなりの割合が占めている。

店頭取扱有価証券投資勧誘は、年平均1.4件、約544億円と実績は出ているが、非上場の大手企業が株式の公募や株主間の売買を行う場合などに活用されていると考えられる。このように、日本企業の未上場株式による資本調達額は極少

〈表４－１－３〉 日本の未上場株式の取引実績
（日証協の非上場株式投資勧誘制度（一定の実績のあるもの）

	取引実績（日証協のデータから）	
株式投資型 クラウドファンディング （2015年５月～）	取扱業者：５社	2022年７月末現在
	累積成立件数：377件 （÷６年＝約63件/年） 累積発行総額：約114億円 （÷６年＝約19億円/年）	2017年～2022年末 （約６年間）
株主コミュニティ （2015年５月～）	運営会員（証券会社）：８社 取引銘柄数：45銘柄	2021年６月18日
	累計売買金額：約49億円 累計募集･私募金額:約24億円（14件）	2015年５月～ 2022年末 （約７年間）
店頭取扱有価証券 投資勧誘（店頭規則６条） （2003年４月～）	累積取扱件数：24件 （÷17年＝約1.4件/年） 累積発行総額：約9,251億円 （÷17年＝約544億円/年）	2003年４月～2020年 10月末 （約17年間）
店頭有価証券の適格機関投資家に対する投資勧誘（店頭規則４条） （2003年４月～）		証券会社へのヒアリングによると年間数件程度
経営権の移転等を目的とした店頭有価証券投資勧誘（店頭規則３条の２）（2019年８月～）		実績なし

（出所）日証協「非上場株式の発行・流通市場の活性化に関する検討懇談会（第１回資料）
事務局説明資料―非上場株式の一層の活用―」（2020年11月30日）等より作成

額となっている。日本では、未上場企業は、狭き門であるファンドから調達するか、地元銀行、取引先企業その他いわゆる縁故募集による第三者割り当て増資により、資本を調達している。

次の**表4－1－4**は、米国と日本それぞれで、年間のGDPの設備投資額と、資本の調達額や銀行貸出額、社債の額等を比較したものである。

データの性格の異なるGDPベースの設備投資と実際のファイナンスの金額を無理に比較しているが、設備投資の資金源の様子を知ることはできる。

2020年で、米国では、GDP民間固定資本形成（非住居）に対して、資本調達額が13.9%、社債発行額が81.5%、日本では民間設備投資に対して、上場企業の国内公募増資額が1.9%、国内銀行設備資金新規貸出が52.2%である。

〈表4－1－4〉 米国と日本の設備投資の規模と資金調達額（フローベース）

日　本	2019年	2020年
民間設備投資①	92兆2,246億円	86兆0,271億円
上場企業の国内公募資本調達額②	2,192億円	5,140億円
上場企業の第三者割当て③	1兆2796億円	1兆0893億円
民間設備投資に対する資本調達額の割合 （②＋③）÷①（%）	1.6%	1.9%
国内銀行設備資金新規貸出④	46兆7,918億円	44兆8,759億円
④÷①（%）	50.7%	52.2%

（出所）①内閣府　国内総生産／総資本形成／総固定資本形成／民間企業設備、②③日本証券業協会　全国上場会社のエクイティ・ファイナンスの状況（公募増資等／国内）、④日本銀行　貸し出し統計／総貸出／設備資金新規貸出／銀行勘定、信託勘定、海外店勘定の合計／国内銀行。

米　国	2019年	2020年
GDP民間固定資本形成（非住居）①	2兆8,781億ドル	2兆7,996億ドル
	316兆5910億円	307兆9560億円
資本調達② Equity issuance total	2,281億ドル	3,900億ドル
	25兆0,910億円	42兆9,000億円
民間固定資本形成（非住居）に対する資本調達額の割合　②÷①（%）	7.9%	13.9%
社債計③ Bond Issuance total	1兆4,230億ドル	2兆2,820億ドル
	156兆5300億円	251兆0200億円
③÷①（%）	49.4%	81.5%

（出所）①Gross private domestic investment Fixed investment　Nonresidential.
②③　US BEA, SIFMA 2021 Capital Market Fact Book

米国では、設備投資に資本や長期資金が活用されており、日本では、資本は極わずかで、銀行借入がかなりのウエイトを占めている様子がわかる。

（2）米国の多様な成長企業の少額公募、私募によるエクイティ・ファイナンス

米国では多様な業種の中堅・中小企業が、創業直後から私募や小額公募で投資家から多額の資本を調達して、成長する。

表4－1－5にあるように、多様な業種で、創業直後から、成長段階に応じて、各州の証券取引法や連邦の証券取引法、レグDなどのSECのセーフハーバー・ルール等に基づき、投資家から直接、資金を調達する。米国では、コンピューター・バイオテクノロジーなどの技術系企業のみならず、広告業、不動産業、製造業、小売業、飲食業、旅行業等の多様な業種の企業で、資本が調達されている。

〈表4－1－5〉 レギュレーションDを実施した企業の業種別構成等

レギュレーションD　合計		7,459件	
ファンド		1,743件	
ファンド以外		5,716件	100.0%
金融（銀行・保険・金融サービス）		475件	8.3%
金融以外		5,241件	91.7%
	技術系事業	921件	16.1%
	コンピューター産業	63件	1.1%
	バイオテクノロジー	118件	2.1%
	その他の技術系事業	740件	12.9%
	製造業	179件	3.1%
	農業	62件	1.1%
	エネルギー（石油・ガス、省エネルギー他）	481件	8.4%
	不動産・住宅・不動産金融	1,215件	21.3%
	広告（コマーシャル）	609件	10.7%
	小売業	111件	1.9%
	飲食業	105件	1.8%
	健康・医療・医薬品・病院	296件	5.2%
	航空・交通・観光・旅行業	60件	1.0%
	対事業所向けサービス	88件	1.5%
	電気通信、建設、環境、電力	141件	2.5%
	その他	973	17.0%

（出所）S. Bauguess, R .Gullapalli, & V. Ivanov、“Capital Raising in the U.S. : An Analysis of the Market for Unregistered Securities Offerings, 2009-2017”, DERA, SEC. Figure12.から作成。

表4－1－6にあるように、レグDに基づき、未上場株式または社債の私募を行った米国企業は、その7割近くが創業後3年以内、売上100万ドル（1億1,000万円）以下であり、約9割が売上500万ドル（5億5,000万円）以下となっている。

レグDに基づく株式または社債の私募等のうちの4割弱が、100万ドル（1億1,000万円）以下の募集額のものである。一方、5,000万ドル（55億円）を超える資金の募集も多い（4,689件）。このように米国企業は日本企業のIPO時の資本調達額の平均である44億円（2019年）を上回る調達を私募で行っている。

米国では、創業後、1年も経たずに、売り上げゼロのときから私募を行って事業資金を調達することができる。レギュレーションDの私募等でエクイティや社債による長期資金を調達した企業の過半は創業後1年以下であり、46.6%の企業が売上が無いときに行っている。私募が創業、開業を強力に後押ししている状況がわかる。

〈表4－1－6〉 レギュレーションDを実施したときの企業の社齢・売上規模

1）社齢

創業後（社齢）	
5年超	25.4%
4年～5年	7.6%
2年から3年	17.0%
1年以下	50.0%

2）売上規模

売上（revenue）	
1億ドル超	2.0%
2,500万ドル超、1億ドル以下	2.3%
500万ドル超、2,500万ドル以下	5.2%
100万ドル超、500万ドル以下	10.5%
100万ドル以下	33.4%
0ドル（売上無し）	46.6%
計	100.0%

（出所）前掲のSEC DERA（2018）Table15. から作成

（3）日本の中小企業のエクイティ・ファイナンスの実態

日本の中小企業がエクイティ・ファイナンスをどの程度行っているのか、統計的なデータは見当たらないが、その実態については、**表4－1－7**の中小企業庁の1,892社に対するアンケート調査が参考になる。

これによると、現状でも、一定程度の中小企業が、事業提携先大手企業等からの縁故増資を経験しており、エクイティ・ファイナンスのメリットを認識している。金額規模は不明ながら、新規事業を考える企業の２割近くが縁故増資等による資本の活用を行っていること、約４割の企業が借入による新規事業投資の限界を感じ、今後エクイティ・ファイナンスを活用したいと考えていることがわかる。

〈表４－１－７〉 中小企業1,892社へのエクイティ・ファイナンスの実態調査

１）成長投資の資金を用意するために増資を行った企業	18%程度
・うち、第三者（会社関係者以外）を引受先とする増資（株式の新規発行）を行った企業	12%程度
・うち、会社関係者（経営陣やその家族、従業員等）を引受先とする増資（株式の新規発行）を行った企業	６%程度
・銀行等金融機関から借入（社債を含む）した企業	58%程度
２）成長投資を融資で行った結果への評価	
・成長投資への資金を借入に調達したことに関し、以下のようにやりたかったチャレンジができなかったと回答した企業	約４割
—借入での資金調達では借入金の返済に向けて投資した事業から早期に利益を生み出さなければならず大きなチャレンジはしにくかった	
—希望した金額を調達することができず、当初の予定よりも小規模な取組みしかできなかったなど	
３）今後の増資を活用した資金調達の意向	
・今後、エクイティ・ファイナンスを活用したいと回答	約４割
—上記の理由として、全体の４割程度が、時間がかかる事業や中長期的な取組み、事業転換を挙げている	上記の約４割

（出所）中小企業庁「中小企業者のためのエクイティ・ファイナンスの基礎情報（令和３年11月８日更新）」に掲載されている資料「第一章中小事業者のエクイティ・ファイナンス」中のアンケート調査による。調査対象：売上高１億～500億円、業歴10年以上、直近５年の売上高推移が概ね横ばいの企業。スタートアップや再生フェーズの企業は対象外。

(4) スタートアップの資本調達

①スタートアップの資本調達額―米国は日本の47倍

日本のスタートアップ・ベンチャー企業の資金調達は、米国と比べて遥かに少ない。**表4－1－8**にあるように、米国では、ベンチャーファンドからの資金は増加を続けており、2020年には1,671億ドル、2021年には3,328億ドル（36兆6,080億円）となった。

日本のスタートアップの資金調達額も近年拡大傾向にあり、2020年には5,334億円、2021年には7,801億円となった。他にエクイティの調達手段が乏しい中、成長企業のエクイティ調達の中心となっている。

それでも、ベンチャー・ファンドからのスタートアップ企業向けリスクマネー供給は、米国は日本の約47倍（36兆6,080億円／7,801億円）となり、格差は拡大している。2021年で、米国では、投資1件当たり約23億円に対し、日本では、1社当たり約4億円に過ぎない。

〈表4－1－8〉 米国と日本のスタートアップの資金調達額

米国：スタートアップ（VC Backed Companies）へのVC関連投資額と件数（VC Deal activity）

	2019	2020	2021	1ドル＝110円	
VCのスタートアップへの投資額	1,448億ドル	1,671億ドル	3,328億ドル	36兆6,080億円	①
投資件数	12,510件	12,173件	15,855件		
1件当たりのの投資額	1,157万ドル	1,373万ドル	2,099万ドル	23億0,892万円	

（出所）NVCA,「2022 Yearbook Data provided by PitchBook, US VC Deal Activity, US VC Deal Count by Stage」。VCからの投資件数（2021年は14,411社）とスタートアップへの投資件数は概ね近い数字となる。

日本：国内スタートアップの資金調達額と社数

	2019	2020	2021	
スタートアップの調達額	5,847億円	5,334億円	7,801億円	②
社数	2,575社	2,302社	1,919社	
1社当りの調達額	2.27億円	2.32億円	4.07億円	

①÷②＝ 46.9

（出所）NIITIAL,「2021Japan Startup Finance 国内スタートアップ資金調達動向」（2022年1月25日時点）のデータから筆者が算定。

②成長ステージごとの資金調達額―成長するにつれて資本調達額が増加する米国、少額の調達を続ける日本

次の表の４－１－９にあるように、米国ではシード、アーリー、レイターと企業が成長するにつれて、ベンチャーキャピタルからのスタートアップのエクイティの資本調達額が急激に拡大するが、日本では拡大せずに、レイター・ステージの資金が不足する。前に説明したとおり、米国では、ベンチャーファンドやPEファンドのサイズが大きく、スタートアップのニーズに対応して投資１件当たりの金額を拡大することができる。

〈表４－１－９〉 米国と日本のベンチャーキャピタル等の成長ステージごとの一件当たりの投資額

米　国

	エンジェル・シード	アーリー	レイター
2021年	298万ドル	1,614万ドル	4,826万ドル
	３億2,746万円	17億7,502万円	53億0,911万円

日　本

	シード	アーリー	エクスパンション＋レイター	エクスパンション	レイター
2021年度	6,580万円	9,530万円	３億4,680万円	１億3,820万円	２億0,860万円

（出所）VEC「2021 ベンチャー白書」、NVCA「YEARBOOK 2022」のデータから筆者が算定。
VECの定義では、米国のレイターは日本のエクスパンションとレイターを併せたものとされる。日本のレイターは出典でのエクスパンションとレイターの合計。投資額は、ベンチャーキャピタルとファンド（投資事業組合）の合計。

③ベンチャーファンド―日本では米国と比べて、ごく極小規模

ベンチャーファンドとPEファンドは、ベンチャーキャピタルや投資会社が、機関投資家や事業会社、資力のある個人投資家等から資金を集めて組成される。

ベンチャーファンドは、主に、アーリー・ステージ、ミドルステージのベンチャー企業へ投資する。

日本では、主にレイター・ステージのスタートアップに投資するファンドも多い。投資の回収（EXIT）はIPO中心であるが、M&Ａも増えている。ベンチャーファンドの投資先のスタートアップが、プライマリー市場でエクイティを調達したり、または、セカンダリー市場で転売したりすることは、マーケットが未整備なこともあり、実態は乏しい。

内閣府の資料では、米国と日本のベンチャーファンドを次の**表4－1－10**のように比較している。このように、日本のベンチャーファンドは、米国と比べても小規模なものとなっている。

日本のベンチャーファンドがこのように小規模である要因をすべてを分析することは、この本のテーマを超えるので、以下、未上場株式市場との関連で米国と比較して列挙することにとどめる。

1）日本では未上場株式市場がプライマリー市場もセカンダリー市場も未発達なため、ベンチャーファンドは投資先の株式を転売できず、その分だけ、ファンドへの投資のリスクが高くなり、また、市場価格がないため、投資先案件の企業価値評価は算定ベースとなり、評価が難しく、年金基金等の大規模投資をはじめ、機関投資家からの投資が抑制されること。

2）スタートアップ企業がベンチャーファンド以外の投資家からエクイティを十分に調達することが大変困難であり、このため、以下のようなことが要因となって、ベンチャーファンドへの投資のリターンが高まらずに、投資家の資金も集まりにくくなること。

―起業家がビジネスモデルを考えるときのエクイティの調達可能な想定額が、ベンチャーファンドからの当初数億円程度となり、数十億円以上の

〈表4－1－10〉　米国と日本のベンチャーファンドの投資金額と投資件数

	米国	日本
ＶＣ総額	35兆円	0.8兆円
チケットサイズ アーリー シード	 13億円 1億円	 1億円 6千万円
ファンド規模	Sequioa： 7,700億円／Fund Sequioa： 1,100億円／Later 440億円／Seed FundSequioa： 2,000億円／Later 700億円／Early	ジャフコ： 800億円／Fund グロービス： 400億円／Fund グローバルブレイン： 200億円／Fund
業　務	投資＋ハンズオン	投資（一部ハンズオンも）

（出所）内閣府　資料4総合科学技術・イノベーション会議イノベーション・エコシステム専門調査会第１回令和４年２月21日資料４から抜粋

調達を想定して大胆な成長を目指すスタートアップがそう多くないこと
—スタートアップのミドル、レイター・ステージの調達額が増えずに、投資資金が不足して、急激な成長ができず、IPOを急ぐこと
—IPOまでは算定された企業価値のままで、未上場株式市場での株価上昇・時価総額拡大もなく、IPO時の公募価格が低めに決定されやすいこと

④PEファンドーバイアウト型・M&A関連中心の日本

第２章でも説明したが、プライベート・エクイティ・ファンド（PEファンド）とは、複数の機関投資家や個人投資家から集めた資金を基に、未上場企業の株式を購入し、企業の経営に関与して企業価値を高めた後に売却することで高い収益を獲得することを目的とした投資ファンドである。バイアウト型、カーブアウト、グロース、アドオンなどに分類され、M＆A、MBOまたはIPOなどでエグジットする。

PEファンドの投資（未上場株式の購入）の目的は、企業株式を原則一括購入して、経営改革等の一定のバリューアップをしたのちに、一括売却するバイアウトと、成長支援のために投資するグロース投資に分類される。バイアウトの主流は、大手企業から子会社をいったん買い取って売却するカーブアウトである。近年、日本では中堅企業、中小企業の事業承継案件を扱うファンドが増えている。既存の投資先企業とシナジー効果のある企業を買収して合併するアドオン投資もある。

近年、日本でもグロース投資が増えているが[60]、バイアウト案件が中心なため、ファンドからの投資額は必ずしも企業が資本を調達した額にはならない。

米国では、ミューチュアルファンドが未上場の成長企業へのグロース投資で活躍する。ミューチュアルファンド（mutual fund）は、会社型投資信託のうち、投資家の資金の出し入れが自由のオープンエンド型の投資信託のことで、米国では最も普及している投資信託である。日本の投資信託は、一般にオープンエンド型の契約型投資信託であり、多くが上場株式に投資する。

次の**表４－１－11**は、米国と日本のPEファンドの投資額のデータである。

１）のように、米国では、投資額は増加を続け、2017年の6,286億ドルから

60　一般社団法人日本プライベート・エクイティ協会「日本におけるプライベート・エクイティ市場の概観」（2021）。

2021年には１兆357億ドルもの規模になっている。

２）にあるように、米国のPEファンドの投資目的は、経営権を取得するバイアウトが２割強、グロース投資が２割弱、残りの５割強が、バイアウトした案件に、他の企業を買収する資金等を投資するアドオン投資となっている。

日本のPEファンドの投資額は３）にあるが、大型案件（東芝メモリの売却２兆円）のあった2017年はイレギュラーに増加しているものの、近年は１兆円強となっている。圧倒的に米国のほうが大きい。日本のPEファンドは、カーブアウト案件、バイアウト案件が中心で８割を占め、成長企業の資本調達に貢献するグロース投資は、増加傾向にあるが、全体の１割程度にすぎず、スタートアップのレイター・ステージにおいて行われている。

バイアウト案件のうち近年は中堅・中小企業の事業承継案件も増えている。いずれもオーナーや親会社など会社の主要関係者からセカンダリーの株式を買い取るものであり、エグジット先はM＆Aが主流であり、IPOも増えている。

〈表４−１−11〉 米国と日本のPEファンドによる投資額と投資件数

１）米国のPEファンドの投資額（円換算１ドル110円）

	2017年	2018年	2019年	2020年	2021年
投資件数	4913件	5710件	5759件	5709件	7044件
投資金額	6426億ドル	7254億ドル	7549億ドル	6896億ドル	1兆0357億ドル
	70兆6836億円	79兆7908億円	83兆0392億円	75兆8547億円	113兆9318億円

（出所）NVCA. PitcBook, "US PE Breakdown 2021 Annual"

２）米国のPEファンドの投資先の構成

	2020年	2021年
バイアウト（Buyout/LBO）	24.2%	22.0%
追加投資（Add-On）	57.4%	58.6%
グロース（growth & expantion）	18.4%	19.4%

３）日本のPEファンドの投資額

	2017年	2018年	2019年	2020年
投資金額（兆円）	2.70	0.42	0.92	1.13
投資件数	55	65	87	92

（出所）PwC Japan「日本におけるプライベート・エクイティ・マーケットの動向と日本企業への活用に関する提言 2018-03-30」（PwC Japan、2018）。

（5）機関投資家・個人投資家のスタートアップ・ベンチャー企業とベンチャーファンドへの投資

日本の機関投資家・個人投資家は、未上場株式の購入・転売が困難で、未上場企業への投資をほとんどしない。ファンドへの投資も限定的でベンチャーファンドの規模も抑制される。

〈表4－1－12〉 米国と日本の未上場株式の投資家の分類*

1）米国のレギュレーションDの私募等に応じた投資家のタイプ別の数（2009-2017）

	投資家数	割合
ヘッジファンド	35,218	11.1%
PEファンド	27,174	8.6%
ベンチャーファンド	9,097	2.9%
その他のファンド	38,824	12.3%
金融サービス	20,868	6.6%
不動産業	69,705	22.0%
非金融投資家*	115,403	36.5%
合計	316,288	100.0%

（出所）SEC DEARレポート（2018）[61]。2009年から17年までに、ファンドまたは株式会社等による株式または社債の私募に応じて投資した投資家の種別の数。
＊非金融投資家は事業会社と個人。適格投資家以外の投資家が10%程度。

2）日本のスタートアップへ投資する投資家の構成

	2020年		2021年	
ベンチャーキャピタル	2,150億円	38.6%	3,899億円	34.1%
事業法人（CVCを除く）	1,626億円	29.2%	1,793億円	15.7%
金融機関	237億円	4.3%	360億円	3.1%
海外金融機関、海外事業法人	93億円	1.7%	3,311億円	29.0%
個人、個人会社	92億円	1.7%	144億円	1.3%
その他*	1,369億円	24.6%	1,923億円	16.8%
総計	5,567億円	100.0%	11,430億円	100.0%

（出所）INIITIAL,「Japan Startup Finance 2021 国内スタートアップ資金調達動向」

61 Scott Bauguess, Rachta Gullapalli, and Vlandimir Ivanov, "Capital Raising in the U.S.：An Analysis of the Market for Unregistered Securities Offerings, 2009-2017", Division of Economic and Risk Analysis：DERA, SEC, (SEC, 2018).

日本では、未上場株式市場が未発達なため、機関投資家・個人投資家が未上場企業へ直接投資することは少なく、**表４－１－12の１）**のようにスタートアップ・ベンチャー企業は資金をベンチャーファンドや関連事業会社に頼る。

ベンチャーファンドは資金を主に金融機関、事業会社やベンチャーキャピタル等から集める。未上場株式が転売できず、市場価格がなく、ファンド等の投資先の時価評価が困難な中、広く個人を資金源とする年金基金等がベンチャーファンドへ投資する割合は低い。

表４－１－12の１）のように米国では、レイター・ステージ等の成長企業の未上場株式が市場価格で時価評価できることもあり、成長企業の私募等に応じて各種のファンドや金融機関、事業会社、個人等の多様な投資家が未上場企業に直接投資する。

また、**グラフ４－１**のように、ベンチャーファンドへの投資は、年金基金（pension）や、養老・学資保険（endowment plan）、財団（foundation）等からが過半を占める。

〈グラフ４－１〉 米国と日本のベンチャーファンドへの出資者構成

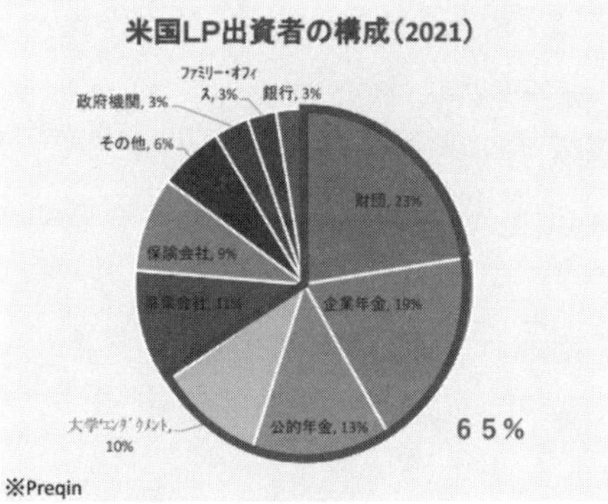

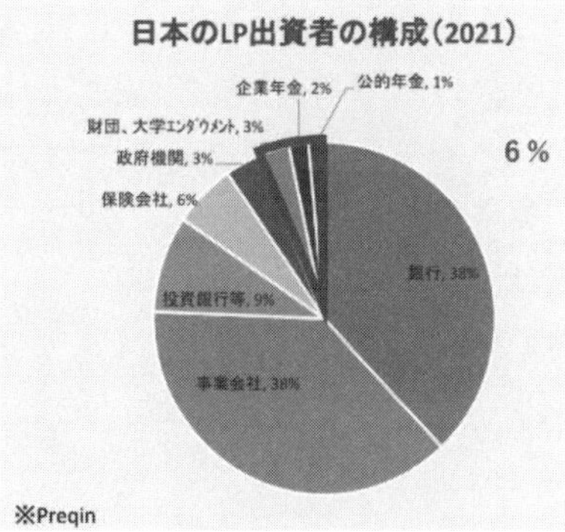

米国LP出資者の構成（2021）
財団, 23%
企業年金, 19%
公的年金, 13%
大学エンダウメント, 10%
事業会社, 11%
保険会社, 9%
その他, 6%
政府機関, 3%
ファミリー・オフィス, 3%
銀行, 3%
６５％
※Preqin

日本のLP出資者の構成（2021）
企業年金, 2%
公的年金, 1%
財団、大学エンダウメント, 3%
政府機関, 3%
保険会社, 6%
投資銀行等, 9%
銀行, 38%
事業会社, 38%
６％
※Preqin

（出所）内閣府総合科学技術・イノベーション推進会議イノベーション・エコシステム専門調査会第３回（令和４年３月28日）_資料２P21から抜粋。

（6）株式市場での企業の成長と個人の資産形成への貢献

米国では、未上場株式市場と上場株式市場がともに発展し、個人を含む投資家に、未上場企業への投資機会を提供している。未上場企業への投資が株式市場の拡大と個人の資産形成・拡大に貢献している。

未上場株式市場が未発達の日本では、投資家が専ら上場株式に投資しており、未上場株式への投資は個人の資産形成へほとんど貢献していない。その分だけ株式市場を通じた企業成長とその個人の資産形成への寄与が限定的となる。

日本では、資本を活用して成長できるのは、ほぼ上場企業とベンチャーファンドから投資を受けられたスタートアップ・ベンチャー企業に限られる。個人投資家のうち、未上場株式市場に早期に投資し、上場後に高いリターンを得られるのは、スタートアップやベンチャーファンドに投資した一部の投資家に限られる。

次の**表４－１－13**で、米国と日本の自己資本利益率と株価収益率を比較する。米国は、日本と比べて、企業の収益力が高く、これが株価に反映されている。米国では、金融資産が日本の2.7倍あるが、このうち株式は10.2倍、個人資産は、4.6倍、このうちの株式は17.5倍もある。株式が個人金融資産84兆ドル（9,282兆円）中37.0%を占める。日本では、個人金融資産2,004兆円中、株式は10.0%にとどまる。日本の個人と比べて、資産形成に株式が大きく寄与している。

ユニコーン企業のIPO・上場が少ないなど、未上場株式市場と上場株式市場の相乗効果は存在せず、この限りで、米国と比べて証券市場のパフォーマンスが低くなる。

〈表4－1－13〉 米国と日本の企業の収益力と金融資産に占めるエクイティの割合

1）米国は日本と比べて企業の収益力が高く、これが株価へ反映されている

	米国	日本
ROE	30.8	10.1
PER	18.4	12.9

自己資本利益率（Return On Equity：ROE）＝当期純利益 ÷ 自己資本 × 100。
株価収益率（Price Earnings Ratio：PER）=株価÷１株当たり純利益（EPS：Earnings Per Share）
（出所）ROEは、金融庁　スチュワードシップ･コード及びコーポレートガバナンス･コードのフォローアップ会議　第23回 「資料５第23回事務局参考資料」（令和３年１月26日金融庁）の日本TOPIX500、米国のS＆P500のデータ。PERはマイインデックスの世界各国のPER・PBR・時価総額　2022年11月のデータ。

2）米国は日本と比べて金融資産に占める株式の割合が高い

	米国	日本	米国/日本（倍）
金融資産全体	243兆8,663億ドル（２京6,825兆2,930億円）	9,830兆4,927億円	2.7
うち株式	42兆ドル（4,726兆円）	471兆3,389億円	10.2
	（金融資産の17.6%）	（同4.8%）	
個人金融資産	84兆ドル（9,282兆円）	2,004兆4,587億円	4.6
うち株式	31兆9,407億ドル（3,513兆4,715億円）	201兆2,259億円	17.5
	（個人金融資産の37.0%）	（同10.0%）	

（出所）米国連銀　資金循環表　Z1　_Financial Accounts Matrix-Levels for 2021
　　　　日本銀行　資金循環表　2021年度　２．金融資産・負債残高表（１）全体表

4－2 諸外国と比べた日本の成長企業のエクイティ・ファイナンスの現状

（1）主要国の企業の資本調達額と増加率―減少傾向の日本

次の表にあるように、主要国では、企業がエクイティ・ファイナンスで調達した資本は、この10年間で、年々増加傾向であった。しかし、日本では、資本市場での取引が不活発なので、-3.9％と減少傾向にある。

なおこのデータの対象は、上場企業中心のものと考えられる。

〈表4－2－1〉 主要国の企業の資本調達額と成長率

	2020年の企業の資本調達額（1ドル＝110円）	2010年から2020年の年平均の伸び率
イギリス	4兆9,170億円	5.4%
中　国	11兆7,810億円	3.9%
豪　州	2兆9,810億円	2.9%
香　港	9兆1,410億円	0.6%
米　国	37兆1,360億円	6.0%
ＥU27	7兆4,910億円	3.0%
日　本	4兆1,470億円	-3.9%
シンガポール	4,180億円	-7.3%
カナダ	1兆7,050億円	-8.8%
発展市場国計	2兆2,000億円	9.3%
新興市場国計	9兆0,420億円	-2.7%
合計	90兆9,480億円	2.3%

（出所）SIFMA 2021 Capital Markets Fact Book Global Equity issuanceに掲載のDealogicのデータから作成

（2）ベンチャーキャピタル、株式投資型クラウドファンディングからの資本調達―下位に沈む日本

日本のベンチャーファンドは、米国その他の諸外国と比べても、経済規模の割には極小規模となっている。

下のグラフは、OEDC加盟国での、ベンチャーキャピタルの企業への投資額のGDPに対する割合を比べたものである。ベンチャーキャピタルキャピタル等の投資額については、日本はOECD諸国の中でも30カ国中20位と下位にある。

〈グラフ4－2－1〉 OECD諸国のベンチャーキャピタルの投資額の対GDP比

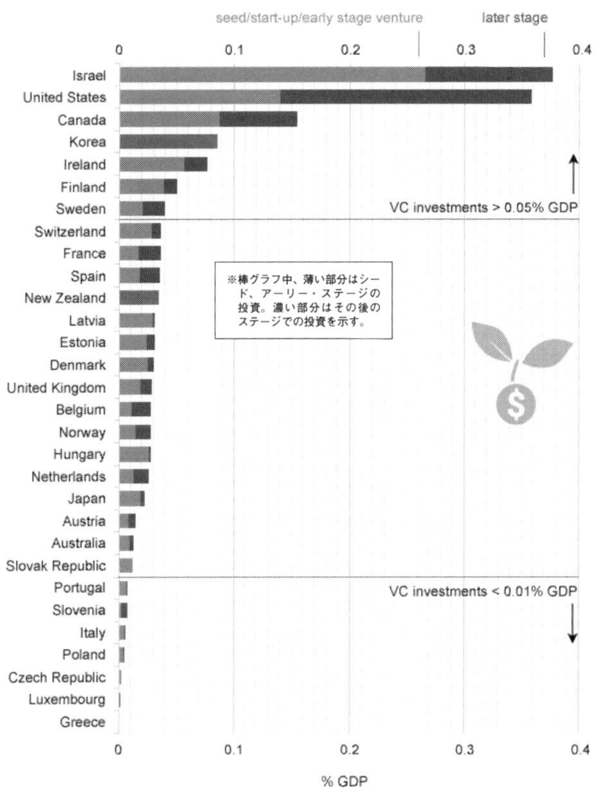

（出所）Highlights "Financing SMEs and Entrepreneurs 2018" OECD（2018）P9. Figure 7.

表4－2－2は、日本と米国、イギリス、ドイツ、中国の企業の株式投資型クラウドファンディングからの資本の調達額である。日本では、韓国と比べても少なく、これら主要国の中でも最下位で、調達額が少なくクラウドファンディングが他の国々のように成長企業の本格的な資本調達の市場に育っていない。

OECDのレポートでは、大半の加盟国がファンドからの投資やクラウドファンディングなど、中小企業、小規模企業向けのエクイティ・ファイナンス強化策を進めている状況を報告している[62]。

62 OECD, "Financing SMEs and Entrepreneurs 2018", an oecd scoreboard.

〈表４－２－２〉 主要国のクラウドファンディングからの資本調達額

	2015年	2016年	2017年	2018年	2019年	2020年
日本	−	−	3.7億円	9.0億円	5.6億円	9.2億円
米国	649億円	605億円	264億円	561億円	115億円	236億円
イギリス	397.1億円	369.6億円	495.0億円	533.2億円	−	−
ドイツ	26.1億円	52.1億円	21.7億円	40.7億円	−	−
韓国	0.3億円	0.8億円	15.2億円	34.4億円	−	−
中国	1595.0億円	506.0億円	242.0億円	11.0億円	−	−

（出所）日本は日証協のデータから（一社）日本クラウドファンディング協会が作成したもの（クラウドファンディング市場調査報告書（2021））。他の国は、2015~2018 Burze Yasar, "The new investment landscape: Equity crowdfunding"(2021). Univ. of Cambrige Judge Business School "Global Alternative Finance Market Report", (2020). 米国の2019年、2020年は、Crowdwise US Equity Crowdfunding Stats - Year in Reviewの2019年版と2020年版

（３）成長不十分なままで上場し、日本のIPO時の資本調達額は、韓国、インド、インドネシアよりも少ない―スモールIPO

日本では、未上場段階の資本形成が不足して、IPO時の時価総額もIPO時の資本調達額も小規模なものとなっている。日本のスタートアップ・ベンチャー企業は、未上場株式市場が未発達で、市場からの資金調達ができずに、比較的小規模な日本のベンチャーファンドに資金を頼らざるを得ない。市場から調達できる米国等主要国と比べても、資金が十分に集まらず、資本形成が不十分なまま、多くが上場を急いで、時価総額が50億円程度の小規模なときにIPO を行い、上場後の成長も伸び悩む。上場するときの時価総額は、米国はもとより、シンガポール、香港なども５億ドル（550億円）以上である。日本では、多くが公募価格で時価総額100億円未満時度であり、初値で時価総額が150億円から200億円になると関係者では成功とされる[63]。スモールIPOと呼ばれる小規模な上場である。

日本のIPO時の調達額を各国と比べると、次の**表４－２－３**のように、日本のIPO時の上達額は１社平均59億円にすぎず、米国ではレギュレーションＡのミニIPO（募集額7,500万ドル（82.5億円）以下）の範囲となる。2021年で、米国、

63 鈴木健嗣・嶺井政人「上場後の成長の谷に関する共同研究レポート」（2021）によると、2013年から2019年に日本の新興市場に上場した企業のIPO直後期の時価総額は平均値162.47億円、中央値で83.75億円、同期間の米国ナスダックの上場企業では、平均値で1,107.38億円、中央値で464.71億円である。

中国、イギリス、韓国、インドが100億円から400億円程度、インドネシアでも96億円となっている。

日本のスモールIPOの要因としては、以下のようなことが考えられる。それぞれをつぶさに分析することは、この本のテーマを超えるので、以下では、未上場株式市場が未発達なことと関連して考えられる要因を列挙するにとどめる。

1）スタートアップが、エクイティを成長過程で十分に調達できずに、成長のための投資が不十分になって、IPO時点での事業の規模が小さいこと

2）主要国のIPOと異なり、日本では、未上場株式は、それまで市場で取引されていないため、IPOをするまで市場価格がなく、算定ベースの企業価値評価による値付けとなるため、公募価格が低めに設定されやすいこと

3）資金調達手段や換金手段が乏しい中で、発行企業もベンチャーキャピタルも、IPOを急ぎ、低めの企業価値評価で妥協する傾向があること

4）スタートアップの投資家の選択肢が少なく、資金調達時のベンチャーファンド等に対する交渉力、IPO時における証券会社に対する交渉力が相対的に低い状況にあること

➡投資家側に対する交渉力が劣位にあると募集価格は、低下する。金子隆「IPOの経済分析: 過小値付けの謎を解く」(2019) では、同様にIPO企業と主幹事証券会社との交渉力が要因で、IPO時の公募価格に比べて初値が大きく上昇するアンダープライシングの問題が生じているとしている。

5）なお、場合によっては、IPOのときの発行企業の募集額よりも株主の転売の募集（売出し）の比重が高い状況が生じて、結果として、募集株式の総数を抑制して、IPO調達額を減らすこと

未上場段階の投資家にとっては、回収を急ぐ場合はIPOが出口（エグジット）となりゴールとなる。投資家であるファンドにとってもIPOは出口（エグジット）であるが、企業と経営者にとって、IPOは本来は、さらに大きな額の資本を調達する手段を得て、さらに成長するための、次の飛躍への滑走路であり発射台である。

〈表４－２－３〉 各国のIPOでの資本調達額（2021年）

	日本	米国	イギリス＋ アイルランド	大陸欧州
証券取引所	東京証券取引所	NASDAQ＆ ニューヨーク 証券取引所	ロンドン 証券取引所他	フランクフルト 証券取引所他
IPO件数（企業数）	127	416	102	401
IPOによる 調達額（億ドル）	68億ドル	1,558億ドル	213億ドル	599億ドル
IPO１件当たりの 調達額	0.54億ドル	3.75億ドル	2.09億ドル	1.49億ドル
×110円	59億円	412億円	230億円	164億円

	中国			インド
証券取引所	上海証券取引所	深圳証券取引所	香港証券取引所	インド国立証券 取引所ムンバイ 証券取引所
IPO件数（企業数）	249	232	97	134
IPOによる調達額 （億ドル）	567億ドル	263億ドル	426億ドル	173億ドル
IPO１件当たりの 調達額	2.28億ドル	1.13億ドル	4.39億ドル	1.29億ドル
×110円	250億円	125億円	483億円	142億円

	韓国	インドネシア
証券取引所	韓国証券取引所	インドネシア 証券取引所
IPO件数（企業数）	89	54
IPOによる調達額 （億ドル）	186億ドル	47億ドル
IPO１件当たりの 調達額	2.09億ドル	0.87億ドル
×110円	230億円	96億円

（出所）EY Global IPO Activity 2022のデータから筆者が算定。

未上場段階の投資家にとっては、回収を急ぐ場合はIPOが出口となりゴールとなる。企業と経営者にとって、IPOと証券取引所への上場は、より巨額の資本を調達する手段を得て、さらに成長するための、次の飛躍への節目であり、出口ではない。

（４）他の資金調達手段と比べたエクイティ・ファイナンスの割合

次のグラフは、各国の資金循環表をベースとした、社債、資本、借入、その他の金融手段のストックベースの割合である。

米国では、企業の資産のうち社債による長期借入と資本の割合が大きく、合わせて７割近くに達する。借入の割合は10％程度である。EUと日本では、社債と資本が６割弱、借入の割合はEUが25%程度、日本が20％程度と、借入に頼る割合が高い。

〈グラフ４－２－２〉 非金融民間企業の資金調達手段の各国比較

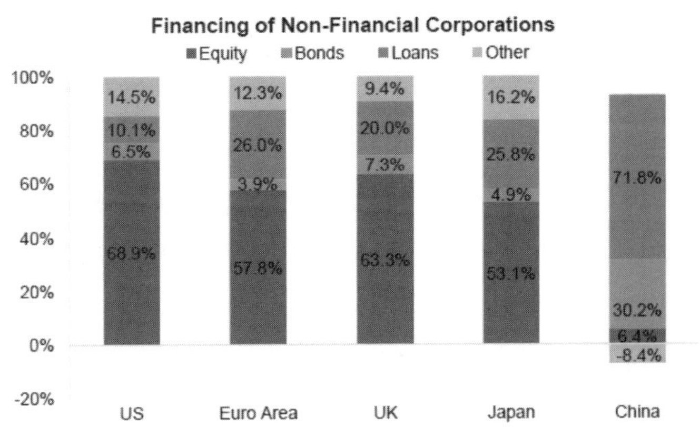

（出所）SIFMA, “U.S. Capital Markets Fact Book 2022” から抜粋。

次の**グラフ４－２－３**は、EUを銀行中心国々のと、市場型金融が発展している国々に分類して、資金調達手段のGDP比の長期推移を、米国、日本と比較したものである。日本では融資の割合が高い状況が長年に渡り続いているしている、米国では資本と社債の割合が高く、次第に増加しており、EUでも、銀行借入から資本や社債への転換を進めている様子がうかがえる。

主要国が市場型エクイティ・ファイナンスへの転換を進める中で、日本だけがこれに取り残されている状況がわかる。

〈グラフ4－2－3〉 非金融会社の資金調達手段の構成：借入、売掛債権譲渡（ファクタリング）、資本（エクイティ）、社債（ボンド）、のGDP比の推移

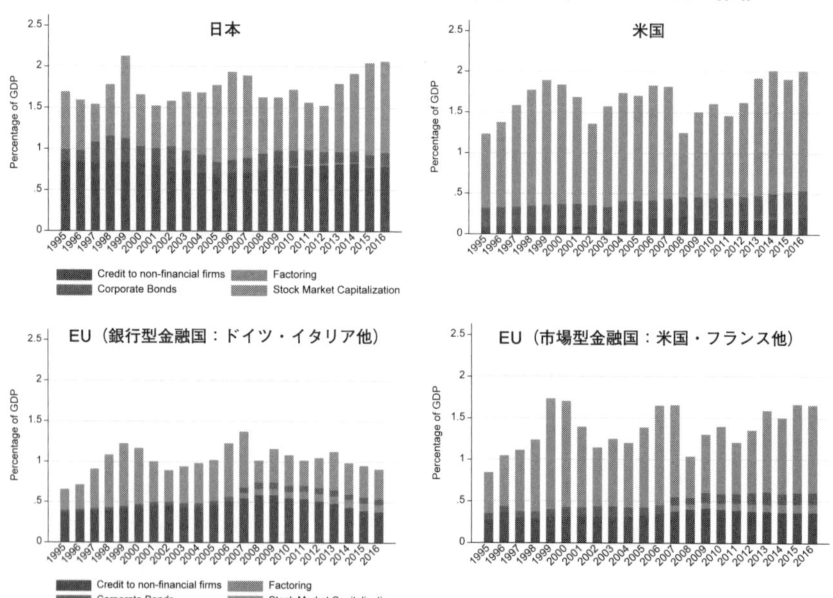

（出所）Natasha Kalara, Lu Zhang "The changing landscape of firm financing in Europe, the United States and Japan", CPB Netherland Bureau of Economic Policy Analysis, Sep. 2018.のFiure3.13, ～3.16。

第5章

最強資金のエクイティが使えずに成長が停滞する日本の未上場企業

〈全体フロー図〉 未上場株式市場でのエクイティ・ファイナンスによる企業の成長・個人資産の拡大と経済成長

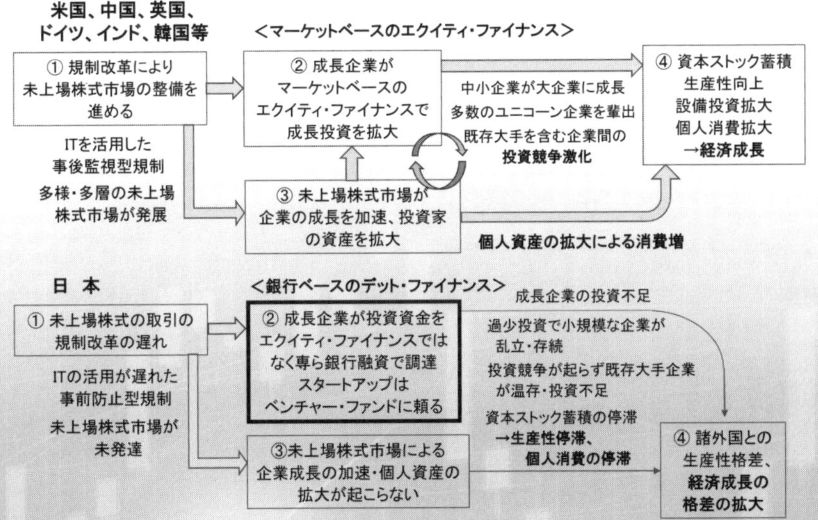
米国、中国、英国、
ドイツ、インド、韓国等
<マーケットベースのエクイティ・ファイナンス>
① 規制改革により
未上場株式市場の整備を
進める
② 成長企業が
マーケットベースの
エクイティ・ファイナンスで
成長投資を拡大
④ 資本ストック蓄積
生産性向上
設備投資拡大
個人消費拡大
→経済成長
中小企業が大企業に成長
多数のユニコーン企業を輩出
既存大手を含む企業間の
投資競争激化
ITを活用した
事後監視型規制
多様・多層の未上場
株式市場が発展
③ 未上場株式市場が
企業の成長を加速、投資家
の資産を拡大
個人資産の拡大による消費増
日 本
<銀行ベースのデット・ファイナンス>
成長企業の投資不足
① 未上場株式の取引の
規制改革の遅れ
② 成長企業が投資資金を
エクイティ・ファイナンスでは
なく専ら銀行融資で調達
スタートアップは
ベンチャー・ファンドに頼る
過少投資で小規模な企業が
乱立・存続
投資競争が起らず既存大手企業
が温存・投資不足
ITの活用が遅れた
事前防止型規制
未上場株式市場が
未発達
資本ストック蓄積の停滞
→生産性停滞、
個人消費の停滞
③未上場株式市場による
企業成長の加速・個人資産の
拡大が起こらない
④ 諸外国との
生産性格差、
経済成長の
格差の拡大

5−1 事業資金の調達手法（ファイナンス）の種類と選択基準—資本（エクイティ）、社債、長期借入、短期借入

成長企業にとってのエクイティ・ファイナンスのメリットを確認するため、資金調達（ファイナンス）についての基本的なことを説明する。エクイティ・ファイナンスの専門的な理論と実務を解説することは、この本のテーマではない。以下では、エクイティ・ファイナンスと、デット・ファイナンスのうちの社債発行（満期一括償還型）、長期借入（定期返済型）と短期借入の性格と特徴基準を整理する。そして、新規事業のファイナンスをエクイティ・ファイナンスによる場合と長期借入による場合とで比較するため、新規事業を計画するときのモデル的な収支計画表と資金計画を作成する。この結果、成長投資の資金としてのエクイティの長所・利点が確認できる。

（1）日本における事業資金の調達の実際

スタートアップは、十分に成長するまで、営業収入、利益、物的担保も不足して、銀行からの借入はほぼ不可能である。このため、特に初期段階では基本的に、エクイティ・ファイナンスのみで必要な資金を調達せざるを得ない。このためアーリーステージに投資するエンジェル投資家や、ベンチャーキャピタルにアプローチすることが第一関門となる。近年は、一部で株式投資型クラウドファンディングも活用される。

スタートアップ以外の成長企業も同じような事情であるが、物的担保があったり、売り上げ確保の見込みが高かったり、安定的に売り上げが生じるようになったりすれば銀行借入も可能となる。

日本では、特に、未上場株式市場が未発達な中、スタートアップは、エクイティの調達をベンチャーファンドにかなり頼ることになる。中小企業は、スタートアップほどの収益性、成長性の説明が困難であり、エクイティの調達先は経営者の血縁、友人や取引先の大企業に限られる。どうしても銀行借入を活用することになり、公的な補助金等のニーズも高い。中堅企業、中小企業でも、運転資金は、まず自己資金、加えて手形の割引、ファクタリングと短期借入を活用する。設備投資等ではファイナンスリースと長期借入を組み合わせている。

企業が成長するまでにエクイティを調達するのは、創業時の近親者、友人、事業提携先、取引先の大手企業等からの縁故増資等にほぼ限られる。それ以降の資金源は、エンジェル投資家やベンチャーファンド等からの出資を受けられたスタートアップ以外、ほぼ銀行借入中心となる。長期・短期の借入を織り交ぜながら、まず、運転資金の不足に充てて、その残りと自己資金で事業投資を行うことになる。

日本では、このように資金調達手段がほぼ銀行融資に絞られているため、資本、社債、長期借入、短期借入の特徴は、意外と知られていない。特に、スタートアップ以外の成長企業の経営者にとって、投資資金については、自己資金と銀行借入以外の資金調達手段がほぼないために、エクイティ・ファイナンスの大きなメリットもよくわからなくなっているところもある。

日本の現状では、銀行融資を設備資金に活用するメリットも高い。異次元の金融緩和で超低金利が続くとともに、銀行も物的担保を超えた資金供給を拡大するため事業性融資を強化している。事業承継や相続税対策が課題となっている中小企業も多い。税制特例の要件を満たすため、5年間は後継者等が有する株式の議決権比率を50%超に維持する必要が生じるなど、エクイティ・ファイナンスを活用しにくくする状況もある。金利は経費で損金算入できるが、配当は課税後の利益から配分されるなど、短期的、表面的にも銀行融資が魅力的に見える面も多々ある。

それでもなお、資本主義下の株式会社としては、特に、中長期のリスクのある事業投資の資金として資本を調達することは、次にみるように事業を成長させるために不可欠であり、是非知見を深めていただきたいことである。

現行でもエクイティを調達する制度は、調達が見込める金額は大きくないものの、1億円未満の少額免除や49人・社以下の少人数私募という開示義務が免除された発行募集がある。また、特定投資家私募という、証券会社に特定投資家向けの私募を依頼する仕組みが動き出している。監査報告書作成の負担のない範囲で会社情報を作成する発行募集が可能となった。この制度の活用が次第に広がることが期待される。

（2）成長企業の経営者のファイナンスの基本的な考え方

以下、事業計画を企画立案する成長企業の経営者の視点から、ファイナンスの基本的な考え方を整理する。中小企業やスタートアップの優秀な経営者の方々の考え方の一つを理屈っぽいが説明するとこのようになる。

①コーポレートファイナンスとプロジェクトファイナンス

企業のファイナンスの考え方は、企業全体の価値を算定し、拡大するコーポレート・ファイナンスと、投資案件ごとの収益性を最大化するプロジェクト・ファイナンスに大別される。[63]

株価の算定など、企業価値評価をする場合は、コーポレート・ファイナンスの考え方になる。一方、新規事業の資金調達を検討する場合は、投資額を想定し、投資後、事業期間中の売上、費用、利益の推移を予測し、事業内容を改善して投資のリターンを最大化するプロジェクト・ファイナンス的な考え方に立つ。特に、会社設立・創業から始まる場合は、企業全体が一つの事業、一つの投資案件を遂行するプロジェクト・カンパニーであるので、プロジェクト・ファイナンスの考え方のほうが理解しやすい。中堅・中小企業も、実質的に一つから複数のプロジェクト・カンパニーのグループである場合が多い。大企業ほどには会社全体の資産・資金の効率的な活用と拡大を考えるメリットがそう大きくはない中堅・中小企業では、各事業部門ごとに、一つのプロジェクトとして収支計画・資金計画を作成し、ファイナンスの手段を考えることもできる。

②ファイナンス手段の分類

企業が事業のために外部資金（他人資本という）を調達する方法は、大きく三つある。

1）アセット・ファイナンス

不動産・債権等の売却による資金の調達。自己資金に組み入れられる。売

63　資金調達の手法（ファイナンス）は、企業全体の価値の向上を目指すコーポレート・ファイナンスと、事業の収益に基づいて資金を調達し、事業全体の収益の最大化を目指すプロジェクト・ファイナンス、特定のアセット（資産）に基づいて資金を調達し、資産価値の最大化を目指すアセット・ファイナンスの三つの考え方がある。プロジェクト・ファイナンスとアセット・ファイナンスを合わせてストラクチャード・ファイナンス（仕組み資金調達）と呼ばれる。

掛債権の売却・現金化（ファクタリング）は、短期の資金調達手段ではあるが、この分類ではアセット・ファイナンスに含まれる。

2）デット・ファイナンス

社債の発行と販売、長期借入、短期借入による資金の調達。

3）エクイティ・ファイナンス

株式の発行と販売による資金の調達。

企業は、自己資金に加えて、資本、社債、長期借入、短期借入という外部資金を調達して事業を進める。

企業が新規の事業計画を作成するときの資金調達手段の選択のポイントは、事業計画期間中の営業収入と支出の差額（収支差）（または売り上げと費用の差分である利益）の推移の予測にある。資金調達可能な額を一定の額に想定したときに、プロジェクト単位で、5年から10年程度期間での事業期間中における収支計画と資金計画を策定する。

まず、事業計画期間の投資額と積み上げ、これを実行したときの各年度の収入・売上と、支出・費用を予測し、営業収支差や営業利益、現預金残高等を算定する。通常、収支計画書（損益計画書）や資金計画書の最初の行にあるので、営業収入や売上の算定をトップライン予測、下のほうの行にあるので、収支差・利益や現預金残高の予測はボトムライン予測と呼ばれる。

次に、上記のファイナンスの種類のうち、収入・支出の差額の変動に応じた調達費用、返済・償還額となる最適な資金調達手段を割り当てる。

初期投資が多額となり、黒字化するまで時間がかかる場合は、成功時配当払いのエクイティ、また償還期限末一括償還の社債が選ばれる。この場合、事業のリスクが大きいとエクイティとなり、確度の高い受注があるなど償還確実性が高い場合は社債となる。

当初から毎年安定的に返済原資となるフリー・キャッシュフローが生じる場合は、長期借入でも対応できる。短期借り入れは、月々の資金繰りのしわ取りに使われる。

どの資金調達手段にどの程度の金額を配分するかで、資金調達コストも変わる。資本は調達手数料と配当コストを要し、借入は金利が必要となり、配当や自己資金の原資である企業の純利益には課税コストもある。

資金調達手段を決めた後は、収支計画・資金計画に、支出、費用に調達コストや償還フローを盛り込み、資金がショートせずに売上・稼働率が上がり、損益分岐点を超えて黒字化するかどうか等を検証する。

表5－1－1に、資本、社債、長短借入、短期借入という資金の特性、償還・返済パターン、主な資金の用途などを整理した。教科書的な内容であるが、これを見るだけでも、スタートアップに限らず未上場の成長企業にとっては、基本的に、投資資金としては、エクイティが最適であることがわかる。

エクイティは、調達時点で調達額の一定比率の調達コストがかかるが、借入を実行した後、速やかに金利の支払いや返済が始まる銀行融資と異なり、返済義務がなく、利益が出たときに配当を支払えばよいので、事業開始当初の赤字が続く期間でも、手許現金が枯渇せずに、黒字化を待つことができる。株主有限責任で、経営者も財産的責任を負うことがないので、リスクの大きい投資案件ほど、エクイティ・ファイナンスが適している。経営者は、投資資金としては、株主との関係、株式市場との関係の制約もあるが、エクイティを優先的に選ぶことになる。スタートアップの場合でも資本政策的な観点からデットの必要性が生じることもあるが、原則、エクイティが選ばれる。

安定的な収益を得られる事業部門を有する企業の場合は、この限りで長期借入の活用も可能となるため、高い期待収益率が求められるエクイティの額を減らして、これを低い固定金利の長期借入に置き換えることもできる。この結果、資本コストが下がる分、エクイティ部分のリターンが増える。これをレバレッジ効果という。製造業、不動産業など長期的に成長するタイプの成長企業では、レバレッジ効果を生かす余地が大きい。

以上のように資金調達手段を割り当てる考え方を、ファイナンス・アロケーションと呼ぶこともある。

なお、内部資金を中心に考えるコーポレート・ファイナンスでは、主に会社全体の財務コストを最小化する観点から、自己資金と外部資金を合わせた投下資本（Capital）の事業ごとへの配分（キャピタル・アロケーション）を検討する。個別投資の決定についてファイナンスの理論では、投資決定と投下資本の配分のため、事業期間の収益を会社全体または事業ごとの資本コストと比較して評価する。具体的には、正味現在価値（NPV：Net Present Value）、内部収益率（IRR：Internal Rate of Return）などの数値を算定して、比較して評価する。

〈表5－1－1〉企業の外部資金の調達手段（ファイナンス方法）の種類と適した用途

	資金特性 償還・返済パターン	資金用途	外部関係
エクイティ・ファイナンス	・返済義務はない。利益を得たときに配当する。 ・蓄積した資金は再投資可能。自社株式購入による償還もできる。 ・資金調達時点に、募集・勧誘に要する費用や証券会社等への手数料などの調達コストが発生する。 ・投資家は、株式市場で転売・換金することで、リスクの軽減とキャピタルゲインの獲得、投資資金の確保を図ることができる。	・黒字化に時間を要する事業、不確実性の高い事業、当該事業以外に償還原資がない事業などに適する。 ・債務を自己資本に換えることで、財務体質を強化することができる。	・株主に、保有する株式数に応じて株主総会における議決権等の経営に関与する権利が与えられる。 ・株主による、経営監視を受ける。 ・経営権の維持のため、株主構成、株式の種類などの資本政策を実施する必要がある。一方、株主による経営支援を企業の成長の有効な手段とすることができる。
社債発行	・定期的に固定利息を支払い、償還期間満了後に元本を一括償還する。 ・利息の支払いを滞り、または一括償還ができないときは、投資家(社債権者)に求償権が発生する。 ・投資家は通常、社債市場で転売することで、リスクを低減することができる。	・確度の高い受注など長期安定的に利益が出る事業であって、本業の利益や十分な物的担保など、返済確実性が確保できる場合に適する。	・発行企業は、原則、社債管理者を設置して、債権の管理に当たらせる。 ・社債権者集会が設置されて社債管理人の解任などの決議が行われる。
長期借入	・1年を超える長期間、毎年毎月等定期的に金利を支払い一定の額を返済する。	・毎月、毎年、一定の返済原資を生むことが可能な事業を実施する場合や、既存の事業の利益・キャッシュフローからの返済が見込める場合などに適する。	・銀行に継続的に返済する中で、銀行による企業経営のモニタリングが行われる。このため、銀行からの多頻度、迅速な調達も比較的容易となる。
短期借入	・期間1年以内の借入。毎月定期的に金利を支払い、定額を返済する。	・運転資金の増減の補完、通常取引の信用補完、既存事業に関連する逐次追加の設備投資などに適する。	・銀行に継続的に返済する中で、銀行による企業経営のモニタリングが行われる。このため、銀行からの多頻度、迅速な調達も比較的容易となる。

③調達可能額・投資可能額の想定から始める新規事業の計画策定プロセス

これまでの事業計画策定プロセスでは、調達可能額を一定の額としていた。実態は、銀行融資の場合は一定の融資可能額の制約を強く受ける。社債やエクイティの場合は、資金調達可能な金額が、事業計画の魅力、経営陣の信頼性、資金が効率的に調達できる市場の存在等の影響を受け、大きく変わる。銀行融資のように資金調達可能額が固定的で、かつ償還確実な範囲に限定されると、十分な投資ができず､収益性のある事業を計画することもそもそも無理となる。調達可能な額を柔軟に想定することができると、成功見込みの高い事業を自由に企画し計画することができるので、実際の実現可能性も高まる。

資金調達可能額の変動を盛り込んだ事業計画・投資計画を策定するプロセスでは、次の**図５－２**のように、まず資金調達可能額・投資額を算定し次に計画期間中の売り上げの推移を予測、同時にこの間の資金調達コストを含む経費と返済・償還額の推移を予測し、利益、現預金残高の推移を算定する。これらから事業の持続可能性と収益性を評価し、評価が低い場合は、資金調達可能額・投資可能額の再検証（調達額の拡大)、調達手段の見直しによる調達コストの削減の再検証などスパイラル型で検討を進める。

このプロセスでは、通常、必要とする資金の額が次第に拡大していくことが多いであろう。市場型のファイナンスであれば、投資家の評価によっては資金が集まるため、調達可能額を柔軟に設定することができるので、より積極的な事業計画を策定することができる。事業計画策定のスタートは、資金の調達可能額である。ゴールは収益の結集、投資家が満足するような投資のパターンを得ることである。ゴールの直前でスタートに戻ることを繰り返す。

この場合の、収益性の評価基準は、業種･業界、企業ごとに多様ではあるが、成熟した業界・企業では経験知的にある程度の相場が存在する。売り上げや経費の予測に一定の方法論が確立されていて、収益性の評価についても、一定期間の平均的な純利益率やROIなどを算定して判断する。商業施設や飲食業やホテル業など店舗展開型の事業などにおける新規出店判断などが典型であるが、事業計画の策定と投資決定の評価の方法や判断基準に安定的な成長のノウハウがあることも多い。

〈図5－2〉 新規事業計画の策定プロセス

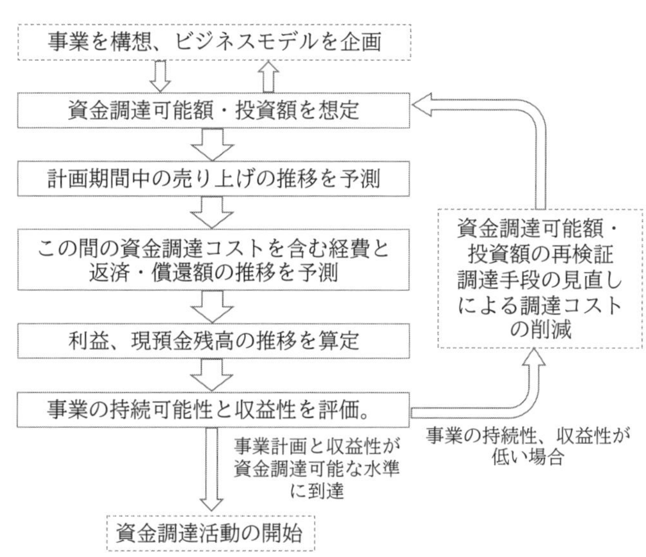
事業を構想、ビジネスモデルを企画
資金調達可能額・投資額を想定
計画期間中の売り上げの推移を予測
この間の資金調達コストを含む経費と
返済・償還額の推移を予測
利益、現預金残高の推移を算定
事業の持続可能性と収益性を評価。
事業計画と収益性が
資金調達可能な水準
に到達
資金調達活動の開始
事業の持続性、収益性が
低い場合
資金調達可能額・
投資額の再検証
調達手段の見直し
による調達コスト
の削減

革新的な事業では、そういった評価基準は存在しない。固定的な初期投資額や変動費を最小化しつつ、投資後数年の赤字に耐えつつ、広範な市場の獲得と売上額の急拡大を狙うような事業プランとなることが多い。革新性の高い成長企業では、あれこれデータ収集しながら、外部のアドバイスを受けながら、経営チームで知恵を捻って考え、勇気を出して決断することになる。

事業が持続し、期待される収益性を満たす収支計画・資金計画が出来上がると、投資額と資金調達額が決まる。こうして、ようやく、資金調達ラウンドを始めることができる。

資本政策を検討するときや、投資家へ説明するためには、以上の収支計画、資金計画をもとに企業価値評価を行う（第３章参照）。以上の売り上げ、利益の推移から、ディスカウントキャッシュフロー法や類似業種比較法などで企業価値や株価を算定する。

（3）成長企業の新規事業計画策定と、ファイナンスの手段・規模・決定シミュレーション

なぜ成長企業の投資のための資金としてエクイティが選ばれるのか、以下に、大変簡略した事業プランとその収支計画・資金計画のシミュレーションを作成して説明する。ご存知の方には極当たり前の結論となるが、企業経営者の立場からのファイナンスの基本的な考え方の一つである。

新設会社が行う新事業の収支計画と資金計画を作成してエクイティ・ファイナンスの場合とデット・ファイナンスのうちの長期借入の場合とを比較する。会社を設立して、同額の投資額を、資本または融資で調達する。１年度と２年度に開発と設備投資を行い、２年度途中から販売開始、８年間の売上目標の実現を目指す。

〈**表５－１－２①**〉のエクイティ・ファイナンスの場合は、調達コストの負担もあり、利益は当初３年間大幅の赤字となるが、資金は枯渇せずに維持される。その後、大きく利益が出て、資金も再投資可能なまでに蓄積することができる。資本調達コストのうちの利益に課される税負担については考慮していない。その分、減価償却資産の取得による償却費や人件費を含む継続的な経費増加についても捨象している。

〈**表５－１－２②**〉の銀行借入の場合は、当初３年間の赤字幅はエクイティ・ファイナンスほど大きくはないが、当初からの返済負担が重く、資金が枯渇する。このため、運転資金分の追加の借入が必要となり、これが調達できたとしても、利息負担の分だけ利益が減少する。

〈**表５－１－２③**〉の投資額を半減させて、借入による調達額を半減した場合でも、収益性の改善にはつながらず、売上が十分に伸びずに、赤字が継続し、この場合も資金が枯渇する。

〈表5－1－2〉エクイティと銀行借入の比較（投資シミュレーション）

①エクイティ・ファイナンスによる場合……資本を５億円調達

５年目以降定率で売上増、人件費・経費増。

収支計画

		1年度	2年度	3年度	4年度	…	8年度
収益	**売上高**	**0**	**4,000**	**20,000**	**30,000**		**62,208**
費用	人件費	500	2,000	8,000	11,000		20,662
	経費	100	2,000	8,000	11,000		20,662
	減価償却費			8,000	6,400		2,621
	開発費	**1,000**	**4,000**				
	調達コスト	**1,600**	**2,400**				
	利息						
利益		-3,200	-6,400	-4,000	**1,600**		**18,262**
	配当	0	0	0	160		1,826
	利益率				5.3%		29.4%

資金計画

		1年度	2年度	3年度	4年度	…	8年度
営業	営業収入	0	4,000	20,000	30,000		62,208
	営業支出	1,600	8,000	16,000	22,000		41,325
投資	**設備投資**		**40,000**				
財務	資本（設立時）	1,000					
	資本	**20,000**	**30,000**				
	調達コスト	1,600	2,400				
	借り入れ						
	返済						
	利息支払い						
	配当支払い	0	0	0	160		1,826
現預金増減		17,800	-16,400	4,000	7,840		19,057
現預金残高		**17,800**	**1,400**	**5,400**	**13,240**		**69,921**

②デット・ファイナンスによる場合(1) ……期間５年、５億円借入

５年目以降、定率で売上、人件費・経費が増加。

収支計画

		1年度	2年度	3年度	4年度	…	8年度
収益	**売上高**	**0**	**4,000**	**20,000**	**30,000**		**62,208**
費用	人件費	500	2,000	8,000	11,000		20,662
	経費	100	2,000	8,000	11,000		20,662
	減価償却費			8,000	6,400		2,621
	開発費	**1000**	**4,000**				
	調達コスト						
	利息	0	**400**	**920**	**720**		0
利益		**-1,600**	**-4,400**	**-4,920**	**880**		**18,262**
	配当	0	0	0	88		1,826
	利益率				2.9%		29.4%

資金計画

		1年度	2年度	3年度	4年度	…	8年度
営業	営業収入	0	4,000	20,000	30,000		62,208
	営業支出	1,600	8,000	16,000	22,000		41,325
投資	**設備投資**		**40,000**				
財務	資本（設立時）	1,000					
	資本						
	調達コスト						
	借り入れ	**20,000**	**30,000**	0	0		0
	返済	**0**	**4,000**	**10,000**	**10,000**		0
	利息支払い	0	400	920	720		0
	配当支払い	0	0	0	88		1,826
現預金増減		19,400	-18,400	-6,920	-2,808		19,057
現預金残高（期末）		**19,400**	**1,000**	**-5,920**	**-8,728**		**12,089**

③デット・ファイナンスによる場合(2)……期間5年、2億5,000万円を借入

設備投資額、初年度売上・売り上げの伸びが半減。

収支計画

		1年度	2年度	3年度	4年度	…	8年度
収益	**売上高**	0	**2,000**	**10,000**	**15,000**		**21,962**
費用	人件費	500	1,000	1,500	3,000		3,696
	経費	100	500	3,500	5,000		7,088
	減価償却費			6,000	4,800		1,966
	開発費	**1000**	**4,000**				
	調達コスト						
	利息	0	**500**	**400**	**300**		0
利益		**-1,600**	**-4,000**	**-1,400**	**1,900**		**9,211**
	配当	0	0	0	190		921
	利益率				12.7%		41.9%

資金計画

		1年度	2年度	3年度	4年度	…	8年度
営業	営業収入	0	2,000	10,000	15,000		21,962
	営業支出	1,600	6,000	5,400	8,300		10,785
投資	**設備投資**		**20,000**				
財務	資本（設立時）	1,000					
	資本						
	調達コスト						
	借り入れ	**25,000**	0	0	0		0
	返済	0	**5,000**	**5,000**	**5,000**		0
	利息支払い	0	500	400	300		0
	配当支払い	0	0	0	190		921
現預金増減		24,400	-29,500	-800	1,210		10,256
現預金残高（期末）		**24,400**	**-5,100**	**-5,900**	**-4,690**		**20,025**

長期の投資資金を銀行借入で十分に調達すること自体が、中小企業、小規模企業では、かなり難しい。銀行借入は、預金が原資で、償還確実性が求められる性格のものである。借入限度額が、対象事業の実績を踏まえた確度の高い受注・売り上げの見通し、本業や親会社の利益、フリー・キャッシュフロー、物的担保等の範囲となる。保証が求められることが多い。公的融資であれば、無担保、無保証のものがあるが、数百万円から数千万円程度が融資限度額となる

エクイティと、社債、長期借入 の資金としての性格から考えると、企業の成長のため、人材育成、生産体制や販売体制の構築に長い時間を要する事業、既存企業からの顧客の転換を図る事業など損益分岐点を超えて黒字化するまでに長期間が必要な事業などの投資資金（設備投資、研究開発、人材確保等）では、エクイティか、可能であれば社債が適している。

研究開発を伴う事業など、売上予測が困難でリスクの高い革新的な事業などにおける投資資金としては、エクイティが適している。

これらを銀行借入で実施しようとすると、調達額が少なく、過少投資を引き起こす。銀行借入で事業を行わざるを得ない成長企業の多くは、この過少投資のために失敗してしまう。投資額が不十分で、市場シェアを押さえる先行投資ができないと、その新規事業の内容が追随可能なものであれば、銀行からの資金調達による小規模で多数の参入を招くことになる。既存大手企業が高いシェアを占める分野の場合、借入限度額の範囲の投資額では、大手と競争することもできずに、事業を断念することになる。

経済全体としては、このような状況は、新興成長企業の勃興を阻み、既存企業の温存を招くことにつながる。

5－2　成長投資に最適な資金―資本（エクイティ）

資本は、返済不要・成功時配当払いのため、事業開始当初の赤字を乗り越えられ、利益を蓄積して、これを再投資することもできる。エクイティであれば、株主有限責任の中、経営者は経営責任のみを負い、個人の財産的リスクを抱えずに、リスクの高い事業に挑戦することができる。このように資本は、挑戦を評価し、失敗を許容する資金である。

資本は、自己資本であり、他人資本である借入と比べて、はるかに企業の財

務体質を強化することができる。資本をベースとした財務基盤を持てば、荒波を乗り超えられる小さくても強靭な企業となれる。

（1）資本（エクイティ）の企業経営上の価値

エクイティ・ファイナンスは、借入限度額に縛られずに、投資家さえ集まれば、最適な金額規模の投資を実行する可能性のある調達手段である。

また、成功時配当払いであり、経営者は、株主総会との関係はあるが、配当の支払いや、自己株式の購入など、資金提供者（株主）への資金の還元をコントロールできる。さらなる成長を目指して、収益を蓄積して、または追加の資本を調達して再投資することもできる。

さらには、エクイティには解散・清算する場合を除き償還義務がないため、経営者としての有限責任も完徹され、経営者が金銭的リスクを負わずに創造性を発揮して、思い切った投資を実施することができる。ただし、企業の投資家を探すコスト、募集手続き、開示義務など、資金調達コストを賄うために、調達実施の前から、まとまった金額を用意する必要はある。

資本主義の株式会社では、所有と経営が分離されて、投資家は株主有限責任を負い、経営者は、資金的な責任を負わずに、アニマル・スピリッツと創造性を発揮することができる。株式を購入した多数の投資家にリスクが分散され、市場で株式が売買され、企業の成長性が株価に反映され、次の資本調達に反映され、企業が成長すると、投資家の資産を拡大し、企業の調達額を引き上げる。

エクイティ・ファイナンスは、資本主義における株式会社の本質的な機能であり、株式会社が事業に成功するための不可欠な資金調達手段である。

以下、成長投資の資金としての、エクイティの価値を再度詳しく説明する。

①返済不要、無利息・利益配当、再投資可能

資本は返済不要の資金であり、利息もなく、利益の出たときに配当すればよいため、現金の流出を抑えることができる。借入であれば返済に回った月々のキャッシュフローを、エクイティ・ファイナンスであれば、返済せずに蓄積して再投資に用いることもできる。また、エクイティを調達して融資の返済に回して自己資本比率を高めて、企業の財産的信頼の基礎を築くこともできる。

一方、銀行借入は、返済期限があり、早くて調達した翌月から均等額の返済

が発生する。このため借入を受けた資金の一定割合を返済資金として留保することも多い。

②企業の側で将来の可能性を踏まえた目標調達額を決められる

企業経営者は、新規事業の将来の売上げを予測し、そのために必要な投資額を算定し、これを目標に資本を調達する。

さらに、次の章で詳しく説明するが、市場を通じれば、調達する企業側相互、投資家側相互の競争関係の中で、優れた事業計画であれば、調達の目標額を達成する可能性が飛躍的に高まる。活発に募集・勧誘活動を行うことで目標額の達成に向けて努力する。事業計画を練り上げて、事業の成長見込みを高めれば、目標以上の多額の資本を集める可能性もある。

一方で、銀行借入の限度額は、投資先事業の今後の売上予測も踏まえるが、主に、既存事業のフリー・キャッシュフローや利益、担保の評価額、過去の返済実績などから定まる。償還能力が低いと評価された場合は、融資額の削減に加え、追加の担保の差し入れ、経営者保証等も求められるなどの制約がある。

③株主からの事業へのサポートを受けられる

募集に応じてくれた投資家のうち、事業に成功した経験のある人が株主となってから、積極的に経営に関与し、ノウハウや人脈、事業提携先などのネットワークを提供し、営業面や管理面でのアドバイスなど具体的に協力することもある。戦略的に関連企業を株主とすることで関係性を強化して、事業提携をしたり、事業のサポートを受けたりすることもできる。

④資本政策を戦略的に考案し企業の成長加速に活用することができる

株式を資本調達の手段として活用するためには、株式の数、株式の種類、株主の構成、資本金への組み入れ額などを、中長期的に、戦略的に考案し、計画を立案し、着実に実施することが必要である。こうして考えた計画や対策の実施を資本政策という。成長企業にとっては、資本政策は、よりポジティブなものであって、資本調達を通じた成長投資額と企業価値の拡大の手段である。

優先分配権付き株式などの種類株式等を活用して、株式を多様な性格のものにして、投資家のリスクを減らして投資を促進し、資本調達額を増やすことができる。株式を経営者や従業員に報酬として交付することも、企業からのキャッシュアウトを抑制しつつ、仕事へのインセンティブを高めるなど企業の重要な成長のための手段となる。さらに、企業が従業員から株式を買い戻して現金化に協力しつつ、自社株式として将来売り出すことによって資金調達手段として活用することもできる。

スタートアップに限らず、中堅・中小企業、小規模企業の経営者も、資本政策とエクイティ・ファイナンスは企業を成長させるために、戦略的に、積極的に活用するべき経営手段の一つであろう。

(2) エクイティ・ファイナンス活用の留意点と対応策

エクイティ・ファイナンスを実施するときは、以下のような点についても検討し、対処しておくことで、より効果的な資金調達を実現することができる。

①適切な資本政策を考案・実施する

資本政策は、エクイティ・ファイナンスを効果的に実施するために検討するべきことであるが、創業チームの経営権の配分・維持、将来の創業者利得の維持、株式の希薄化への対応などで重要となる。また、M&Aにおける売却価値の最大化、事業承継や相続などにおいても、事前に、適切な資本政策を施しておくことが必要である。

資本政策が重要となる場合について、以下で簡単に触れるが、どれも前もって準備しておけば、企業の成長にとって、問題とはならず、克服可能なものである。公認会計士、税理士、コンサルタントなどの専門家に適宜適切に相談するべきである。

1) 経営権の維持

エクイティ・ファイナンスの結果、既存経営者が経営権を減らすことを防ぐため、株式の分割や、無議決権株式や議決権の種類のある株式 (dual class) などを適宜活用して、適切な株主構成、資本構成を構築する。

2) 株式の希薄化への対応

エクイティ・ファイナンスを行う際は、既存株式の議決権が減少したり、一株当たりの価値が低下したりする問題が生じる。これを株式の希釈化(希薄化)という。小規模公募や私募を行う場合は、株式の希薄化に対して、株式の分割や、議決権制限株式の活用など、適切な資本政策を実施することが求められる。ベンチャーキャピタルなどでは、希薄化対策として、残余財産優先分配権付優先株式を取得することが多い。

②会社法、税法上の資本金の額の調整

増資するときに、累積欠損金を解消したり、中小企業としての税制上の取扱いを維持するために、資本金の額の増加を抑制したり、減資と増資の同時実施など、資本剰余金の積み増しと減資の仕組みを活用することができる。

資本を調達し、増資するときには、募集株式の発行等による資本金の額の増加に併せて、その同額以上の減資を行うことができる。減資といっても、資本金の額を増やさずに資本準備金に組み入れることである。払込額の２分の１までは資本準備金に組み入れ、他を資本金とする[64]。

このように、増資と原資を適切な金額で同時に行えば、資本金の額を１億円以下に抑えることはできる。資本金の額を減らして、資本準備金に回して、累積欠損金をこれと相殺することで解消する場合や、中小企業向けの課税の特例が認められる資本金１億円以下を維持するためなどで行われる。

③ファイナンス実行時の調達コストが発生することに備える

エクイティ・ファイナンスでは、投資家へ交付する目論書や開示書類の作成など、募集・勧誘活動に要する経費に加え、証券会社に募集の取り扱いを依頼したり、市場を活用したりしたときは、調達時点で、調達額から一定の比率の手数料が生じる。いずれも、獲得したエクイティから、当初からキャッシュアウトすることになる。返済不要のエクイティが手元に残るので判断が甘くなりがちであるが、できる限り調達コストを削減する必要がある。

米国では、2017年に廃案となったJOBS Act3.0に、IPO調達額１億ドル以下の小規模なIPOでの引き受け報酬が７％程度で固定化されていることが問題と

64　会社法第447条３項では、株式会社が株式の発行による増資と同時に資本金の額を減少する場合で、この結果、資本金の額が、これ以前の資本金の額を下回らないときは、減資の決定が株主総会の決議ではなく、取締役の決定（取締役会設置会社にあっては、取締役会の決議）で認められる。

されて、SECに調査を求める条文があった[65]。日本の株式投資型クラウドファンディングでは、サイトに掲載されている運営会社各社の発行企業向けの約款で、募集額に対して初回20％程度、2回目以降15％程度の手数料率を設定している。資本調達と借入の調達コストを直接比較することは困難であるが、20％の手数料率では、現在の低金利状況等では、低金利の銀行借入のほうが特に調達コストの点では魅力的に映る。米国等では、証券会社等が開設するマーケットプレイス等で企業が自ら投資家を募集することが増えており、マーケットプレイスに支払う調達手数料も5％程度となっている。

④投資家保護、株主保護等のための各種規制と手続きを遵守・履行する

株式や社債の発行による資金調達では、企業自らが投資家から資金を集めるものなので、特に、投資家や既存の株主の利益を保護する責任が企業に課せられる。このため、金商法や会社法の手続きなど、調達のための多くの手続を行う必要がある。

発行企業が自ら募集・勧誘活動をするときも、例えば、金商法第117条の不正行為の禁止、第118条の風説の流布、偽計、暴行または脅迫の禁止などの条文では、規制対象を「何人も」としており、発行企業やその関係者には十分な注意が必要である。

一方、銀行からの長期借入、短期借り入れでは、相対での契約のみで資金調達が可能である。銀行借入の場合でも、申請・審査など一定の手続きはあるが、基本的には、与信枠の範囲では比較的迅速に資金を調達することができる。むろん、経営者等による銀行に対する経営状況の説明は定期的に求められる。

65　IPO時の引受けした証券会社の報酬（グロス・スプレッド）が1990年代までは7％程度だったものが、近年は、1億ドルを超える規模のIPOでは、過半でこれを下回り、2,500万ドルから1億ドルの小規模なIPOをしたときのスプレッドは一般的に約7％のままであるという調査があり、この実態の調査をSECとFINRAに命じるもの。岡崎功太、下山貴史「米国のIPO活性化とスタートアップ企業への投資促進に係る政策—JOBS法3.0を中心に」野村資本市場クォータリー2019年夏号を参照。

第6章

エクイティ主導の経済成長―市場型エクイティ・ファイナンスによる企業の成長・個人資産拡大と経済成長

〈全体フロー図〉 未上場株式市場でのエクイティ・ファイナンスによる企業の成長・個人資産の拡大と経済成長

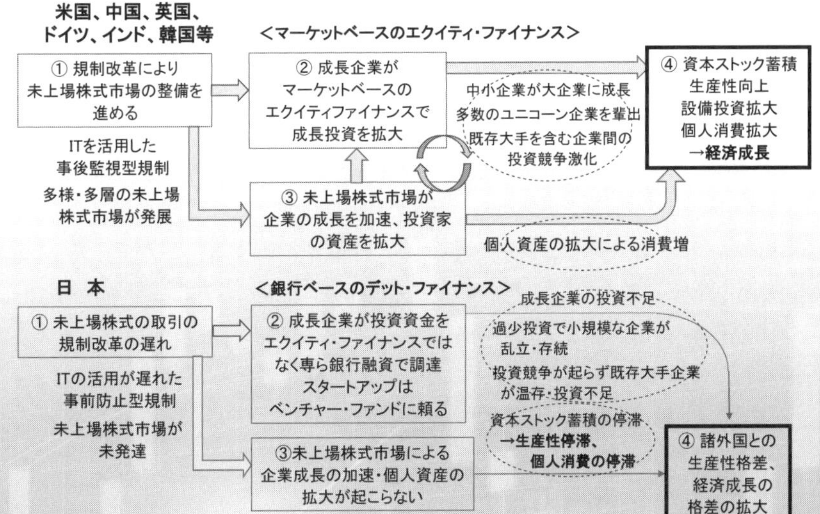
米国、中国、英国、
ドイツ、インド、韓国等
<マーケットベースのエクイティ・ファイナンス>
① 規制改革により
未上場株式市場の整備を
進める
② 成長企業が
マーケットベースの
エクイティファイナンスで
成長投資を拡大
④ 資本ストック蓄積
生産性向上
設備投資拡大
個人消費拡大
→経済成長
中小企業が大企業に成長
多数のユニコーン企業を輩出
既存大手を含む企業間の
投資競争激化
ITを活用した
事後監視型規制
多様・多層の未上場
株式市場が発展
③ 未上場株式市場が
企業の成長を加速、投資家
の資産を拡大
個人資産の拡大による消費増
日　本
<銀行ベースのデット・ファイナンス>
① 未上場株式の取引の
規制改革の遅れ
② 成長企業が投資資金を
エクイティ・ファイナンスでは
なく専ら銀行融資で調達
スタートアップは
ベンチャー・ファンドに頼る
成長企業の投資不足
過少投資で小規模な企業が
乱立・存続
投資競争が起らず既存大手企業
が温存・投資不足
ITの活用が遅れた
事前防止型規制
未上場株式市場が
未発達
資本ストック蓄積の停滞
→生産性停滞、
個人消費の停滞
③未上場株式市場による
企業成長の加速・個人資産の
拡大が起こらない
④ 諸外国との
生産性格差、
経済成長の
格差の拡大

米国を先頭に主要国では、成長企業が未上場株式市場で多数の投資家から資本を募る市場型エクイティ・ファイナンス（Market-based Finance in equity）を盛んにすることで、経済成長を推進している。

一方、日本では、未上場株式の募集・勧誘等に関する規制が厳しく、創業したばかりの企業はもとより、成長過程の企業がエクイティを調達することは大変困難である。成長企業のエクイティ・ファイナンスは、実態上、スタートアップ等のベンチャーファンド等からの第三者割り当て増資、中小企業の大手関係会社からの縁故増資など、相対的な取引が中心となっている。エクイティ・ファイナンスができない多くの成長企業では、投資資金は専ら自己資金と銀行借入となる。創業企業は、代表者保証や物的担保を活用し、かなりの労力を費やして、政府系金融機関、地方銀行、信用金庫などの創業者向け融資を獲得する。中小企業も、同様に物的担保や既存事業の利益、売り上げの範囲内で融資を受けて投資資金とする。いずれの場合も調達可能と想定できる金額はかなり限られてくる。

このように日本では特に未上場企業のファイナンスでは、銀行型（金融仲介型）ファイナンス（Bank-based Finance）が中心となっている。

成長企業の市場型エクイティ・ファイナンスの場である未上場株式市場は、米国においては企業を成長・発展させる基盤と認識されて、銀行制度と同様に経済的システムとして構築されている。イギリス、EU、中国などの主要国も米国の後を追いかけて未上場株式市場の発展に努めている。

市場で多数の投資家から資本を調達することを前提とすれば、経営者が、銀行の借入限度額に縛られずに、資金制約なく革新的で大規模な事業を自由に大胆な発想で構想することができる。優れた事業計画であれば、小規模な企業でも、市場から必要な多額の資金を集め、大企業に対抗することができる。これが、既存企業を含む企業間の投資競争を引き起こし、企業の成長を加速しつつ、国全体の資本ストックと個人資産を拡大して、設備投資と雇用と消費を増やし、市場を通じた成長企業への投資をさらに拡大させ、経済を成長させる。

本章では、このメカニズムを順に説明する。

6－1 創造と破壊のエネルギーを調達する市場型エクイティ・ファイナンス

市場型エクイティ・ファイナンスは、これまで説明したエクイティ・ファイナンスの価値を段違いに高める。企業が市場を通じて多数の多様な投資家に出資を求めることができるため、銀行借入と比べるまでもなく、多額の資金を調達する可能性を飛躍的に高める。

成長企業が、事業に成功して、グローバルに成長するためには、巨額の資金を集め、大規模な投資を実行して先行的に市場を制覇することが求められる。市場型エクイティ・ファイナンスのメリットを生かせるかどうかは、成長する企業、グローバルに競争する企業にとっては死活問題となる。

（1）発行企業の事業意欲と成長投資額の最大化

エクイティ・ファイナンスを、相対の縁故増資、第三者割り当て増資ではなく、募集によって市場的に多数の投資家から行えること、投資家が市場で転売できることを前提に購入できることのメリットを整理すると、次のとおり。

①投資家の保護を強化しつつ、企業が多数の投資家から多額の資金を調達することが可能となる

相対取引では、資金の出し手の投資家が企業に対して圧倒的に優位な立場にある。１対多数、多数対多数の競争的な市場取引が行われる市場型エクイティ・ファイナンスでは、企業は、発展した未上場株式市場を通じて、機関投資家、ファンド、事業会社、個人等の多数の投資家に広く呼びかけ、交渉・調整して、資本を集めることができる。このように、市場における投資家間の競争の中で、企業は資本調達額と成長投資額を最大化することができる。

図6－1では、相対取引と、公募、私募における市場取引を表している。

投資家との取引関係では、**図6－1**の１）の相対取引では資金を求める発行企業は、資金の出し手の投資家に対して通常は弱い立場にある。

図6－1の２）のような市場取引が行われる環境では、多数の投資家に声をかけ、投資家間で競争が生じることで、立場を強めることができる。競争関係にある多数の投資家と交渉して、自己の意を反映させた株価と調達額を決定す

〈図6－1〉企業と投資家の取引形態（相対取引、市場的・競争的取引）

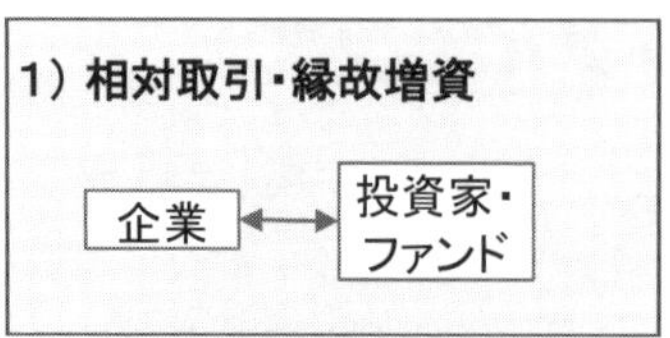

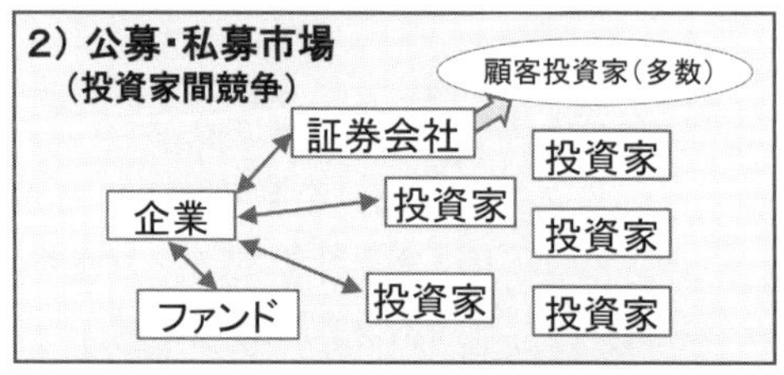

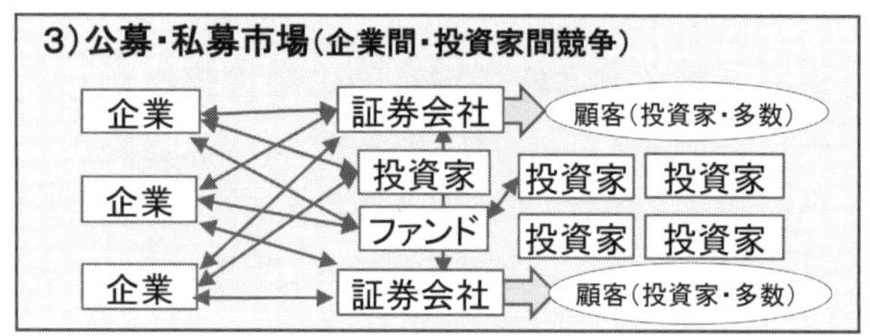

ることも可能となる。

さらに、**図6－1**の3）のように、発行企業間でも競争して、投資家への働きかけを競い合う。投資家も企業を比較し、追加の情報を引き出すことで、発行企業と投資家との情報の非対称性を補うことができる。資金を調達する企業間に透明な競争関係があれば、各社が努力して投資家に適切に会社情報を提供することで、投資家の保護を強化することにもなる。

投資資金にエクイティを用いると、多数の投資家が企業の大きな事業リスクを分担し、また、一人の投資家が多数の案件に分散投資することができる。このため、有望な企業と事業が集中的に多額の資金を集めることができる。

このように、市場的な取引環境が、発行企業が多数の投資家を集めて目標募集額を達成する可能性を高めてくれる。

公募と私募の仕組みを発達させれば、企業の成長段階ごとに、適切な市場取引の環境が整い、市場取引で、必要な規模の資金調達ができる。

適切な会社情報の開示の下、企業が資本調達のために多くの投資家を公募し、勧誘すること自体が、投資家間の競争を起こし、募集する企業間の競争も起こして、資本調達が競争性のある市場取引となる。投資家の人数や資格が制限される私募でも、インターネット等での募集・勧誘を認めたり、人数を増やしたり、または資格を広げたりすれば、投資家間で競争がおこり、市場取引となる。

②多数の投資家のリスク分担の下、多額の資金を集めて、資金的リスクのない経営者が主体的に意欲・能力と創造性を発揮することができる

企業経営者が市場を通じて投資家を探すことができれば、新たな事業へ乗りだす起業家は、その思いを共有できる多くの投資家を見つけて、支援を受けることができる。エクイティ・ファイナンスは、株主有限責任、経営者も財産的責任なしで経営責任のみを負う経営者有限責任の資金である。このため、経営者は自己の能力と創造性を伸び伸びと発揮することができる。

さらに、企業が多数の株主を持つことで、特定の株主に強く経営介入されることなく、自立的に経営することが可能となる。私募であれば、一定程度、株主を選びながら資本を調達することができる。よって、経営支援能力の高い株主からの経営支援も受けやすくなる。

③投資可能額を最大限に想定して、大胆な発想で事業モデルを考案することができる

経営者の才覚と努力しだいでは、市場で素晴らしいビジネスプランを企画し、主体的に資金調達に励むことで、既存の大企業にも対抗できるだけの多額の資金を集めることができる。前例のない未知の領域であっても、投資家の共感を得られれば、資金の調達が可能となる。このような無限の資金調達の可能性が大胆で思い切った発想を生む。第５章でみたように、事業を構想するときのスタートは調達可能な資金の額であり、投資可能な額である。市場でのエクイティファイナンスの仕組みがあって、投資可能な額が無限大に想定できることは、起業家・経営者の発想を自由にして、大胆な発想で事業を企画することを可能とする。

④勝てる・伸びると認められたビジネスに投資が殺到して資金が集中すし、成長を加速する

成長企業のビジネスモデルに魅力があり、具体化するにつれて、将来の成長見込みが高まると、これが市場において、次の資本調達時や転売のときの株価に反映される。事業に一部成功するなど、新しいビジネスモデルが勝てるものであると実証され、潜在的マーケットが大規模なため大きく成長するビジネスであると見込まれると、その企業への投資を希望する者が急増し、殺到する。成長が加速され急成長できるようになる。

（2）投資家にとって、未上場株式が換金可能な安定した投資対象となる

①未上場株式も、市場が発展すれば、キャピタルゲインがねらえる安定した、有望な投資銘柄となる

このように、ビジネスモデルの優位性が実証されると、勝ち続けて市場を拡大していくための資金調達に対し､投資家の投資が集中して集まるようになる。こうなると、未上場株式は、ミドルリスク・ミドルリターンの株式、投資家の判断によってはミドルリスク、ハイリターンの株式となる。

日本では、未上場株式は「未公開株式」と呼ばれて、上場していない株式のことをいい、ハイリスク･ハイリターンの株式であるとされている。アーリー･ステージの企業の株式はともかく、未上場株式市場が発展した米国等の主要国においては、未上場企業の株式は必ずしもハイリスクとは限らない。IPOが予定されている企業の株式は、日本でも、引き受け証券会社による抽選に個人投資家が殺到するように、値上がり期待の大きい株式とされる。日本では、IPO後に初めて市場で株式が取引されるようになるが、未上場株式市場が発展している米国等の主要国では、IPOの前から、成長の見込みが高まると市場で株価が上がり、投資家が集まり、企業に資金が集まる。実際のところ、多様な事業を抱えている大企業よりも、成長企業は一つのビジネスモデルであるため、投資家にとっては成長見込みを評価しやすく、投資しやすい面もある。

未上場株式市場が存在する場合、未上場株式は、ハイリスク・ハイリターンの投資対象とは限らない。企業の成長ステージによって、リスクとリターンの程度は異なるが、十分に機能する未上場株式市場が存在するかどうか、市場で

株式が転売・換金可能であるかどうか、市場価格が存在するかどうかで、リスクとリターンの程度は大きく変わってくる。企業の側では、市場があることで、次の資本調達と成長投資が可能な状況に置かれる。

発行企業と投資家の間の情報の非対称性は、何もしないと不可避的であり、発行企業の株式が投資家の投資対象となるためには、必要な一定の情報が、規制当局を通じて開示され、投資家に提供されている必要がある。開かれた市場で価格が成立すると、それ自体が多くの情報を投資家に提供する。市場価格が上昇していることが明らかになると、投資家のさらなる値上がり期待を高めて、投資家の資金が集まり、資本調達額も拡大する。市場価格の下落傾向も、企業の成長可能性が低下していることのシグナルとなる。

このため、国が、不正な勧誘行為を排除しつつ、成長企業が成長段階に応じて、適切に開示して、必要な規模の資本を調達できる市場を用意し、公正で透明な市場取引を確保する必要がある。

②市場で株価に現れた将来の収益見込みが、未上場株式の価値を創造し、換金可能な金融資産とする

企業価値を精緻に計算する方法の一つにディスカウント・キャッシュフロー法がある。将来の収入・利益から現在の企業価値を算定するもので、将来の株価の値上がり期待額を、現時点で、投資家が投資してもよい金額に置き換えるものである。

挑戦する企業に対して多数の投資家がリスクを少しずつ分担して資金を提供することができれば、資力の乏しい経営者が、専門性や知見を活かし、事業を創起して、大規模な成長を遂げて、新たな価値を創造することができる。

企業が資本を調達し、事業にある程度成功すると、未上場株式市場の株価が上昇して、実際に調達した額以上に企業価値を高める。こうして企業価値・時価総額を将来の成長見込みを織り込んだ額に引き上げる。

未上場株式市場では、将来の成長見込みが、株価の上昇に現れ、現時点の価値の増加として資産化される。この金融資産を売却して、換金すれば、次の投資の財源となる。

このように、将来の収益見込みをベースとして市場で決定される株式価格・時価総額（企業価値）が、投資家の資産となり、資本主義における企業成長の原資・源泉となる。

(3) 市場制度が企業成長プロセスを制度化・システム化する

株式資本という資本主義の基本となる制度をベースに、成長企業と投資家と間をつなぐ証券会社と市場で、企業が成長し投資家が資産を増やす経済的なシステムを構築することができる。

企業の創業からの成長段階に応じた募集規模のエクイティが調達できる多様な市場を整備することで、企業が成長するための階段のような経済システムを構築できる。この階段を順に上ることで事業が拡大し成長する可能性が高まるため、起業家が事業の発展の段取りを具体的に想定することもできる。

このシステムは、ITを活用して絶えずレベルアップすることができる。企業が主体的に市場で直接投資家から調達する仕組みはIT・インターネット・デジタル技術の活躍の場であり、今後のデジタルトークンなどを用いたオンライン・プラットフォームの活用等がさらなるコスト削減と透明性・安全性・確実性を生み出すことも期待される。

企業の社内制度においても、市場型エクイティ・ファイナンスを行った企業は、市場から、投資家から、社内での経営ガバナンスが働く仕組みの構築が求められる。

初期段階の投資は、IT系のスタートアップに限らず、イノベーティブな成長企業に対して、エンジェル投資家とベンチャーキャピタルが担う。エンジェル投資家は一般人ではなく投資のプロの投資家である。次第に、多数の株主がリスクを分散して負うようになる。株主の代表が経営をチェックし、経営も各種の専門性の高いものが担い、外部のリソースも活用して、効率的な事業遂行の体制が整う可能性が高まる。

6－2 市場型エクイティ・ファイナンスが引き起こす投資競争と国の資本ストックの拡大・経済成長

成長企業は、市場型エクイティ・ファイナンスによって、多数の投資家からエクイティを集めることができると、資本調達額と投資額を最大化することができる。小規模な企業でも大企業と戦える大規模な事業投資をすることができる。これが、企業の成長を加速するとともに、既存企業を含む企業間の投資競争を促進し、国全体の成長投資を拡大し、経済成長を強力に牽引する。

この間の企業の成長と、時価総額の拡大が、個人の資産拡大・所得増と投資拡大・消費増を引き起こす。企業の成長と時価総額の拡大で、個人資産と所得が増え、個人投資と消費が拡大する。

（1）成長企業が大規模な投資による市場制覇を狙う

成長企業が未上場株式市場から多額のエクイティを調達できると、それを一度に使って、思い切って大規模な先行投資をして、製品･サービスの地域市場、国内市場、海外市場を制覇しながら、大企業へ、ユニコーン企業へ成長することができる。

ある企業のイノベーションが、死の谷を越えて、投資家に勝てるビジネスであると認識されると、未上場株式市場でその企業に資金が集中して集まる。企業は多額の先行投資によって、広く市場を押さえて、他を圧するメジャー・プレーヤーとなれる。国内市場を制覇し、上場市場で巨額の資金を調達して、グローバルな展開を目指し、グローバル企業となる。

（2）成長企業が既存企業も巻き込んだ投資競争を引き起こす

成長企業が多額のエクイティを調達できると、それを一度に使って、思い切って大規模な投資をして、製品・サービスの地域市場、国内市場、海外市場を制覇しながら、大企業へ、ユニコーン企業へ成長することができる。

市場型エクイティ・ファイナンスでは、優れたビジネスモデルを考案した成長企業が、市場で多数の投資家から資金を集めて、小規模な成長企業でも、市場を開拓し、制覇するために、大規模な先行投資や、既存の大企業と戦って製品・サービス市場のシェアを奪い取る事業投資をすることができる。

ある企業のイノベーションが、死の谷を越えて、投資家に勝てるビジネスであると認識されると、未上場株式市場でその企業に資金が集中して集まる。事業にさらに成功して、成長見込みが高まり、株価が上昇すると、さらに投資家の資金が集まり、企業の成長を加速する。

企業は多額の投資によって、広く市場を押さえて、他を圧するメジャー・プレーヤーとなれる。国内市場を制覇し、上場市場で巨額の資金を調達して、国際的な事業展開を目指し、グローバル企業となる。先に見たとおり、1社のグローバル企業の登場がその国に多くの大企業を生み、無数の中小企業を誕生させ、国の経済を成長させる。

(3) 既存企業を含む企業間の成長投資競争が国全体の資本ストックを拡大し、経済成長を促進する

この投資競争が、資本ストック型の経済成長を促進する。成長企業の投資加速と企業間の投資競争で国全体の成長投資が拡大すると、生産設備・システム、人的資産、研究資産など、国全体の資本ストックが拡大する。これが供給量を増やし、生産性も高めて、供給サイドから経済成長を促進する。

(4) 個人投資家が未上場株式への投資を通じて企業の成長と経済の成長に貢献し、成長の果実を得ることができる

未上場株式市場での投資で、個人が個人資産の投資を通じて企業の成長に貢献し、企業の成長の果実を得ることができる。

多くの国々で、個人投資家が、クラウドファンディングや小規模公募のマーケットプレイスで直接、未上場企業の募集に応じて株式を購入する道が開かれている。セカンダリー市場での売買も行われ、公正な価格形成と最適資源配分に貢献する。成長企業の役員や従業員として、企業の事業活動への貢献度に応じて株式報酬を手に入れ、これを市場で転売換金することができる。

米国等では、ミューチュアル・ファンドと呼ばれる、オープンエンド型の永続する投資会社・ファンド等であって投資家の資金の出し入れ可能な投資信託に一般個人が投資し、ファンド側が直接未上場企業に投資している。年金基金など一般大衆から薄く広く資金を集める巨大な機関投資家も、これらのファンドが、市場価格でバリュエーション（企業価値評価）をできるため、これらファンドを通じて、スタートアップなどの成長企業にも投資している。

成長企業がユニコーンになって、IPOをして、グローバル企業になれば、未上場株式を初期に投資してリスクを負った投資家は巨額の富を得ることができる。そこまでいかなくても、一定の投資のリターンを提供してくれる未上場株式市場は、個人にとっても重要な資産拡大の機会となり得る。一定の投資家保

護のもと、この機会を個人に等しく提供することも、民主主義の下での良い市場の役割であろう。

（5）米国を先頭に主要国はエクイティ主導の経済成長を進める

米国企業の強さの源泉の一つは、市場制度が整いエクイティ・ファイナンスが他国と比べて十分にできる環境にあることと、これを生かすことができる経営能力を持っていることにあろう。

第4次産業革命の時代には、これまで以上に、研究開発が重視され事業活動がグローバルとなり、巨額の初期投資が必要な事業分野が広がっており、投資額を最大化することができる市場からのエクイティ・ファイナンスの優位性は高まっている。

このように、米国等の主要国では、未上場株式市場を発展させてエクイティ主導のイノベーションと経済成長を推進する（Equity-fueling innovation & Economic growth)。

イギリス、ドイツ・EU諸国、中国、韓国などの主要国は、未上場株式市場の整備を進め、成長エンジンの最高品質の燃料であるエクイティ主導の企業のイノベーションと成長、これによる国全体の経済成長を進めている。

6－3 エクイティ・ファイナンスが自由にできない日本の未上場企業、未上場企業への投資機会が得られない投資家

日本では、前に説明したように、未上場企業の株式の公募・私募や投資家の転売等についての厳格な規制があり、成長企業が自由に主体的にエクイティを調達することができず、リスクを伴う大規模な事業の開始も大変困難となっている。

成長企業が優れた事業計画を策定して多くの投資家から多額の資本を集めることができない。銀行借入の制約の中で事業を企画する。

現状、事業を企画するときに、日本の成長企業の経営者は、数千万～数億程度の借入可能額を想定する。一方、米国等では、創業時から数億から数十億、さらには数百億円規模の資本調達を想定している。

(1) 主体的にエクイティ・ファイナンスができないで、ユニコーンになれないスタートアップ、大企業になれない中小企業

日本の成長企業は、資本主義の株式会社でありながら、エクイティ・ファイナンスが思うようにはできない。

資本形成(キャピタルフォーメーション)は、スタートアップがIPOを果たし、中小企業が大企業に成長するための基本的な成長ルートであるが、日本にはこれがない。

経営者が、エクイティ・ファイナンスを選択すべきと考えて、ベンチャーファンドや政府系のファンド資金の出資の活用を検討し、または少額の縁故増資を検討することもある。

だが、テクノロジー系のスタートアップ中心のベンチャーファンド等からの資金を得るのは大変困難である。

スタートアップの経営者も、まだ確度の高い売上予測に基づく事業計画が作れず、物的担保もない中では、銀行借入の調達さえ困難であり、エンジェル投資家やベンチャーファンドから資金を集めることに注力せざるを得ない。

未上場株式市場が未発達な日本では、中堅・中小企業は、上場するまでは、返済不要の貴重な成長資金である資本を、投資家・出資者を募って調達することが、基本的にはできない。よって、資本の活用が、経営判断の中での資金調達の選択肢にない。

(2) 銀行借入に頼り、資本主義を企業経営に活かせられない日本の中堅・中小企業

日本の中堅・中小企業、小規模企業の多くは、借入中心の資金調達と、これを前提とした投資や事業運営に慣れてしまっている。資金を調達した直後から返済が始まる主体的にエクイティ・ファイナンスができない状態に慣れきって、これが常態化している。借入に偏った資金調達環境のなか、償還確実性と借入可能額に縛られ、毎月の返済に追われる銀行借入による慎重な投資を続ける。

日本の成長企業は、エクイティ・ファイナンスを前提とした、長期的でリスクを伴うビジネスモデルを考案し、これを実現するための事業計画を策定し、これ実行するなどの経験値が低下し、学習する機会も失っている。

事業目標達成のため必要な額の資金を投資家から直接集めて、一挙に投資し

て、生産性を高め、競争力を強化して、事業を拡大して、大企業に成長することが大変困難な状況にある。

株式による資本の調達は、有限責任、返済不要、無担保であるとともに、株式は流通して株主は変わり、株主の経営関与がある。「株式会社は、株式を幅広く発行して広く資金を集め、資金を必要とする事業者と、お金を持っている多数の資産家を結びつける仕組みである」。併せて、「株式を証券化して流通させる仕組み」であり、それによって「出資者は必要ならば、株式を売却してお金を回収でき」るので、返済されない資金を提供する。このおかげで、企業経営者は「事業資金が引き揚げられることなく資本として永続的に利用できる」[66]。

株式会社という仕組みのメリットは、このような性格を持つ資本という資金を活用できること、株式会社への投資が株式として流通する市場性を持つことにある。このため、リスクが多数の投資家に分散されるので、魅力のある事業には、多くの投資家が投資して多額の資金が集まり、会社（経営者）は、経営責任のみを負って、リスクのある事業に大胆に投資することができる。

しかしながら、エクイティ・ファイナンスが十分に活用できない日本では、企業経営者の多くが、他国の企業経営者と比べて、この株式会社という資本主義の基本的な仕組みのメリットを活かせていない。

（3）未上場企業への投資機会の乏しい日本の企業と一般投資家

日本では、一般投資家は、成長企業の未上場株式に投資する機会が、株式投資型クラウドファンディングを除き、ほぼない。未上場企業が、エクイティファイナンスのため、広く投資家を募ることがほぼできないため、機関投資家、金融機関、ファンド等を除く一般投資家の側でも、成長企業が投資をするために資本を集める増資案件への投資を勧誘されることが大変少なく、未上場企業への投資機会が著しく乏しい。

成功した起業家や実業家に加え、内部留保を持つ大企業や中小企業の経営者など、資力と目利き能力のある投資家のところには、増資案件は、関係の深い企業から以外ほとんど現れない。

66　鈴木良隆「日本における株式会社制度の導入と「信用」の根拠—結社の原理を巡って—」（研究年報経済学、2017）、p.1から抜粋。

一方、これら経営者のもとに、M&A案件は、仲介事業者やファンド等から多数現われる。

ファンドと関係する一部のエンジェル投資家等を除き、日本の個人投資家には、未上場株式への投資機会はクラウドファンディング以外ほぼない。

地域の企業の増資案件に、地元の個人投資家が投資して、成功するとリターンが投資家に流れる地域の資金循環の仕組みがない。日本では、地域における企業・投資家の繋がりを生かしたエクイティ・ファイナンスを幅広く行えない状況にある。

6－4 企業成長、資本ストック蓄積と資産拡大による経済成長

(1) 企業の成長、資本ストックの拡大と個人資産の拡大による経済成長のプロセス

エクイティ主導の企業の成長と経済の成長は、以下のプロセスをたどる。

①企業の成長による経済の成長

第1章1－3で、グローバル企業のランキングデータでは、世界で33位の2004年設立のMeta（フェイスブック）は、2021年の売上高は約859億6,000万ドル（9兆4,556億円）、米国とカナダの従業員数は約6万8,000人である。世界で262位の2003年設立のテスラは、2021年の売上高は315億3,600万ドル（3兆4,690億円）、従業員数約9万9,000人。世界で73位、1997年設立の楽天（連結）で、売上高1兆6,871億円、従業員数約28,261名である。

巨大企業1社の経済的なインパクトの大きさには驚かされる。関連会社を含めた雇用数のデータは見つからないが、相当の金額と従業員数となろう。

ここまでの巨大企業とならずとも、創業して成長を続けてフォーブス2000に新たにランク入りする企業が登場すれば、その周辺にはより多数の大企業が成長していることであろう。企業が成長する過程で設備投資が増え、雇用が拡大し・賃金が増加して消費が増える。関連企業も同様に成長する。改めて、企業が成長するから経済が成長するという単純な事実が示される。

②資本ストック拡大による経済成長

企業の成長過程では、新規の設備投資が繰り返される。市場を通じたエクイティ・ファイナンスによる成長投資では、成長見込みの高い事業であれば、その時点の企業規模を超えて、投資家からの資金が集まり、資本調達額が大きくなって、大規模な設備投資を実現することができる。これが、既存大企業の設備投資を誘発し、成長企業の投資加速と企業間の投資競争で国全体の成長投資が拡大する。

こうして、生産設備・システム、人的資産、研究資産など、国全体の資本ストックが拡大する。これが供給量を増やし、生産性も高めて、供給サイドから経済成長を促進する。

③資産効果による個人消費の増加と経済成長

この間、未上場株式市場で株価が上昇し時価総額が拡大して、個人資産と所得が増え、個人投資と消費が拡大する。

（2）日本と主要国のエクイティ・ファイナンスと資本ストックと経済成長（データ）

次のグラフ６－４－１のように日本では主要国と比べて資本ストック（生産設備・システム等の総量）の蓄積が停滞している。

〈グラフ６－４－１〉 主要国の資本ストックの推移

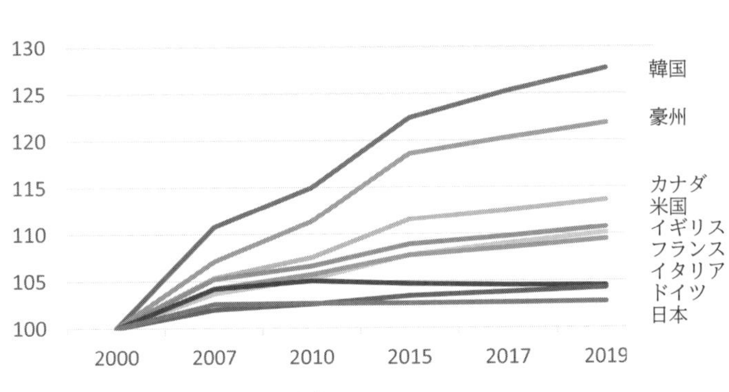

（出所）OECDのデータから筆者作成

資本ストックの成長が経済成長率を押し上げる。**グラフ６－４－２**で日本と主要国の資本ストックと経済成長率の関係をみると、資本ストックの伸びが高い国ほど経済成長率も高いことが示される。資本ストックが伸びていないことが日本の長期の経済成長の低迷の大きな要因とされている。この10年間でみても、資本ストックの成長がほとんど進んでいない日本の経済成長率は、主要国の中でも低い順位となっている。

2010年から2019年までの日本の経済成長率は0.99%、この間の資本ストックの伸びは0.01%にすぎない。それぞれ、韓国、米国、イギリス、ドイツと比べて低い水準であり、OECD諸国の中でも下位にある。

〈グラフ６－４－２〉資本ストック伸び率と経済成長率
（2010年から2019年の年平均）

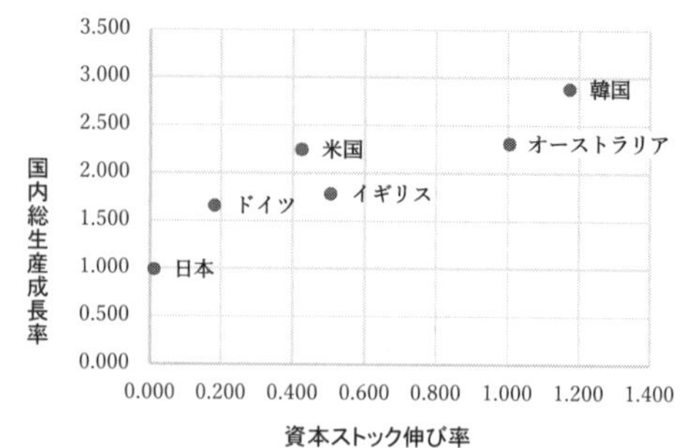

（出所）OECD及びSIFMAのデータから筆者作成

日本で資本調達が不活発なことは、資本ストックの蓄積が進まない要因と考えられる。資本調達額と資本ストックの増加率の関係を示す**グラフ６－４－３**のように、成長投資の資金として最適であるエクイティの調達が活発な国ほど、資本ストックが増加している様子がみられる。

2010年から19年までの資本調達額の増加率は、主要国で日本のみマイナス(－3.9%)。他の主要国では資本調達が増加し、資本ストックの拡大に貢献している。

日本の資本調達は、－3.9%と減少傾向にある。資本ストックは0.11%とほとんど伸びていない。

〈グラフ6－4－3〉資本調達額と資本ストックの伸び率
（2010年から2019年の年平均）

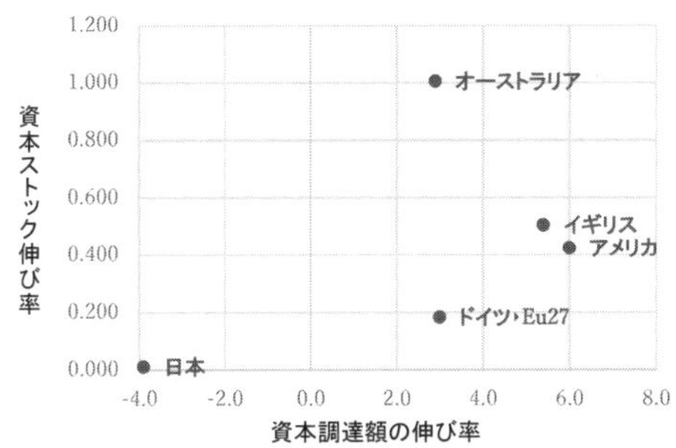

（出所）OECD及びSIFMAのデータから筆者作成

以上、エクイティファイナンスが活発で、資本ストックが伸びている米国その他の主要国では経済が成長しているが、日本のみが全く逆の方向を向いている様子がみえる。

第7章

米国の未上場株式市場改革の歴史と日本の市場発展停滞の経緯

〈全体フロー図〉 未上場株式市場でのエクイティ・ファイナンスによる企業の成長・個人資産の拡大と経済成長

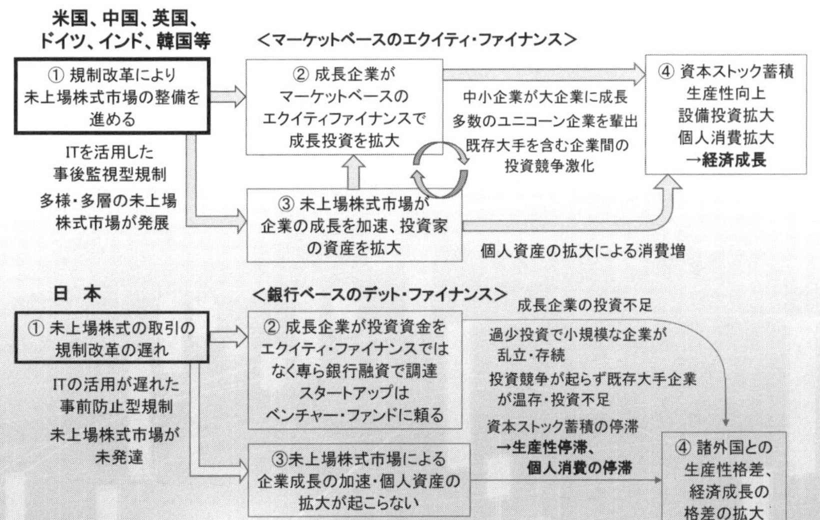

米国、中国、英国、
ドイツ、インド、韓国等
＜マーケットベースのエクイティ・ファイナンス＞
① 規制改革により
未上場株式市場の整備を
進める
② 成長企業が
マーケットベースの
エクイティファイナンスで
成長投資を拡大
④ 資本ストック蓄積
生産性向上
設備投資拡大
個人消費拡大
→経済成長
中小企業が大企業に成長
多数のユニコーン企業を輩出
既存大手を含む企業間の
投資競争激化
ITを活用した
事後監視型規制
多様・多層の未上場
株式市場が発展
③ 未上場株式市場が
企業の成長を加速、投資家
の資産を拡大
個人資産の拡大による消費増
日 本
＜銀行ベースのデット・ファイナンス＞
成長企業の投資不足
① 未上場株式の取引の
規制改革の遅れ
② 成長企業が投資資金を
エクイティ・ファイナンスでは
なく専ら銀行融資で調達
スタートアップは
ベンチャー・ファンドに頼る
過少投資で小規模な企業が
乱立・存続
投資競争が起らず既存大手企業
が温存・投資不足
ITの活用が遅れた
事前防止型規制
未上場株式市場が
未発達
資本ストック蓄積の停滞
→生産性停滞、
個人消費の停滞
③未上場株式市場による
企業成長の加速・個人資産の
拡大が起こらない
④ 諸外国との
生産性格差、
経済成長の
格差の拡大

この章では、日本の未上場株式市場がなぜ、このように未発達なままとなったのかを探るため、米国の未上場株式市場の改革と発展の歴史を確認し、日本の現状に至るまでの経緯と比較する。

7－1 米国―歴史的な株式市場の改革を継続[67]

米国の資本市場改革の歴史は、百年以上の長期間に渡って、多方面に展開しており、厚みのある、膨大なものであるため、以下は、この本のテーマに関連する部分をかいつまんで説明しているにすぎない。

(1) 米国の資本市場改革の背景

米国では、まず、1910年代から、州レベルで、株式の発行の規制をはじめる。

1930年代には、大恐慌後の経済の低迷から脱却するため、1933年に証券取引法を制定し、中小企業が低コストの資本の調達を効率的に行えるように、連邦レベルで公募と私募の仕組みを整備した。

その後、1970年代後半から1980年代にセーフハーバー・ルールを整備して、未上場株式の店頭取引・店頭市場を伸ばした。

1990年代からは、IT技術を活用しながら、店頭登録市場の電子化を進め、代替的証券取引所を発展させる。

2010年代からはマーケットプレイスやクラウドファンディングなどオンライン・プラットフォームを生かしたマーケットを発展させる。

このように、米国では、歴史的に、絶えず資本市場改革を続ける。成長企業向けの大きな改革を繰り返す。

投資家保護の下で、資本市場での資金調達を促進し、これによって経済を活性化するため、株式取引の規制と市場制度を整備し、その後も改善を続ける。企業が成長段階に応じた規模の資本調達ができるように各種の未上場株式市場を発展させる。

世界最高のパフォーマンスを誇る現状でさえも、改革を継続する。資本市場が企業の国際競争力に影響を与えること、強い資本市場が米国企業の成長と国

67　日本証券経済研究所「図説アメリカの証券市場」（2018）、淵田康之「リスクマネー供給と投資者保護」（2013）他参照。

際競争力の源泉であることが広く理解されている。よって、国際競争力に揺らぎが出てくるたびに資本市場を大きく見直すことになる。

第4章の**グラフ4－2－2**の非金融民間企業の資金調達手段の各国比較でみたように、米国では、民間企業の資金調達手段の構成は、残高ベースであるが、資本の割合が高く、借入の割合は10%強にまで抑えられており、日本や欧州の20%半ばの半分程度である。

SECのレポートでは、このグラフを用いて、資本市場のおかげで、米国の企業は、欧州や日本、中国の企業に比べて、銀行融資（loans）よりも資本（equity）や社債（bonds）を活用して、より革新的な事業に取り組み、成長し、雇用を生み、国民の生活水準を向上させることができると説明している。資本市場のパフォーマンスの高さが米国企業の国際競争力を高めていること、他国と比べた米国の優位性がこの点にあることは、議会、政府、企業など関係者に広く認識されている[68]。

米国証券業金融市場協会（SIFMA：Securities Industry and Financial Markets Association）のレポート[69]では、このグラフを用いて、米国の企業は、資本市場によって、欧州や日本、中国に比べて銀行借入（loans）よりも資本（equity）や社債（bonds）を活用し、より革新的な事業に取り組み、成長し、雇用を生み、国民の生活水準を向上させていると説明する。米国資本市場が、米国企業の国際競争力の強化に貢献し、国民生活の向上に大いに貢献していることを強調する。

オバマ大統領が2015年10月に発表した「アメリカン・イノベーション戦略―市場を基礎とするイノベーション」では、

「十分に機能する資本市場は、歴史的に米国を投資活動の主要な舞台にして、貴重な資本を最高のアイデアにもたらし、米国人に創意工夫への熱意を高めることを求める。革新的な新事業の創出におけるアメリカの卓越性は、オープンで十分に機能している資本市場の賜物である」との考えを宣明している。

オバマ大統領が、2012年4月5日にホワイトハウスのローズガーデンで、

68 Eva Su, "Capital Markets, Securities offerings, and Related Police Issues", update July 26 2018 ", Congress Research Report（CRS, 2018）p2.

69 SIFMA, "U.S. Capital Markets Deck、September 6, 2018", p.8.の グラフ "Financing of Non-Financial Corporations -2017" を抜粋。

JOBS Actにサインしたときのスピーチから、クラウドファンディングを紹介した一節を引用する。

「スタートアップや中小企業にとって、この法案はゲームチェンジャーとなる可能性があります。(中略) この法案により、スタートアップや中小企業は、潜在的な投資家の大きな新しいプール—アメリカ国民にアクセスできるようになります。 初めて、普通のアメリカ人がオンラインでアクセスし、彼らが信じる起業家に投資できるようになります。」

「And for start-ups and small businesses, this bill is a potential game changer. ・・・・Because of this bill, start-ups and small business will now have access to a big, new pool of potential investors — namely, the American people. For the first time, ordinary Americans will be able to go online and invest in entrepreneurs that they believe in.」

このように、米国では国を挙げて、絶えず、資本市場を、特に、未上場株式市場を発展させ、企業の株式市場での資本調達を促進して、エクイティ主導の企業の成長と経済成長を進める。

（2）米国の未上場株式市場の改革の歴史

①州法の株式公募の規制、連邦証券取引法の公募と私募の規制による中小企業のエクイティ・ファイナンスの促進（1910年代～）

米国では、1910年代から州法による株式の公募の規制が広まった。1911年のカンザス州法を始めとして、全米の各州の規制で、詐欺的な会社設立と証券の発行を規制するため、株式を発行して募集するときには登録義務と会社情報の開示義務を課すようになった。

登録するときは、州の監督官がメリット・レビューと呼ばれる証券が発行募集するに値するかどうかについての審査を行う。証券を発行した登録会社は、定期的な報告書の提出と会計帳簿の作成を義務づけられる。

州法は、放っておけば青空まで売ってしまう青空商人である証券会社を規制する法律だからブルー・スカイ・ローと呼ばれる。株式価格が青天井となることを規制するための法律として始まったからという説もある。

その後も、州際の投資詐欺が横行したため、投資家が証券投資よりも貯蓄商品を選好し、企業の資金調達の手段が証券（直接金融）よりも間接金融に移行する動きが生じた。このため、大恐慌後の経済的苦境から脱出する際に、中小企業の資本調達を促進するべく、1933年に連邦証券取引法を定めた。州際の証券取引を促進するため、株式の公募をするときの登録義務と開示義務、少額公募と私募等の仕組みを整えた。こうして投資家保護を確保しながら、企業がその規模に応じた資本調達ができる仕組みを整備する。

②未上場株式の店頭取引・店頭市場の発展の促進（1970年代～）

1970年代後半から1980年代にかけて、米国では、未上場株式の店頭取引と店頭市場を盛んにして中小企業の資本形成を促進するため、レグA、レグD、ルール144等のセーフハーバー・ルールが定められた。これらの制度をベースに証券会社と顧客の店頭取引とその連鎖である店頭市場が州レベルから全米レベルまで発展する。

1990年代も、全米証券市場改善法（NSMIA: the National Securities Markets Improvement Act）によって、各種のセーフハーバー・ルールでの州の証券取引法の規制を免除し、また、ルール144Aの適格機関購入者への転売等の制度を設ける。これが、後に、「セカンダリーマーケット」としてのマーケットプレイスの発展の端緒となる。

1990年代後半から、証券会社がオンライン・トレーディング・プラットフォームを導入し、店頭取引のオンライン化が進むなか、ローカル・ストック・マーケット、グレー・マーケットなどの店頭市場がさらに発展した。

なお、米国では、1980年代後半から、証券会社がPTSと呼ばれる電子市場取引システムを用いた小規模な証券取引所類似の仕組みを開設することが増えた。米国では、1999年にレギュレーションATSを制定して、証券取引所とATSの定義を整理し、ATSの運営ルールを定めた。この時からPTS（Proprietary Trading Systems）をATS（Alternative Trading System）と呼ぶようになった。

〈表7－1－1〉 米国における中小企業の資本形成支援のための株式市場改革

●少額公募・私募・私募転売の拡充⇒中小企業の資本形成促進	
1972年～1979年	1972年にルール144を制定し、1979年ごろまでに、私募で購入した証券を開示義務を簡素化して一般投資家に公募して転売する仕組み等を整備。
1975年～1982年	1975年以降制定したルールを取りまとめて1982年にレギュレーションDを制定（少額公募、少人数私募、適格投資家私募）。
1972年～1978年	レギュレーションA（1936年制定）の募集上限額を30万ドルから段階的に200万ドルまで引き上げる。
1980年	中小企業投資奨励法を制定。同法に基づき中小企業資本形成フォーラムを開催。

●簡易開示義務の範囲の拡大、州法との重複排除、店頭登録市場の電子化	
1990年	レギュレーションAの募集上限を150万ドルから500万ドルに引き上げる。ルール144Aを制定し、私募で購入した株式を適格機関購入者に転売する仕組み等を導入。
1996年	国家証券市場改善法（NSMIA）を制定し、連邦法とSEC規則の免除規定のうち、レギュレーションDルール506などは各州の証券取引法の株式公募の規制を免除。
1999年	レギュレーションATSを制定（証券業または取引所の規制の対象となる電子市場取引システムの明確化等）。
2008年	ルール144を緩和し、会社の主な関係者等ではない株主が一般投資家へ転売するときの販売額の制限等を撤廃。

③NASDAQの電子株式市場としての発展と証券取引所化、PINK SHEETのOTC Marketsへの発展（ATS代替的証券取引所の伸長1990年代～）

1990年代から、店頭登録市場の電子化と店頭取引のオンライン化とが進み、

NASDAQ、OTC-BB、OTC Marketsなど、電子化した店頭登録市場としての未上場株式市場の発展が加速する。

1971年に、全米証券業協会（NASD（現FINRA））が、店頭市場向けの自動気配値表示システム（NASDAQ）を設置する。NASDAQはマーケットメイク方式によるベンチャー企業・中小企業向けの電子化された立会場のない証券取引所として成長を始める。

1982年に上場株式の取扱いを開始し、1984年に、注文執行システムを整備、1997年には、独自の電子市場取引システム（スーパーモンタージュ）を導入するなど、証券取引所並みに電子化された株式市場として発展した。株式の公募をした企業の株式が証券取引所ではないNASDAQで市場取引される。NASDAQも証券取引所と同様とみなされるようになり、NASDAQに店頭登録し、そこで株式を流通させることもIPOと呼ばれた。

NASDAQはITベンチャーブーム等で発展したのち、2006年には、ATS代替的証券取引所を含む取引所間の競争激化の中で、証券取引所の登録を受けた。

NASDは、1990年に中小企業の気配値情報を発信するOTCBBを設けた。その後、OTCBBは電子化した店頭登録市場として発展したが、1997年に銘柄を登録した企業の開示義務を厳格化するなど取引所としての規制が強化されるなか、1998年をピークに取引銘柄数は減少している。OTC Marketsの発展とともにさらに取引銘柄が減少し、今日ではゼロとなっている。

1900年代から店頭取引における気配値公表を行っていたPINK SHEETは、1997年頃から、電子市場取引システムなどを導入して本格的な電子化を進め、ATSの登録を行い、2000年代後半には、未上場株式の代替的証券取引所であるOTC Marketsに発展した。

〈表7－1－2〉NASDAQの発展・証券取引所化、OTC Marketsなど
ATS代替的証券取引所の発展

● NASDAQの発展と証券市場化	
1971年	全米証券業協会（NASD（現FINRA））が店頭市場に自動気配値共有システム（NASDAQ）を設置。
1982年	NASDAQが上場株式の取り扱いも開始。NASDAQ店頭市場への上場もIPOと呼ばれるようになる。
1984年	NASDAQが小口注文執行システムを導入。
1997年	NASDAQが電子市場取引システムを導入。
2006年	NASDAQが証券取引所の登録を受ける。
● OTCBBの発足と衰退、PINK SHEETの電子市場化とOTC Marketsへの発展	
1990年	NASDAがOTCBB（Over-the-Counter Bulletin Board）を開設。
1997年～	PINK SHEET（店頭市場の気配値情報誌）が電子市場化を進める。 2000年に電子気配値配信サービスを開始、2010年にOTC Markets グループへ改称。
1999年	OTCBB登録企業に継続開示義務等の規制を強化。
2007年	OTC Marketsが市場区分を再編（OTC-QX、OTC-QB、PINK）。
2020年頃	OTCBBの取引実績がほぼなくなる。

③JOBS Acts による株式市場改革とマーケットプレイス、クラウドファンディングの発展（2010年代～）

店頭取引のオンライン化の中、証券会社の設置するトレーディング・プラットフォームを活用して、2000年代から未上場株式のマーケットプレイスが登場し、次第に発展した。

2012年制定のJOBS Actでも、IT化の流れの中で、企業の成長段階に応じた募集金額の資本調達と資本形成のステップをさらに発展させるため、以下のような改革を進めた。

1）IPO直後の負担増の軽減

新興成長企業（EGC：Emergence Growth Companies）がIPO・上場直後の一定期間は、内部統制報告書作成の免除等、上場維持に係る費用の負担を軽減し、成長軌道に乗れるようにする。この規制は、IPO On-Ramp（高速道路の進入路）と呼ばれる。

2）少額公募の上限の引き上げ

レグAを拡充し、小額公募の募集上限額を500万ドルから5,000万ドルへ引き

上げる。この拡大した範囲は、レグＡ＋と呼ばれる。

3）適格投資家私募でのインターネットの活用

適格投資家私募や、適格機関購入者を対象とする私募転売におけるインターネットの活用など一般的勧誘・一般的広告を解禁した。

4）一定条件を満たす運営者の登録免除

売買手数料が課されない等の条件を満すオンラインのマーケットプレイス運営者の証券業の登録免除。

5）クラウドファンディングの創設

2016年にレギュレーション（Crowd Funding）を制定し、株式投資型クラウドファンディングを開始。

その後も、2015年にJOBS Act 2.0を制定して、証券取引法第４条（a）（７）及び（d）を追加して適格投資家への私募転売の判例法を法制化するなどの改革が継続する。

2018年も米国議会でJOBS Act 3.0を制定する動きがあったが、廃案となり、この内容を引き継いだ改革がSEC等で行われている。2020年には、適格投資家の定義を特定の経歴を有する者に広げた。2021年には免除規制のハーモナイゼーションとして、レグAの募集上限額を5,000万ドルから7,500万に拡大、レグDルール504の募集上限額を500万ドルから1,000万ドルに拡大した。

この間、マーケットプレイスは、レグDやルール144Aを活用した発行募集の場として活用されるとともに、従業員に公布された株式報酬の転売などセカンダリー・マーケットして発展した。さらに、近年では、レギュレーションA+といわれるJOBS Actで拡大された小額公募（ミニIPO）を行う場として発展している。

クラウドファンディングも2015年以降開始されて、創業直後のスタートアップからローテクの小規模企業まで、全米の一般投資家から少額の資本を集める仕組みとして活用されている。

〈表7－1－3〉マーケットプレイスの発展、JOBS Actによる改革とクラウドファンディングの発展

●未上場株式マーケットプレイスの発展	
2004年	SecondMarket solutionsの設立。
2009年	Shares Postの設立。
2013年	Equity Zenが設立される。NasdaqとShares Postが合弁でNasdaq Private Market（NPM）を設立する。
2015年	NPMがSecondMarketを買収し、NPMと統合させる。 NPMは、流動性向上プログラムを開始。
2015年～	レギュレーションAの改正・施行。 レグA＋マーケットの発展。
●JOBS Actsによる改革	
2012年	JOBS Act制定 レギュレーションA（ミニIPO）の拡大（募集上限500万ドルから5,000万ドルに）。 適格投資家私募（レギュレーションD506（c））と適格機関購入者への転売（ルール144A）をするときのインターネット等の活用を解禁。 売買手数料を得ない未上場株式マーケットプレイスの証券業の登録免除。 クラウドファンディングの創設。
2015年	JOBS Act 2.0の制定。 適格機関投資家への転売（証券取引法第4条（a）⑺・（d）を制定。
2016年	レギュレーションCF（Crowdfunding）の制定。
2020年	適格機関投資家の拡大（特定の経歴・資格を有する者等ものを追加）。
2021年	免除規定ハーモナイゼーションを実施。 レグDルール504の募集上限額を500万ドルから1,000万ドルに拡大。 レグAの募集上限額を5,000万ドルから7,500万ドルに拡大。

なお、イギリス、ドイツ･EU、中国、韓国、インドなどの主要国においても、以上のような歴史的な米国の未上場株式市場の発展を学習し、追いかける。これらの国々でもITシステムの導入等によって、市場の効率性、投資家保護と取引の公正確保のもと、エクイティ・ファイナンスを行う成長企業と未上場株式に投資する投資家の裾野を広げる。これら主要国がどのように米国の後を追い駆けたのかを、日本としてもよく調べれば、確かな足取りの下で、日本の未上場株式市場の発展を遂げることができるだろう。

7－2 日本の未上場株式市場の発展停滞の経緯

（1）概要

日本では、戦後、米国を参考にして証券取引法を制定し、証券取引の規制について米国と同様の仕組みを設けた。その後、これら未上場株式の発行募集の仕組みを米国のように発展させることなく、1970 年代に、投資家保護を強化するため、証券会社が店頭登録銘柄以外の未上場株式を投資勧誘することを禁止する。こうして、未上場株式の店頭取引をほぼ消滅させる。

その後も、開示義務を免除して未上場企業が発行募集を実施できる範囲を、１億円未満の公募、49人・社以下の少人数私募など、経済的メリットの乏しい狭い範囲に抑制し続ける。

このため発行募集も市場に流通する株式もこれを売買する投資家も少なく、店頭取引も店頭市場も実態が乏しい中で、店頭登録市場（JASDAQ）も低迷する。JASDAQは、開示義務を伴う一般投資家向け公募市場であり、電子市場化して1990年代後半、ベンチャーブームの中で活性化したが、株式市場間競争と新興市場設立ブームを経て、2004年に証券取引所となった。

1997年に設けたグリーン・シート市場は、JASDAQ等への登録・上場基準を満たさない成長企業に資本等の調達の場を提供することを目的としていた。しかしながら、引き続き店頭取引が抑制されている中で、日証協の規制でグリーンシート登録企業に開示義務を課したこともあり、成長企業の銘柄登録はそれほど進まなかった。

さらに、2004年に証券取引法改正によって不公正取引規制等を強化したため銘柄登録が急激に減少した。こうして、日本には未上場株式の店頭登録市場もなくなり、証券会社の投資勧誘の原則禁止の例外的な制度が追加されては活発に活用されずに続いている。

（2）規制強化の歴史

①戦後の店頭市場の盛衰と未上場株式の店頭取引・投資勧誘の原則禁止

日本では、戦後、証券取引所の閉鎖中に、証券会社の集団売買と呼ばれる市場的取引や店頭取引で、取引所外での中小企業の株式の発行による資金調達や、投資家間の売買が活発になった。証券取引所が再開した後も、店頭取引が活発に行われて活性化し、次第に組織化されて、より多くの投資家、発行企業が市場に参加するようになると、取引の公正と投資家保護を強化するために、取引所と同様に開示規制や不公正取引規制を店頭市場に及ぼすことが必要になる。「我が国の店頭登録市場の歴史はこのような市場の組織化と規制強化の歴史であった。」[70]。

1949年に、証券取引所が再開された後、同年に店頭売買承認銘柄制度が創設される。中小企業の旺盛な資金需要の中で、この制度の下での店頭取引が活発になり、店頭市場が形成される。

店頭売買承認銘柄の増加、売買高の急増と投機的な売買に対して、投資家保護を強化する必要性が高まり、1951年には集団売買を禁止、1961年には、東証に市場第２部が創設され、店頭売買承認銘柄制度は廃止される。同制度の銘柄の大部分が市場第２部に上場することになった。

このとき、小額公募（少額免除）を、従来の券面額又は発行額5,000万円未満から募集額１億円未満と実質的に規制強化する。この仕組みが、５億円未満まで引き上げられた1988年から1998年まで期間を除き、今日まで続く。

1963年には、取引の公正性と投資家保護をより強化するため、大阪と東京の証券業協会が店頭売買銘柄登録制度を設けた。この制度は、投資家間の未上場株式の店頭登録市場の仕組みであり、本来、発行企業に開示義務が課されないが、証券業協会が自主規制を定め、発行企業に会社情報の開示と取引価格の公表義務を課した。

その後、1971年の証券取引法改正で、発行企業（店頭登録会社）に継続開示義務を課して、有価証券報告書の提出を義務付ける。

さらに、1974年と1976年の大蔵省証券局長通達と、それを受けた日証協の規則で、未上場株式を証券会社が投資勧誘することを事実上禁止した。

1974年には、大蔵省証券局長通達に基づく業界自主規制によって、特定少数銘柄の一律集中推奨を抑制し、顧客のニーズに適合した投資勧誘を求めるなど、未上場株式の勧誘を規制する。1976年には、大蔵省証券局長通達で、上場株式

70　黒沼悦郎「金融商品取引法」有斐閣（2016）p.366。

よりリスクの高い非上場株式の積極的な勧誘を慎むべきとし、業界規則で、店頭売買銘柄については、顧客を一方的に誘引する投資加入は行わないものとした。

これにより店頭取引自体が抑制され、市場的な取引はほぼ消滅した。この枠組みが基本的に今日まで続く。

1983年には、店頭登録市場に増資のための発行募集の機能を追加し、店頭市場に登録されている銘柄を投資勧誘の禁止対象から除外したものの、日証協会員である証券会社による非上場株式の投資勧誘を原則禁止する枠組みが固まる。

〈表7－2－1〉日本の店頭取引、店頭市場、店頭登録市場等の変遷

1949年	戦後、証券取引所が再開された後、日証協が店頭売買承認銘柄制度を創設し、店頭取引は活況を呈する。
1961年	東京証券取引所に市場第2部が創設され、店頭売買承認銘柄制度は廃止。同制度の銘柄の大部分が市場第２部に上場。 少額公募（少額免除）を募集額１億円未満とする。 券面額又は発行額20万円（1947年）⇒500万円　（1974年）⇒1,000万円（1950年）⇒5,000万円　（1953年）⇒募集額１億円（1961年）
1963年	東京及び大阪に店頭売買銘柄登録制度を創設。 開示義務、取引価格の公表義務等を課したため、銘柄数が減少。
1971年	店頭登録会社に有価証券報告書の提出を義務付ける。
1974年	大蔵省証券局長通達に基づく業界自主規制によって未上場株式の投資勧誘を規制。顧客のニーズに適合した投資勧誘を求める。
1976年	大蔵省証券局長通達と日証協規則で非上場株式の資勧誘を制限。一方的に誘引する投資勧誘を禁止。証券株式の投資勧誘が事実上禁止。店頭取引・店頭市場はほぼ消滅。
1983年	証券取引審議会が株式の店頭市場の機能拡充を提言。公募増資の機能を追加。日証協の規則で、非上場株式の投資勧誘の禁止対象から店頭登録銘柄を除外する。

（出所）日証協「非上場株式の発行・流通市場の活性化に関する検討懇談会（第２回資料）事務局説明資料―非上場株式の取引制度と勧誘規制の沿革―」(2021年１月29日)、淵田康之「リスクマネーの供給と消費者保護」『野村資本クォータリー2013 秋号』（野村資本市場研究所、2013)、日本取引所グループのホームページ等。本節の他の各表も同様。

②店頭登録市場の改革とJASDAQの活性化・証券取引所化

JASDAQは、日証協が1963年に創設した店頭売買銘柄登録制度を基礎に、1983年に、店頭売買有価証券市場を中堅・中小企業向けの市場として抜本的に改組して、開設されたものである。証券取引所市場の補完的市場として位置づけられた。企業が自社の株式を店頭登録銘柄とすることを店頭公開といった。日本では上場と店頭公開を合わせて株式公開という。

先述のように1970年代後半から未上場株式の店頭取引がほぼ抑制され、店頭登録市場の取引が不活発な状態が続いた。このため、中堅・中小企業の資金調達、株式の流通と魅力ある投資対象の提供の場にするために、商工会議所等の要請も受けて、流通市場としての店頭登録市場の流動性を高めることを中心とした市場の活性化が進められた。

まず、1976年には、日本店頭証券を設立して、取引執行の手続きを集中して実施する仕組みを設けた。1983年に 中堅・中小企業向けの市場として抜本的に改組して、JASDAQが開設された。店頭登録市場での公募増資の解禁や、店頭登録銘柄の投資勧誘の解禁（1983年大蔵省通達と日証協規則）等を行った。証券取引所ではなく、証券取引所市場の補完的市場として位置づけられ、ここで店頭登録銘柄とすることを店頭公開といった。

しかしながら、店頭登録銘柄以外の投資勧誘は規制される中、この後も不活発な状況が続くものの、次第に、成長・ベンチャー企業向けの市場として成長し、ようやく1990年代からの電子市場化やベンチャーブームの中で、新興企業を中心に取引も増える。

その後、金融ビックバンにおける株式市場間競争の促進と証券取引所の民間企業化、国際的な新興市場設立ブームなどの潮流の中で、JASDAQ市場は東京証券取引所へ統合された。まず、1998年に証券取引法上の店頭売買有価証券市場と位置づけを変え、さらに、2004年に株式会社化して㈱ジャスダック証券取引所に改組され、証券取引所となった。このため、金商法上の店頭売買有価証券市場の登録銘柄は無くなった。㈱ジャスダック証券取引所は、2009年に㈱大阪証券取引所（大証）と合併し、大証と東証の経営統合後、2013年には東証の市場区分の一つとなった。

マザーズは1999年11月に東証に新興企業を対象として開設された。マザーズの上場企業は、年々増え、2022年1月18日現在で424社が上場した。英字表記のMothersは「Market Of The High-growth and Emerging Stocks」の頭文字である。

〈表7－2－2〉店頭登録市場の改革とJASDAQの活性化・取引所化

1976年	日本店頭証券㈱を設立し、店頭登録銘柄の取引実施を集中化。
2001年	商号を㈱ジャスダックに、市場名称をジャスダック市場に変更。
2004年	㈱ジャスダック証券取引所が発足（証券取引所の免許を取得）。東証マザーズ等とともに新興市場として発展。店頭売買有価証券市場は事実上消滅。
2008年	特定投資家及びプロ向け市場（特定取引所金融市場）を制度化。翌年TOKYO PRO Market を開設。
2010年	㈱ジャスダック証券取引所が大阪証券取引所に吸収合併。 ヘラクレス、NEOと統合、JASDAQ市場を開設。
2013年	東証と大証が経営統合。日本取引所グループを設立。 JASDAQ市場は、東証に移管され、東証ジャスダックとなる。

③グリーンシート市場の創設と縮小、株主コミュニティと株式投資型クラウドファンディングの開始

グリーンシート市場は、1997年に日証協が「グリーンシート銘柄に関する規則」を制定して設けられた。非上場株式のうち、発行企業が監査報告書付きの財務諸表を含む会社内容説明書を届け出た銘柄（店頭取扱有価証券）であって、将来上場を予定しているものを、日証協がグリーンシート銘柄に指定する。取扱い証券会社がグリーンシート銘柄の売買気配を継続的に提示して投資勧誘することを解禁し、売買時間を設定し、2003年からは、多角的取引システムが設置されて業者間取引を仲介する機能を持つなど、日証協が市場としての管理体制を整えた。流通市場（セカンダリー市場）に限定されたものではなく、証券会社が成長企業が発行した未上場株式を証券会社が引き受ける行うことで、上場基準を満たさない成長企業が資本を調達する場としての機能もあった。

グリーンシート市場は金商法上の店頭売買有価証券市場ではないが、日証協の規則に基づき市場取引が管理されており、一定程度組織化された店頭市場という意味での店頭登録市場に該当する。

しかし、日証協の規制でグリーンシート銘柄の登録には、公認会計士の監査による無限定適正意見付きの財務諸表が求められた。また、グリーンシート市場の発足とほぼ同時の1998年に、インターネット等による投資勧誘が増加することに対して、ディスクロージャーを強化する理由で、少額公募（少額免除）

の範囲を５億円未満から１億円未満に引き下げた[71]。加えて、1999年11月に東証マザーズ開設以降、各取引所の上場基準が大幅に緩和されたため、証券会社によるグリーンシート銘柄指定が進まない状況となった。このため、グリーンシート市場は、上場基準を満たせないベンチャー企業が資本を調達する場という機能を十分には発揮できなかった。

さらに、2004年に、グリーンシートに対する国民の認知度を向上させ、また、不公正取引への規制を強化することなどを目的に、金商法を改正し、グリーンシート銘柄を「取扱有価証券」として法律上位置づけた[72]。この結果、インサイダー取引や相場操縦などの不公正取引規制も適用となり、発行企業の負担も高まりベンチャー企業以外の非上場企業の資本の調達や株式の流通の場としての機能も発展せずに、2004年の96銘柄をピークに銘柄数が減少し、取引が低迷した（2018年廃止）。

グリーンシートに代わる未上場株式の市場的な発行・流通の仕組みとして、2015年にクラウドファンディングと株式コミュニティ制度を設けたが、これらも極小規模なものにとどまっている（第２章）。それぞれ、金商法上の店頭売買有価証券市場には該当せず、日証協の非上場株式の投資勧誘の原則禁止の例外的な制度である。

株主コミュニティでは、証券会社が会員を増やすための勧誘活動が禁止されており、また、複数のコミュニティをまたがって売買する仕組みもない。このため、投資家が増加して、資本調達の場として機能し、店頭市場へと発展する見込みの乏しいものとなっている。

日本の株式投資型クラウドファンディングでは、小規模な成長企業が発行募集をWEB上で多数の一般投資家を公募することができるが、募集額が１年間に１億円未満、１人・社の投資家の投資額が１社50万円以下と極少額であり、成長企業の投資資金の調達の場として本格的に発展することが厳しいものとなっている。

また、発行企業への開示義務も、定期開示義務もなく、投資家の保有する株

71　同時に、１億円以上５億円未満の株式の募集売出しには、有価証券届出書・報告書から連続財務データの記載を省略可とする「少額募集」という仕組みを設けたが、ほとんど活用されていない。

72　金商法第67条の18第４号。

式が少額なため、クラウドファンディングで株式を購入した投資家による転売市場も容易には発展しない。

〈表7－2－3〉グリーンシート市場の創設と縮小、株主コミュニティ及び株式投資型クラウドファンディングの創設

1997年	グリーンシート制度を創設。
1998年	少額免除の募集額上限を1億円未満に戻す。
2005年	証券取引法を改正し、グリーンシート銘柄の市場における不公平取引規制を適用するなど規制を強化。このためグリーンシート市場は縮小（2018年3月末廃止）。
2015年	株主コミュニティ制度と株式投資型クラウドファンディング制度を創設。
2018年	グリーンシート市場は解散。

④証券会社の投資勧誘禁止の一部解禁

成長企業の資金調達などの未上場株式の取引ニーズに応えるため、証券取引法等の改正による免除取引の制度化や拡充、日証協の未上場株式の投資勧誘禁止の例外的制度の整備が繰り返されている。

免除取引については、1988年に、27年ぶりに、少額公募（少額免除）の上限を1億円から5億円に引き上げ、発行募集の促進を図る（1998年にグリーンシート市場の開設に伴い、１億円に戻る）。

1988年には、折からのリクルート事件を受け、IPO直前の企業の株式の譲渡を規制し、公募価格の決定に競争入札を導入した。1991年には、証券取引法を改正して、公募（金商法では「募集」または「売出し」）の定義を、「不特定多数」（通達で50人・社以上）に対する勧誘から、多数（政令で50人・社以上と規定）に対する勧誘であって私募に該当しないものと明確化した。併せて、適格機関投資家私募と少人数私募を導入した。その後も、適格機関投資家の範囲を次第に広げるなどの拡充を図っている。

しかしながら、第８章でみるように、少額公募（少額免除）は募集額１億円未満と少額であること、少人数私募は、勧誘先の数を３か月間で49人・社以下に制限するため、勧誘活動の制約が大きいこと、適格機関投資家の範囲は機関投資家、大企業、超富裕層に限られることもあって、これらの制度の活用は進まずにいる。さらに、証券会社が発行企業を手伝ってこれら少額公募や私募を取り扱うことを、原則禁止していることも、制度の利用が不活発な要因となっている。

この投資勧誘原則禁止の例外としては、1997年に店頭取扱有価証券の投資勧誘という仕組みがあるが、発行企業が会社情報を届け出る会社内容説明書に監査報告書の添付が求められるなど、発行企業の開示義務の負担が重く、活用実績は乏しい。また、2003年に適格機関投資家投資勧誘を解禁したが、適格機関投資家となれる基準が厳しいなどの理由で、活用実績は乏しい。

このような投資勧誘原則禁止の例外制度も、そもそも制度の基礎となる金商法での少額免除や私募の範囲が狭いため、盛んに活用されるものにはなっていない（第９章参照）。

2020年11月には、企業価値評価等が可能な特定投資家に対する店頭有価証券の投資勧勧誘を導入した。2022年７月には、特定投資家私募制度を導入した。いずれも、証券会社が特定投資家向けに取り扱う私募の仕組みにとどまり、店頭市場の形成を進めるような制度にはなっていない。[73]

73　企業価値評価等が可能な特定投資家に対する店頭有価証券の投資勧勧誘と特定投資家私募制度については、第９章参照。

〈表７－２－４〉開示義務の免除取引の整備、投資勧誘禁止の例外制度の整備

1988年	少額免除の募集額上限を２年間で１億円未満から同５億円未満に引き上げる。リクルート事件を受け、IPO直前の譲渡を規制、公募価格の決定に競争入札を導入。
1992年	公募（募集）の定義を50人・社以上への勧誘等へと明確化。 少人数私募（半年間50人未満の投資家（適格機関投資家を含む）への勧誘）、適格機関投資家私募等（株式は含まれない）を創設。
1996年	通産省の研究会が未上場・未登録株式の流通性向上等を提言。
1997年	規制改革推進計画に未上場株式等の投資勧誘の解禁を記載。 店頭取扱有価証券制度（継続開示会社及び、監査報告書添付の財務諸表を含む会社内容説明書を提出した未上場会社の未上場株式の投資勧誘の解禁）。
1998年	少額免除の募集額上限を５億円から１億円未満に戻す（グリーンシート制度導入に併せ）。
2003年	少人数私募の半年間50人・社未満の投資家から適格機関投資家250人・社未満までを除く。 適格機関投資家私募の対象にエクイティ(株券、新株予約権付き証券等)を加える。 適格機関投資家を拡大(ベンチャーキャピタル、年金基金等)。 日証協規則で適格機関投資家投資勧誘制度を開始。
2007年	適格機関投資家の拡大（有価証券10億円以上保有する事業法人・個人（口座開設から１年以上経過））。
2015年	株主コミュニティ制度と株式投資型クラウドファンディング制度を創設。
2020年	企業価値評価等が可能な特定投資家に対する店頭有価証券の投資勧勧誘制度を開始。
2022年	特定投資家私募制度を開始。

第8章

第8章

未上場株式市場が発展しない要因
―日本の株式の募集等の厳格な規制（概要）

〈全体フロー図〉 未上場株式市場でのエクイティ・ファイナンスによる企業の成長・個人資産の拡大と経済成長

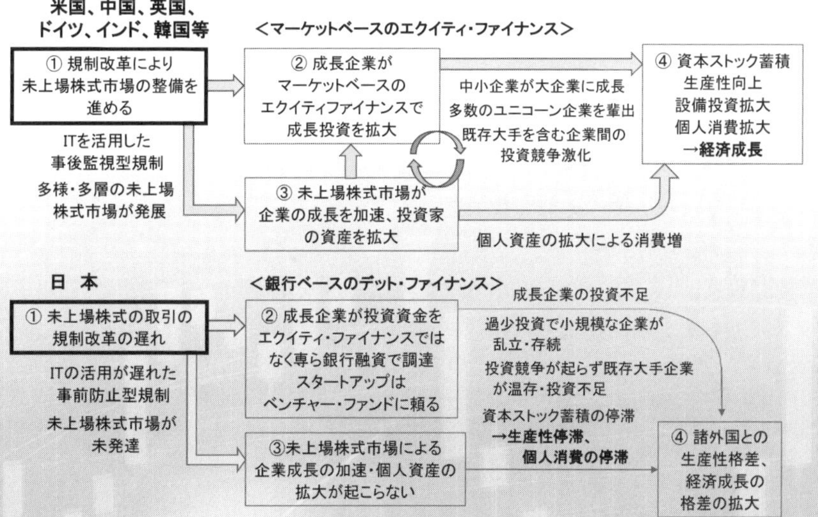
米国、中国、英国、
ドイツ、インド、韓国等
<マーケットベースのエクイティ・ファイナンス>
① 規制改革により未上場株式市場の整備を進める
② 成長企業がマーケットベースのエクイティファイナンスで成長投資を拡大
④ 資本ストック蓄積 生産性向上 設備投資拡大 個人消費拡大 →経済成長
中小企業が大企業に成長
多数のユニコーン企業を輩出
既存大手を含む企業間の投資競争激化
ITを活用した事後監視型規制
多様・多層の未上場株式市場が発展
③ 未上場株式市場が企業の成長を加速、投資家の資産を拡大
個人資産の拡大による消費増
日 本
<銀行ベースのデット・ファイナンス>
成長企業の投資不足
① 未上場株式の取引の規制改革の遅れ
② 成長企業が投資資金をエクイティ・ファイナンスではなく専ら銀行融資で調達 スタートアップはベンチャー・ファンドに頼る
過少投資で小規模な企業が乱立・存続
投資競争が起らず既存大手企業が温存・投資不足
資本ストック蓄積の停滞
→生産性停滞、個人消費の停滞
ITの活用が遅れた事前防止型規制
未上場株式市場が未発達
③未上場株式市場による企業成長の加速・個人資産の拡大が起こらない
④ 諸外国との生産性格差、経済成長の格差の拡大

この章では、日本の株式の取引を巡る規制の現状を理解し、未上場株式市場が未発達な大きな要因が、前章でみた歴史的経緯の中で構築された米国等と比べてはるかに厳格な規制にあることを確認する。

このため、米国の証券取引法、証券取引所法、SECの規則や州の証券取引法などの未上場株式の取引に関する各種の規定を、日本の金融商品取引法（金商法）関連の規制と比較する。結果、米国等の事後監視型の規制に対して、日本の事前防止型に傾いている未上場株式の取引規制の姿がよく理解できる[74]。

さらに、免除取引の範囲について、日本と米国、イギリス、ＥＵ，中国、韓国について対照させる。

8－1 未上場株式の取引と市場の規制の骨格と米国・日本の比較

この章では、改めて、米国の証券取引法･証券取引所法の考え方をベースに、各国が概ね共有する未上場株式の規制の骨格を説明する。

日本での用語も、他の国々と同様、米国の証券取引法や株式市場で用いられている用語がベースとなっている。このため、以下では、元となっている英語をカッコ内に記載している。

序章などに既に主要な用語は簡単に説明してあるので、以下は、一度読み飛ばして、必要なときに参照されてもよい。

（1）発行企業、投資家、機関投資家、一般投資家

投資家は、政府等の公的な投資家と、機関投資家と、一般投資家とに大別される。

機関投資家は、顧客から拠出された資金を株式や債券などで大口で運用する投資家である。機関投資家には、日本での分類であるが、証券会社など金融商

74　本書では、事前防止型規制とは、「事前規制」や「未然防止規制」と呼ばれる、特定の者の一定の行為について事前に禁止等の一律の制限を課して、リスクの発生を抑止をする規制をいう。事後監視型規制とは、「事後規制」や「事後監視・監督」、「事後チェック」と呼ばれるもので、事前規制を廃止または軽減して、一定の行為については、実施主体や実施結果についての情報公開や評価・監視、悪い結果の損害賠償、原状回復や実施者の処罰などによる対処を行う規制体系と運用の仕組みをいう。

品取引業者、投資運用業者、投資信託・投資法人・その他投資ファンド、生命保険会社、損害保険会社、銀行（信託銀行、普通銀行、信用金庫）、協同組織金融機関、政府系金融機関、共済組合、年金基金などが含まれる。

このうち投資ファンドとは、多数の投資家から集めた資金を一体として合同運用する集団投資スキームをいう。投資信託・投資会社に加えて、民放組合、匿名組合、投資事業有限責任組合などを設立して無限責任組合員である投資運用業者が運用する場合も多い。日本のベンチャーファンドやPEファンドには投資事業有限責任組合の形態のものが多い。

他に、政府・政府機関、地方公共団体、中央銀行、国際機関などの大口投資家もあるが、通常、機関投資家に含まれない。

一般投資家には、株式会社をはじめ各種の法人と**個人投資家**に区別される。成長企業向けのエクイティ・ファイナンスでは、株式会社形態の事業会社の役割が大きい。富裕層の個人が設立した資産管理会社（米国では規模の大きいものがファミリーオフィスと呼ばれる）は実質的に個人投資家であるが、専任の投資運用担当者を置いて投資会社化している場合もある。

（2）勧誘、募集、公募と私募

発行企業が投資家に、投資家が他の投資家に、株式を購入して株主になるよう働きかけることを「**勧誘**（solicit）」といい、一定期間に複数の投資家に対し勧誘する活動を「**募集**（offering）」と呼ぶ。募集の方法は個別訪問・面談、説明会・セミナーの開催からインターネットを使った情報発信、各種の広告宣伝まで多様であるが、投資家保護の観点から、各国ごとに一定の制限が課せられる。

募集は、不特定多数の投資家に対して勧誘する「**公募**（public offering）」と、一定の少数の投資家または特定の投資能力の高い投資家（**適格投資家**）に限って勧誘する「**私募**（private placementまたはprivate offering）」に区別される。一定の少人数の投資家に募集の対象を限った私募を「**少人数私募**」、適格投資家に限った私募を「**適格投資家私募**」という。

株式の公募が行われるときには、発行企業に厳格な**開示義務**が発生する。一定額以下の少額の公募である「**少額公募**」と、少人数私募、適格投資家私募では、この厳格な開示義務が免除される。米国等主要国では、代わりに、軽減された、または簡易な会社情報の開示を義務付ける。

企業が発行した株式を購入する投資家を集めるために、または投資家が保有する株式を購入する投資家を探すために、募集することを、縮めて**株式の募集**（stock offering）という。公募や私募についても同様に、**株式の公募**（public stock offering）や、**株式の私募**（private stock offering）という。

このとき、発行企業は開示資料に整合した目論見書を作成し、発行企業や転売する投資家、これらを手伝う証券会社が勧誘のために使う資料とする。これらが勧誘するときは、投資家に目論見書を契約締結する前に交付する義務がある。少額公募や私募の場合、一定の目論見書（募集案内書と呼ぶこともある）の交付は、国によっては慣行化している場合もあり、義務付けの範囲も差異がある。

（3）開示義務

「開示義務（duty to disclose)」とは、発行企業が資本を調達するため、または株主（株式を保有する投資家等）が株式を転売して換金するため株式の公募をするときに、発行企業に課される会社情報を開示する義務である。

「**開示義務**」とは、具体的には、発行企業に、日本では有価証券届出書・同報告書と呼ばれる大量の開示書類を規制当局へ提出し、当局を通じて公表（公衆縦覧）する義務のことである。株式の公募の時の開示義務を「**発行開示義務**」という。年度ごと、四半期ごとの定期的な開示や臨時の開示も求められる。これを「**継続開示義務**」という。継続開示義務は、株式の公募を行った会社に加えて、株主数など一定の規模に成長した会社にも課される（強制開示義務[75]）。

株式の公募を行って継続開示義務を負う会社と強制開示義務を負う大会社を併せて「**継続開示会社**（reporting company)」という。

開示書類の作成や監査報告書の添付をはじめ、開示義務を守って株式を公募

75　株式の公募をしていなくても、一定規模を超える企業には会社情報を定期的に開示する義務（強制開示義務）が課せられる。米国では、この基準を、JOBS Actの制定で、前年事業年度の総資産が 1,000万ドル超であって株主500人以上から、同じく1,000万ドル超であって、株主数2,000人以上または適格投資家以外の株主数500人以上、に引き上げられた（証券取引所法第12条（g）（1）（A))。日本では、5年度連続で事業年度末日に株式等の所有者が特定投資家を除き1,000人以上となった会社に強制開示義務が生じる。（金商法第24条第1項、金商法施行令第3条の6）。

するためには多額の費用がかかる[76]。このため、企業が株式の公募をするときは、費用対効果を考えて、店頭市場等で募集・販売活動をするよりも、無数の投資家に対して公募することができる証券取引所に上場することを選ぶ。このため、初めての株式の公募は、初めての株式の上場とほぼ同じこととなり、これをInitial Public Offering：**IPO**と呼ぶ。

Initial Public Offeringは、文言上では新規株式公募と訳されるが、通常、新規株式公開と訳されている。日本では、株式の公募と上場をするときにはじめて定款上の株式の譲渡制限等を解除することが多く、会社法では株式の譲渡制限を解除した会社を公開会社といい、譲渡制限が付いている株式を未公開株式ということから、このように訳された[77]。

（4）免除取引と未上場株式の取引の自由化

先述したが、少額公募と少人数私募、適格投資家私募の場合には、厳格な開示義務が免除されて、米国等では、簡易な開示義務が課される。

「**少額公募**」[78]とは、一定期間に少額の募集目標額で株式の公募をする場合をという。少額の公募ということもある。

少額公募では、私募と同様に、開示義務は軽減されて、厳格な開示義務のコストを負担できない中小規模の企業でも、株式を発行し、募集して、投資家から資本を集めることができる。米国等では、レグAに基づき7,500万ドル以下まで認められる。転売は原則規制がなく、少額公募は、通称、**ミニIPO**と呼ばれる。

米国では、州の証券取引法の下で行われる概ね500万ドル（５億5,000万円）

76　IPOに要する費用については、対象と売る費用の範囲にもよるが、準備期間を入れてIPOを実現するために２年から５年程度必要で、その間、平均して5,000万円以上は必要という分析もある。

77　会社法２条５項で「公開会社」を「その発行する全部または一部の株式の内容として譲渡による当該株式の取得について株式会社の承認を要する旨の定款の定めを設けていない株式会社」と定義している。

78　少額公募は、米国では、small exemptionまたはsmall public offering（直訳すると「小規模公募」）という。日本の金商法では、同法第４条第１項第５号に定める募集額が１億円未満で有価証券届出書等の提出が免除される株式の公募が該当する。金商法関係者はこれを「少額免除」と呼んでいる。第５条第２項には、「少額募集」という、有価証券届出書の記載の一部を省略（現行は連結決算の記載を省略）することができる１億円以上５億円未満の株式の公募がある。証券取引所に上場しないで公募を行う場合に用いられるが、実績は極わずかである。「少額公募」と紛らわしい仕組みである。

以下の少額の公募をマイクロIPOと呼ぶこともある。

少額公募・私募という開示義務が免除される取引（免除取引）の範囲では、開示義務の負担が軽減されて、小規模・中規模の企業も、株式を発行して募集・勧誘活動をすることができるようになる。開示資料に記載する項目を絞って作成コストを抑えて、会計基準を国内基準やその他の基準にし、または、監査(オーディット）を限定的保障（レビュー）や調整・作成（コンピレーション）にするなど、小規模な企業でも募集額に応じて負担可能な範囲となっている。

転売の場合も私募で購入した株式の転売や、会社関係者による転売など一定の範囲に限り開示義務が課される。**転売のための公募**に課される開示義務を、以下では**転売の開示義務**という。一定の転売禁止期間を経たり、簡易な開示を行って、転売の開示義務を免除されて転売することを、この本では「**私募転売**(private resale, resale exemption)」という。

この本では、少額公募、私募、私募転売など開示義務が免除・軽減される免除取引の範囲を広げることを**未上場株式の取引の自由化**ということがある。投資家が少額公募に応じて購入した株式を転売することについては、発行企業が、軽減された内容の継続開示義務を果たしていれば、原則、制限はない。私募に応じて購入した株式については、原則、これを転売するための公募には厳格な開示義務が課され、これを免除するためには私募と同様の対象に転売先が制限される。

米国では、**1933年証券取引法**（Securities Act of 1933）と**1934年証券取引所法**に基づき**SEC**（Securities and Exchange Commission：証券取引委員会）が複数の州を横断する証券取引を規制・監視している。証券取引法第５条で開示義務を定め、第３条と第４条で、小規模募集、私募、私募転売を定めて、第５条の厳格な開示義務を一定の範囲で免除する。

SECは、セーフハーバー・ルール等を定め、軽減された、または簡素な開示義務を課して、各種フォームによる会社情報の提出を求める。未上場株式の取引についての代表的なセーフハーバー・ルールとして、レギュレーションＡとレギュレーションDがある。これらは、証券取引法第３条（b）の小規模公募(Small public offering）や第４条（a)（２）の私募（private offering）を適法に実施するためのものである。第４条（a)（１）の投資家等による転売の取引については、これに関連してルール144やルール144Ａが定められている（詳しくは第９章参照）。

これらの開示義務の免除に関する証券取引法の規程やSECのルールを**免除規定**（exemptions）といい、これらに基づく取引を**免除取引**（exempt transaction）という。それぞれ、米国内外の関係者にとってはあまりに著名なルール名であり、諸外国もこれら米国の規制を学び、各国の証券取引法の体系に導入している。

日本の未上場株式の取引には、米国等主要国と比べて、広範囲に厳格な開示義務が課される。少額公募（少額免除）、適格機関投資家私募、特定投資家私募、少人数私募という、一部の開示義務が免除された範囲でも、代わりの簡易な開示義務等が定められておらず、株式の公募・上場のときの有価証券届出書と毎年度の有価証券報告書が求められる。また、証券会社はこれら未上場株式の公募・私募において投資勧誘することが多くの場合で禁止されている。このように日本では、取引の公正と投資家保護を確保して、取引を促進するための規制や制度は整備されていない。

8－2 日本と米国の未上場株式の取引規制の比較

（1）少額公募―米国は募集額を拡大、日本は極少額のまま

一般または不特定多数の投資家への株式の購入の勧誘である「株式の公募」をする企業には、会社情報の厳格な開示義務が課せられる。募集額が少額の公募である少額公募についてはこの厳格な開示義務が減免される。

米国は、１年以内に募集額7,500万ドル（82.5億円）以下となっている。

日本では、金商法で、少額公募に相当する仕組みである「少額免除」は１年以内に募集額１億円未満でしかない（金商法第４条第１項第５号）。米国と比べ大変狭く、少額な資本調達額にすぎないため、募集をする経済的メリットが乏しく、企業の活用が進まない。

（2）少人数私募
―米国は勧誘先の人数は無制限、購入者35人・社以下、日本では勧誘先49人・社以下

少人数私募については、米国では、勧誘先の数は無制限、購入者の数を限定する。米国では、適格投資家または12か月で35人・社以下の少人数の「洗練された投資家」が私募に応じて株式を購入することができる。洗練された投資家とは、一般投資家のうち、投資のリスクを理解するものと認められる者であり、募集をする側に確認する義務がある。私募における投資家に対する、新聞、雑誌、WEB、セミナー等による一般的な勧誘・広告は禁止されていたが、2012年のJOBS Actで適格投資家向けには解禁された。

日本では、少人数私募の対象として勧誘先の数を限定する。適格機関投資家私募では勧誘先を適格機関投資家に限定する。適格機関投資家以外の者への勧誘は49人・社以下しかできないので、募集・勧誘活動のために広告・宣伝等が行えない。

日本では、三か月間で49人・社以下までしか勧誘をすることができないため、募集目標額に達しなくても、49人・社に達した時点で募集活動を停止しなければならない。また、勧誘の定義が広いので、ホームページの掲載やメール配信などのインターネットの活用はほとんどできず、セミナーなど説明会の開催にも慎重な対応が必要となる。

結局、プライマリー取引における募集・勧誘活動は有力な投資家から順に一人一人、一社一社にアプローチすることになり、投資家間の競争関係もそれほど起こらずに市場的な資金調達環境ではなくなる。

（3）適格投資家私募
―日本は適格機関投資家・特定投資家の要件が厳しい

次の**表８－２**で、以上の米国と日本の規制を整理している。

米国では、**適格投資家**は、個人は金融資産100万ドル（１億1,000万円）超または年収20万ドル（2,200万円）超である。

一定の投資する資力または能力のある投資家または少数の投資家への株式の購入の勧誘である「株式の私募」をする企業には、厳格な開示義務が免除される。この私募に応じて未上場株式を購入できる適格投資家の範囲が日本では米

〈表8－2〉 米国と日本の免除取引の範囲

1）米国

<table>
<tr><td rowspan="4">株式の公募</td><td>レギュレーションD
ルール504</td><td colspan="2">レギュレーションA</td><td>証券取引法
第5条</td></tr>
<tr><td>1,000万ドル以下</td><td>ティア1
2,000万ドル以下</td><td>ティア2
7,500万ドル以下
2,000万ドル超</td><td>7,500万ドル超</td></tr>
<tr><td>FormDによる登録</td><td colspan="2">Form 1-Aによる登録</td><td>Form S-1
（登録届出書）
の届出等</td></tr>
<tr><td colspan="4">対象投資家の制限（勧誘先無制限、購入者を以下の投資家に限定）</td></tr>
<tr><td>少人数私募
レギュレーションD
ルール506（b）</td><td colspan="4">・洗練された投資家（投資リスクを理解すると認められる投資家）35人・社以下
・募集金額、勧誘先数無制限。FormDによる登録</td></tr>
<tr><td>適格投資家私募
ルール506（c）</td><td colspan="4">機関投資家、金融機関、法人（総資産500万ドル（5億5,000万円）超）
個人（年収20万ドル超又は住居以外の資産100万ドル（1億1,000万円）超）
募集金額、購入者数無制限。FormDによる登録</td></tr>
</table>

2）日本

<table>
<tr><td colspan="4">少額公募（少額免除）</td></tr>
<tr><td>1年間の募集額 ／ 半年間の勧誘対象者数</td><td>1千万円以下</td><td>1千万円超
1億円未満</td><td>1億円以上</td></tr>
<tr><td>株式の公募
50人・社以上</td><td>○</td><td>○
有価証券通知書の提出（非公表）</td><td>×
有価証券届出書の届け出等</td></tr>
<tr><td>少人数私募
49人・社以下</td><td>○</td><td>○</td><td>○</td></tr>
<tr><td colspan="4">勧誘対象投資家の制限</td></tr>
<tr><td>適格期間投資家私募
人数・社数無制限</td><td colspan="3">・機関投資家、金融機関、第1種金融商品取引業者、投資運用業者等
法人・個人（いずれも有価証券残高10億円以上、金融庁長官への届出。法人名・氏名及び所在市区町村名公表）</td></tr>
<tr><td>特定投資家私募
人数・社数無制限
（発行企業は証券会社に私募の取り扱いを委託する業務）</td><td colspan="3">・国、日本銀行、金融機関、機関投資家、上場会社、資本金5億円以上の株式会社等
・証券会社の資格確認、承諾が必要
個人は純資産及び金融資産3億円以上、特定の知識・経験を有し純資産または投資性金融資産1億円以上で年収1千万以上等</td></tr>
</table>

○：開示義務免除　×：開示義務あり（有価証券届出書・報告書（毎年）の提出・公衆縦覧）

国と比べて大変狭い。

日本で適格投資家に該当するものは、適格機関投資家（個人投資家も含む）と特定投資家の２種類がある。

適格投資家は、金融機関、機関投資家に加え、法人も個人も有価証券残高10億円以上である。個人には口座開設から１年以上経過した者であることが求められる。

特定投資家は、金融機関、機関投資家に加え適格機関投資家に加え、政府等、上場企業、資本金五億円以上の株式会社、証券会社が特定投資家になることを承諾した法人と個人である。個人には、口座開設から１年以上経過した者であって、純資産及び投資資産が３億円以上の者や、年収1,000万円以上等で特定の知識経験を有する者などの要件がある。特定投資家制度は、元々証券会社などの営業行為の規制をプロの投資家に対しては緩和する仕組みである。

証券会社等が特定投資家に限定した私募を取り扱うときは、特定投資家私募として、開示義務が免除される。特定投資家を対象に、発行企業が私募を行うとき、投資家が私売出しを行うときには、証券会社に委託する義務がある。

なお、金商法では特定投資家や発行企業関係者などを除く投資家を一般投資家としている（金商法第40条の４、金融商品取引業に関する内閣府令（金商業等府令）第125条の２）

（４）転売規制
―米国では未上場株式の投資家による転売の仕組みを整える。日本では転売のための公募に広範囲に開示義務が課される

米国では、投資家による転売は原則、厳格な開示義務の対象とならない。私募で購入した株式の転売、会社の関係者、依頼した証券会社等による転売、株式を流通させようとする者（アンダーライター）による転売については、開示義務が課せられる（証券取引法第４条（a）（１））

米国では、ルール144Aの適格機関購入者への転売や証券取引法第４条（a）（７）の適格投資家への転売などで、開示義務免除の下転売する私募転売の仕組みが整備されている。さらに、ルール144で転売制限を解除して一般に公募することもできる。

日本では、**転売のための公募**にも、原則、開示義務がある。政令で、証券取

引所での転売など、この例外を列挙して、結果として、通常の投資家間の取引には開示義務の対象外となる。

まず、投資家が私募に応じて購入した株式を転売するために公募すると、厳格な開示義務が課される。次に、会社や会社の主な関係者、金融商品取引業者等のいずれかが、これら以外の者との売買取引の相手方になる場合に開示義務が課される。金融取引業者間の売買も同様に開示義務が課される。

日本では、次に述べる米国の場合と比べて、開示義務の対象が幅広い。会社の主な関係者等が幅広く、子会社とその役員も含む。証券会社を含む金融商品取引業者が他の投資家や金融商品取引業者に転売するときにも開示義務がある。

これら以外の会社と会社関係者、会社関係者間、会社・会社関係者と金融商品取引業者の売買には開示義務が課されない。

米国では、投資家による転売は原則、厳格な開示義務の対象とならない。私募で購入した株式の転売、会社の関係者、依頼した証券会社等による転売、株式を流通させようとする者（アンダーライター）による転売については、開示義務が課せられる（証券取引法第４条（a）（１））

米国で証券会社に開示義務が課されるのは会社が公募・私募の取り扱いを依頼した証券会社等による転売に限られる。

米国では、ルール144Aの適格機関購入者への転売や証券取引法第４条（a）（７）の適格投資家への転売などで、開示義務免除の下転売する私募転売の仕組みが整備されている。さらに、ルール144で転売制限を解除して一般に公募することもできる。

日本では、私募で購入した株式は、私募と同様に勧誘先を限定した募集による転売（「私売出し」）を行うことになる。 そもそも、私募の範囲が狭いので、私売出しが行われることも、ファンドの投資先の株式の転売等が目立つ程度であろう[79]。

79　金商法第４条（募集又は売出しの届出）第１項では、「有価証券の募集・・又は有価証券の売出し・・は、発行者が当該有価証券の募集又は売出しに関し内閣総理大臣に届出をしているものでなければ、することができない。ただし、次の各号のいずれかに該当するものについては、この限りでない。一　・・　五　発行価額又は売出し科学の総額が１億円未満の有価証券の募集又は売出しで内閣府令で定めるもの・・」と規定する。

（５）簡易・簡素な開示
—米国では募集額等に応じて段階的に開示義務を軽減する。日本では、免除取引に開示義務はない

私募や私募転売においても、発行企業が負担できる範囲で、かつ、投資家保護のために必要な範囲で、簡素な開示義務や投資家への情報提供義務を課している。

米国では、連邦法や州法の規制で、株式の公募も私募も、少数の縁故者等者への私募を除き、ほぼ全件が、SECや州政府に登録され、一定の開示が求められる。後で説明するが、発行企業の開示義務履行の負担を軽減するため、公募か私募か、募集額の大小等に応じて、レグAのフォーム１－Ａ、レグDのフォームD、レグCFのフォームC、や州法の統合審査のフォーム１－Uなどを定める。こうして、発行企業の開示義務履行の負担を、資本調達のメリットが確保できる範囲に抑えながら、投資家保護を確保している。

一方、日本では、小額公募（少額免除）や私募では、特段の会社情報の開示や公表の義務はなく、未上場株式を購入するときの投資家保護の仕組みが不足する。

日本では、少額公募や私募では、厳格な開示義務を１億円未満、49人・社以下等極狭い範囲で免除する。

その一方で、これら狭い範囲の小額公募や私募では、投資家が未上場株式を購入するときは、投資家への情報提供義務のあるクラウドファンディングや特定投資家私募などを除き、開示義務が一切なく、この限りでは、米国等と比べて投資家保護が不十分となっている。少額免除では、発行募集でも、転売の公募（売出し）でも、開示義務は免除され、有価証券届出書の提出は不要となる。1,000万以上、１億円未満では、規制当局に会社の概要等を記載した非公表の有価証券通知書を提出する義務はある。なお、１億円以上５億円未満の募集・売り出しについては有価証券届出書に連結財務諸表を記載することを不要にする等の簡素化をする「少額募集」という仕組みもある（第５条第２項）。

このように、募集額1,000万円超、１億円未満の有価証券通知書（非公表）の提出義務を除き、日本の小規模公募では特段の規制はなく、また、少人数私募でも、３か月以内（転売の場合は１か月）に49人・社以下への勧誘であれば、特段の規制はない。これらの範囲では、ほぼ自由に未上場株式の発行と転売の

ための募集ができる。

株式の規制当局への登録や簡素な開示や投資家への情報提供もないので、株式が投資家の通常の投資対象とならない。

(6) 証券会社の登録と営業等の規制—日本では証券会社の未上場株式の投資勧誘原則禁止

証券会社は、その本来の業務として、発行企業から株式の引き受けや仲介等を依頼されて、証券会社の顧客網やノウハウを生かして、未上場株式の小規模公募や私募を支援する。

米国では、SECや自主規制機関の規則の下、証券会社が未上場株式を積極的に取引する。証券会社（ブローカー・ディーラー）は、証券の売買、仲介、募集の取り扱いなど、州際で活動するときは、SECに登録する義務がある（証券取引法第15条（a））。登録ブローカー・ディーラーは、財務的規制や営業行為等の規制に従う。

SECは、証券会社に投資家が適格投資家であることなど顧客の適法性を調査する義務など営業行為を規律する規制を課す。FINRAは、会員証券会社に銘柄の登録義務、取引の報告義務等を課す。

これらの規則・ルールの下で、証券会社は、未上場株式の取引を積極的に行い、発行企業の公募・私募での仲介や引き受け、投資家間の売買の仲介をする。こうして、証券会社は、未上場企業の資本調達を支援する投資銀行として活動し、連携して、州レベルから連邦レベルまでの店頭市場を形成する。

一方、日本では、証券会社が未上場株式の投資勧誘を行うことが原則禁止されている。発行企業に依頼されて、または自ら所有する株式について、投資家に対して勧誘することが原則として認められない。店頭取扱有価証券投資勧誘や株主コミュニティなど例外的な制度においても、狭い免除規定の範囲内で、発行企業の開示義務の負担が重かったり、勧誘が認められる範囲が狭いなどのためそれほど活用されない。証券会社がセルサイドで成長企業向けの投資銀行として機能することができず、店頭取引も起こらずに、店頭市場も形成されない。

（7）PTS代替的証券取引所、マーケットプレイス、クラウドファンディング、—日本ではPTSの規制が広範囲

米国では、多くの証券会社がATSの登録をして、OTC Marketsのような証券会社の店頭登録市場を電子化した代替的証券取引所や、マーケットプレイスでのセカンダリー・マーケットを開設している。マーケットプレイスは、ATSの登録がなくても、証券業の登録の下で、盛んに開設されて、レグA+の7,500万ドル以下の小規模公募やレグDの私募、ルール144Aの私募転売などが発行企業、投資家間で行われる。

クラウドファンディングも、募集額500万ドル、投資家の投資額も資力に応じて最大10.7万ドル（1,177万円）であり、アーリーステージの成長企業のエクイティ獲得の手段として活用されている。レギュレーションCrowd Funding（レグCF）に基づき、フォームCによる開示義務が課される。証券業の登録を得ずに、より軽易な登録基準でファンディングポータルの登録を受けることもできる。

一方、日本のPTS代替的証券取引所では、上場株式の転売は盛んであるが、未上場株式については小規模公募・私募の免除取引の範囲で生じた未上場株式の転売となり、流通量が少なため、容易には市場が発展しない状況にある。

PTSの定義も広く、条文の読みようによっては、株主・投資家が募集条件を提示して取引先相手を探して売買するようなオンライン・プラットフォームもPTSに該当する可能性があり、認可も必要となる。

いずれにしろプライマリー市場が未発達で、投資家の投資対象となる未上場株式の流通量が極少ない日本では、PTS電子株式市場も未上場株式マーケットプレイスも開設・発展は厳しい。

グリーンシートに代わる市場的な仕組みとして、2015年にクラウドファンディングと株式コミュニティ制度等の制度を設けたが、これらも極小規模なものにとどまっている（第２章）。それぞれ、日証協の非上場株式の投資勧誘の原則禁止の例外的な制度である。

日本の株式投資型クラウドファンディングでは、小規模な成長企業が発行募集をオンライン・プラットフォームで多数の一般投資家を公募することができる。しかしながら、募集額が１年間に１億円未満、１人の投資家の投資額が１社50万円以下と米国と比べても極少額であり、また、発行企業の発行開示義務

も継続開示義務もなく、運営会社と発行企業の契約で定めている状況で、転売市場も未発達となっている。

このため、成長企業が本格的にエクイティ・ファイナンスを行う場としては不十分であり、投資家の保有する株式が少額で、開示義務もないため、転売市場も容易には発展しない。

8－3 日本と米国、イギリス、EU　中国、韓国との未上場株式の取引規制の比較

（1）免除取引の範囲

本節では、日本と米国他の主要国の未上場株式の募集・勧誘に関する規制のポイントを比較する。

以下では、日本を、米国に加え、イギリス、EU、中国、韓国と、小額公募、私募等の対象範囲を端的に比較すると、次のように、日本ではこれらが大変狭いことがわかる。

各国と比較することで、日本の規制の現状を把握することを狙いとしており、各国の法令を体系的に詳細に確認したものではない。

①少額公募

少額公募の上限は、日本：１億円未満に対し、米国では7,500万ドル（82億5,000万円）以下、イギリス・EUでは800万ユーロ（10億4,000万円）未満、韓国10億ウオン（9,600万円）未満である。日本以外の国には簡易な開示義務がある。韓国は日本とほぼ同様の募集額上限だが、主要国と同様に簡易な開示義務があり、未上場株式が投資対象となって、少額公募が活発に活用されている。日本では、非公表の有価証券通知書の提出が、1,000万円超１億円未満の募集で求められる。この点、投資家保護の仕組みとしては不十分な状況にある。

②株式投資型クラウドファンディング

株式投資型クラウドファンディングの募集額の上限は、日本では少額公募と同額の１億円未満に対し、米国では500万ドル（５億円5,000万円）以下、イギリスでは800万ユーロ（10億4,000万円）未満、ＥＵでは500万ユーロ（６億5,000

〈表８－３－１〉 日本と米国、イギリス、EU、中国と韓国の未上場株式の規制の比較 ―少額公募、株式投資型クラウドファンディング

	日本	米国	中国
少額公募	○募集額 ・12か月間で１億円未満。 ○簡易開示 ・一切の開示義務なし。 ・1,000万円超１億円未満の公募に有価証券通知書の提出義務がある（非公表）。 ○転売 ・少額公募に応じて購入した株式の転売も、１億円未満の公募又は勧誘先49人以下の私募をすると開示義務は免除される。 ・投資家が転売のために１億円未満の公募をするときは、発行企業に有価証券通知書の規制当局への提出義務がある（非公表）。	○募集額 ・12か月間で7,500万ドル（82億5,000万円）以下。 ○簡易開示 １）レグAの少額公募では、 ・フォーム１－Aによる簡易な発行開示義務あり。公募が終了したときに、フォーム１－Zによる終了報告書の提出義務がある。 ・Tier ２の募集額2,000万ドル（22億円）超の公募では、財務諸表に米国会計基準（US GAAP又はPCAOB）に基づく公認会計士の監査報告書を添付。継続開示義務としてフォーム１－Kの年次報告書（財務諸表には同様の監査意見書添付）、フォーム１－SAによる半期報告書、フォーム１－Uの臨時報告書の提出義務もある。 ２）州の証券取引法の株式の公募（500万ドル（５億5,000万ドル）以下）では、統合フォーム（SCOR）に包括的会計基準（OCBOA）に基づく財務諸表を添付（州ごとの相違あり）。この場合、募集額が、 ・50万ドル超100万ドル：公認会計士が作成（compile）した財務諸表。 ・100万ドル超、200万ドル以下：公認会計士によりレビューされた財務諸表。 ・200万ドル超：公認会計士による米国会計基準に基づく監査された財務諸表（OCBOAを用いる州もある） ○転売 ・少額公募に応じて取得した株式の転売には原則、開示義務はない。	－
株式投資型クラウドファンディング（ECF）	○募集額の制限 ・１年間に１億円未満。 ○投資額の制限 ・投資家１人・社が１年間に１社ごと50万円以下。 ○第一種少額電子募集業務の登録を受けた事業者が運営する。登録基準は、第１種金融商品取引業者の登録基準よりも軽減されている。 ○投資家への情報提供 ・第１種少額電子募集業務の登録を受けたECF運営会社が、ECFのサイトを通じた募集企業の会社及び事業の概要、取引の仕組みと取引リスクについての情報提供義務がある。	○募集額の制限 ・適格投資家からの投資を除き12ケ月以内に500万ドル（５億5,000万円）以下。 ○投資額の制限 ・投資家１人・社で、年収又は純資産が １）12万4,000ドル（1,364万円）未満は、2,500ドル（27万5,000円）又は年収の５％のいずれか大きい金額以下、 ２）12万4,000ドル以上では、最大12万4,000ドルで、年収又は純資産の10％のいずれか小さい額以下。 ○簡易開示義務 ・募集額12万4,000ドル以下：直近年度の連邦法人税納税額を記載した納税申告書と財務諸表を添付。 ・募集額12万4,000ドル超、61万8,000万（6,789万円）ドル以下：公認会計士のレビューを受けた財務諸表を添付。 ・募集額61万8,000ドル超、500万ドル以下：公認会計士の監査意見書が付された財務諸表を添付 （募集額123万5,000ドル（１億3,585万円）以下の場合は最初の公募の場合は公認会計士のレビューを受けた財務諸表で可） ○証券業の登録を受けた者、又は証券業の登録基準が軽減されたファンディングポータルの登録を受けたECF運営会社が運営する。	○募集額の制限 ・上記の発行先200人・社未満の私募の範囲で行われる。 ○投資額の制限 ・ECFでの投資が許される投資家の範囲 １）適格投資家：純資産1,000万元（１億7,000万円）以上の募集案件につき100万元（1,700万円）以上投資する義務がある。 ２）個人投資家：金融資産300万元（5,100万円）以上で年収50万元（850万円）以上の投資リスクの判断ができる者

イギリス	EU	韓国
○募集額 ・12か月間で800万ユーロ（10億4,000万円）以下 ○簡易開示 ・発行企業と証券会社に投資家への情報提供義務がある。 ・少額公募に応じて購入した株式の少額公募による転売には同様の簡易な開示義務がある。	○募集額 ・加盟国共通：12か月間でEU内で100万ユーロ（1億3,000万円）未満 ・加盟国が決定：12か月間にEU内で800万ユーロ（10億4,000万円）以下で各国が決定する。 ○簡易開示 ・各国ごとに、発行会社に対して不必要な負担とならない程度の開示を求めることができる。 例）ドイツ：3ページのSecurities Information Sheetを作成し、金融監督庁の承認を得て公表。一般投資家が購入する場合は、証券会社の関与が求められ、収入等に応じて一定の投資額に制限される。 ○転売 ・少額公募に応じて購入した株式の少額公募による転売には同様の簡易な開示義務がある。	○募集額 ・12か月間で10億ウオン（9,600万円）未満 ・発行会社に、会計監査人の監査又は会計士の認証付きの財務諸表を含む簡易な開示義務あり。 ○転売 ・少額公募に応じて購入した株式の少額公募による転売には同様の簡易な開示義務がある。
○募集額の制限 ・適格投資家からの投資を除き、12か月間で800万ユーロ（10億4,000万円）以下。 ○制限投資家の投資額の制限 ・適格投資家、富裕層投資家及び洗練された投資家以外の投資家（制限投資家（restricted investors））の投資額を住居、年金、保険等を除く純資産の10%以下とする。この場合、「富裕層投資家」：年収10万ポンド（1,510万円）又は純資産25万ポンド（3,775万円）以上。 「洗練された投資家」：PE業務への従事や複数の非上場企業への投資経験のある者、売上100万ポンド以上の企業の役員等、投資へのリスクを理解する十分な知識を有すると認定された投資家。 ○証券業の登録を受けた運営会社がECFの運営を実施。 ○投資家への情報提供 ・ECFを運営する証券会社及び発行企業に、投資家に必要な情報を提供する義務がある。	○募集額の制限 ・適格投資家からの投資を除き、12か月間で500万ユーロ（6億5,000万円）以下。 ○洗練された投資家以外の個人投資家の投資額の確認 ・EFCの運営事業の登録を受けたクラウドファンディング・サービスプロバイダー（CSP）には、事前に適格投資家及び洗練された投資家以外の投資家が、必要な知識を有するかどうかテストし、1,000ユーロ（13万円）又は純資産の5%のいずれか大きい額以上の投資をする前に、投資リスクの理解を確認する義務がある。 ・「洗練された投資家」：適格投資家のうちのプロフェッショナル及び以下の基準に該当する法人又は個人。 1）法人では、以下のいずれか一つを満たす場合。 ⅰ）売上高200万ユーロ（2億6,000万円）以上、ⅱ）総資産100万ユーロ（1億3,000万円）以上、ⅲ）運用資産10万ユーロ（1,300万円）以上 2）個人では、以下のいずれか二つを満たす者。 ⅰ）四半期ごとに平均10回以上の投資頻度がある、ⅱ）年収6万ユーロ（780万円）又は預金及び投資性金融資産10万ユーロ（1,300万円）超、ⅲ）金融法人の専門職の経験1年以上。 ○投資家への情報提供 ・CSPは、募集を行う発行企業等に作成させた、投資家が投資判断に必要な情報を記載したKey Information Sheetを、投資家に交付する義務がある。	○募集額の制限 ・適格投資家からの投資を除き、1年間に30億ウオン（2億8,800万円）以下。 ○投資額の制限 ・発行企業はスタートアップ、中小企業に限定。 1）投資額が無制限の投資家 ⅰ）適格投資家、ⅱ）監査法人又は格付け会社の専門職、公認会計士、鑑定士、弁護士、税理、弁理士その他十分な専門知識があると認められる者、ⅲ）発行企業の関係者、及びⅳ）投資ファンド。 2）1年間で1社に1,000万ウオン（96万円）、合計で最大2,000万ウオン（192万円）まで投資できる者：以下のいずれか。 ⅰ）利子収入が国債利子課税の最低額2,000万ウオン（192万円）を超える投資家、ⅱ）税法上の年収が1億ウオン（9,600万円）超、ⅲ）クラウドファンディングでの投資経験が2年間に5回以上かつ投資累計が1,500万ウオン（144万円）以上、ⅳ）スタートアップ企業への投資経験が十分にある投資家 3）その他の個人は、1社に500万ウオン（48万円）、合計で最大1,000万ウオン（96万円）。

〈表8－3－2〉　日本と主要国の未上場株式市場の規制の比較─少人数私募・適格投資家私募

	日本	米国	中国
少人数私募	・勧誘先を一般投資家50人・社未満に限定。 ・私募で購入した株式の転売のための勧誘先も49人・社以下又は適格機関投資家に限定。	・勧誘先数は無制限。購入者（purchasere）を洗練された投資家35人・社以下に限定（レグDルール506（c））。一般的広告宣伝は禁止される。 ・転売は適格投資家等に制限される。ルール144で発行企業の同意の下で公募も可。 ・フォームDによる簡素な開示義務あり。加えて、フォーム１－A（募集説明書）の第２部のに記載すべき事業概要等の情報と同様のものを作成し、投資家に提出する義務がある。 ・募集額2,000万ドル（22億円）超で、米国会計基準（USGAAP）又は国際会計基準（IFRS）に基づく監査意見書が添付された財務諸表の提出義務あり。 ・Private Placement Memorandum（私募目論見書）の投資家への交付が慣例化している。	・株式の公募（public issuing）に該当しない範囲を、株式報酬対象の従業員を除く200人・社未満の投資家への発行（issuing）とする。 ・一般的な広告・宣伝は禁止。
適格投資家私募	○適格機関投資家と特定投資家に勧誘先を限定。私募で購入した株式の転売先もこれらに限定。 ○適格機関投資家の範囲 １）政府、政府系機関、機関投資家、上場企業等 ２）法人・個人ともに有価証券残高10億円以上。 ○特定関投資家向けの私募・私売り出しでは発行企業又は投資家はその取り扱いを証券会社に委託する義務あり。 ○特定投資家の範囲 １）適格機関投資家、政府、政府系機関 ２）上場会社、資本金５億円以上の株式会社 ３）証券会社が承諾した法人又は個人。個人では、投資経験１年超で、 ｉ）純資産及び投資性金融資産（投資資産）３億円以上 ii）純資産又は投資資産５億円以上で、年収１億円以上 iii）月４回以上の取引頻度で、純資産又は投資資産３億円以上 iv）純資産又は投資資産１億以上で年収1000万円以上の特定の知識・経験を有する者（金融業従業員、経済学等の教職員・研究職等に１年以上従事した者、証券アナリスト、中小企業診断士、これらと同等の知識景観を有する経営コンサルタント等）	○購入者を適格投資家に限定（レグDルール506（b））。一般的な広告宣伝も可。転売については小人数私募と同様。 ○適格投資家の範囲 ・政府、政府系機関、機関投資家、上場企業等 ・法人：純資産500万ドル（５億5,000万円）超 ・個人：１）住居以外の資産100万ドル（１億1,000万円）又は年収20万ドル（2,200万円）、世帯で30万ドル（3,300万円）以上 ２）特定の経験、資格のある投資に十分な地域・専門性のある者、３）ファミリーオフィス（資産管理会社）の従業員及び顧客資産家 ○フォームDによる簡素な開示がある。募集額2,000万ドル（22億円）超で、米国会計基準（USGAAP）又は国際会計基準（IFRS）に基づく監査意見書が添付された財務諸表の提出義務あり。	（参考）株式の適格投資家私募に該当する制度はない。以下は、ファンドによる出資持分の私募における適格投資家の範囲。 ・機関投資家：純資産1,000万元（１億7,000万円）以上。 ・個人投資家：金融資産300元（5,340万円）以上又は過去３年間で年収が50万元（850万円）。
転売の公募・私募転売	・発行企業、会社関係者等が公募により転売するときは原則として開示義務あり。この場合、１億円未満の公募又は49人・社以下の勧誘では開示義務が免除される。 ・私募に応じて購入した株式を投資家が公募して転売するときは開示義務がある。この場合、１億円未満の公募又は49人・社以下の勧誘では開示義務が免除される。	・原則、転売については開示義務はない。会社の主な関係者による転売、私募に応じて購入した株式の転売については、開示義務がある。また、株主の転売が引き受け・売り捌きに該当すると開示義務がある。 ・私募に応じて購入した株式も、１年間保有した後に、一定の会社情報を投資家へ提供すると、ルール144で発行会社の同意の下で公募ができる。ルール144Aで、適格機関購入者に広告等で募集することができる。	・公募により転売すると開示義務がある。私募での転売は開示義務が減免される。 ・地方証券市場に、省政府の規制に基づいて、非公開会社の証券の発行と流通を容易とする場を設けることを義務付ける。

イギリス	EU	韓国
・勧誘先（addressed）を各国ごとに適格投資家を除く150人・社未満に限定。 ・Private Placement Memorandum（私募目論見書）の投資家への交付が慣例化している。		・勧誘先を半年間に適格投資家、主要株主、経営幹部等の会社関係者等を除く50人・社未満に限定。 ・「勧誘（invitation）」の範囲から、株式の私募についての基本的な情報に限って、一定の広告・宣伝をする場合を除外（適格投資家私募でも同様）。
○勧誘先（addressed）を適格投資家（qualified investors）に限定。転売先も適格投資家に限定。 ○適格投資家の範囲 「適格カウンターパーティ」：政府系機関、機関投資家等。 「プロフェッショナル」： 1）政府、政府系機関、機関投資家、上場企業等。 2）大企業（large undertakings）：以下のいずれか二つの基準を満たすもの。 i）総資産 2,000万ユーロ（26億円）以上 ii）売上高 4,000万ユーロ（52億円）以上 iii）運用資産（fund）200万ユーロ（2億6,000万円）以上 3）個人、公的団体：以下のいずれか二つの基準を満たし、必要な投資決定の専門知識があると、証券会社が評価した者は申し出によってプロフェッショナルとして扱われる。 i）四半期ごとに平均10回以上の投資頻度がある ii）預金及び投資性金融資産50万ユーロ（6,500万円）超 iii）金融業での専門職の経験1年以上		○勧誘先を適格投資家に限定。 ○適格投資家の範囲 1）政府、政府系機関、機関投資家、上場企業等 2）会社・団体：投資性金融資産100億ウオン（9億6,000万円）以上。株式会社は50億ウオン（4億8,000万円）以上。 3）個人： i）投資性金融資産残高5億ウオン（4,800万円）以上保有したことのある者 ii）年収1億ウオン（960万円）若しくは住居を除く純資産5億ウオン（4,800万円）以上 iii）監査法人又は格付け会社の専門職、公認会計士、鑑定士、弁護士、税理、弁理士その他十分な専門知識があると認められる者 iv）証券業協会の投資実務、投資リスクの管理その他の試験に合格した者 v）アナリスト、投資助言者、ファンドマネージャー等の基準を満たして証券業協会に登録した者
・公募により転売すると開示義務がある。少額公募又は私募での転売は開示義務が減免される。		・私募に応じて購入した株式を公募により転売すると開示義務が課せられる。少額公募又は私募での転売は開示義務はない。

〈表8－3－3〉 日本と主要国の未上場株式市場の規制―主な法令・条文、会社法法廷開示と会計基準・監査

	日本	米国	中国
主な法令・条文	・開示義務、少額公募、私募：金融商品取引法第2条第3項・第4項,第4条第1項 ・転売：第5条第1項、同施行令第1条の7の3 ・ECF：第29条の4の2第10項、第43条の5, 令第15条の10の3	・開示義務：証券取引法第5条, ・少額公募：法第3条(b)、Regulation A、Regulation Dルール504 ・私募:第4条(a)(2) Regulation Dルール506 ・転売:第4条(a)(1)ルール144、ルール144A ・ECF：証券取引法第3条(b)、第4A条,Regulation CF	・開示義務：証券法第9条、第10条 ・少人数私募：証券法第9条(2) ・転売：第9条、第98条（地方株式市場） ・ECF：株式型ECF・ファイナンス管理弁法（中国証券業協会）第14条
（参考）会社法財務諸表開示の状況	○会社法の計算書類及び事業報告書の法定開示（会社法第435条～第440条） ・株式会社には、事業報告及び計算書類を作成する義務がある。 ・計算書類等は、株主総会の前に株主への提供し、定時株主総会に提出し、総会後、公告する義務がある。 ○会計基準と監査 ・大会社（資本金5億円以上の株式会社）等には、公認会計士が監査した会社法計算書類を作成する義務がある。	○会社法の財務諸表開示（デラウエア州その他各州の会社法） ・SECの株式の登録や免除取引の登録を行う場合以外は、納税目的以外に財務諸表の作成と監査が求められることは原則としてない。 ○会計基準と監査 ・過半の会社が設立法として用いるデラウエア州会社法では税務申告用に、国際会計基準（IFRS）又は米国会計基準（USGAAP）又はに基づく監査意見書が添付された財務諸表の作成・公表義務がある。他の州の多くが用いるもModel Business Corporation Act では、財務会計用に、同様の財務諸表の作成を求める。この場合、中小企業には税務基準の監査も認められている。その他、中小企業の財務諸表の監査やレビューにおいては、OCBA（GAAP適用除外領域の包括的会計処理基準）も認められている。	－

（換算レート）1ドル=110円、1元=17円、1ポンド=151円、1ユーロ=130円、1ウオン=0.096円（以上、2021年間平均TTM）

（参考文献）
李立栄「中国シャドーバンキングの動向と金融システム改革の課題」『証券経済学会 年報』第 49 号別冊
Daeil Kim In Search of Balance: A Critical Review of Private Placement Regulations of the United States and South Korea, Indiana University Maurer School of Law,（2017年）
PwCあらた有限責任監査法人「主要国のリスクマネーの供給に係る実態・規制等に関する調査報告書」（令和3年2月26日）
Legalink FinTech Forum, EQUITY CROWDFUNDING AND PEER TO PEER LENDING,（Oct. 2019）
Norton Rose Fulbright, EU Crowdfunding Regulation,（May 2021）
弥永真生「中小会社の計算書類の信頼性の確保:アメリカ」（2014）「同:EUと南アフリカ」（2015）、「同:連合王国」（2019）、（筑波ロー・ジャーナル）

イギリス	EU	韓国
・開示義務：Financial Service and Markets Act 2000 Sec.85(1) ・小規模公募：Sec.85(5)(b)、Sec..86(1)(e)、Prospectus Regulation (Reg.). Art.1(3) ・少人数私募：Sec. 86(1)(aa) Reg..1(4)(b) ・適格投資家私募：Sec.86(1)(aa)、Reg.Art. 1(4)(a) ・適格投資家の範囲：EUと同様 ・免除株式の転売：EUと同様 ・ECF：Sec.25(1)、FCA Handbook COBS 3.4, 3.5, 3.6, 4.12A.22, 4.12B.38,39,40	・開示義務：Regulation (EU) 2017/1129（以下Reg.）Article 3(1) ・小規模公募：Reg. Article.1(3)、Art. 3(2)（加盟国ごとの小規模公募の範囲と開示義務の内容については、ESMA（Europian Securities and Markets Authority）の Question and Answers on the Prospectus Regulation 15.6 及びTable: Prospectus thresholds and national rules by Member state を参照。） ・少人数私募：Art. 1(4)(b)、Art.3(1) ・適格投資家私募：Reg. Art. 1 (4)(a)、Art.3(1) ・適格投資家の範囲：Reg. Art.2(e)、Directive 2014/65/EU(MiFID2) Art. 30、Annex Ⅱ Sec.I (1)～(4)、Sec. II ・免除株式の転売：Reg. Art. 5(1) ・ECF：Regulation (EU) 2020/1503 Art.1(2)(c)、Art. 2(1)(j)・(k)、Art. 21(1)・(7)、Art.23、ANNEX I、ANNEX Ⅱ	・開示義務：金融投資サービス・資本市場法第9条(7)、第119条(1)、 ・小規模公募：法第119条(1)、同法施行令120条、第130条(1)、第137条、 ・少人数私募：法第9条(7)・(8)、令第2条(2),令第11条(1) ・適格投資家私募：第9条(8)、令第11条(1) ・適格投資家の範囲第9条(5)、令第10条、投資事業規則1-7-2 ・発行株式の転売：法第9条(9) ・ECF：第9条(27)、第117-10条(1)・(6)、令第14-4条、第14-5条、第118-15条(1)、第118-17条
○会社法の開示義務（Companies Act Sec.1,2,3,475～478） ・株式会社には、毎年度、事業報告書と財務報告書の作成・公表義務がある。 ○会計基準と監査 ・小規模会社を除き、財務諸表に国際会計基準又は英国の会計基準による法定監査が求められる。 ・小規模会社も株式を公募すると公開会社とされて免除されず、最低資本金が求められる。 ・小規模会社：1）総資産280万ポンド（4億2,280万円）以下、2）売上高560万ポンド（8億4,560万円）以下、3）年間平均従業員50名以下のいずれか二つを満たす会社。	○会社法の開示義務（Directive 2013/34/EU（会計指令）Art. 34. Directive 2014/56/EU（法定監査指令）Art.26.） ・株式会社には、毎年度、事業報告書と監査意見書の添付された財務報告書の作成・公表義務がある。 ○会計基準と監査 ・小規模会社及び零細会社を除き、財務諸表に国際会計基準又は加盟国の会計基準による法定監査が求められる。 ・ただし、中規模企業、小規模会社及び零細会社について、加盟国は、事業報告書と財務報告書の記載項目を一定の範囲で省略することができる（小規模会社ではBS、PLと注記のみで可）。また、会計基準を事業実態に見合ったものにすること、監査を限定的保証（レビュー）で行うことなどもできる。 1）中規模会社：i）総資産2,000万ユーロ以下、ii）純売上高（課税、販売手数料等を抜いた売上）4,000万ユーロ（52億円）以下、iii）250名以下のいずれか二つを満たす会社（小規模会社及び零細会社を除く）。 2）小規模会社及び零細会社：総資産400万ユーロ（5億2,000万円）以下、純売上高800万ユーロ（10億4,000万円）以下、年間平均従業員50名以下のいずれか二つを満たす会社。	－

万円）未満、韓国30億ウォン（２億8,800万円）未満である。日本の募集額の上限の低さが際立っている。

投資上限額は、日本では投資家１人１年間１社ごとに50万円以下に対し、米国では投資家１人１年間に所得・資産に応じて最大12万4,000ドル（1,364万円）以下、イギリスでは年収10万ポンド（1,510万円）または純資産25万ポンド（3,775万円）、かつ投資知識の乏しい投資家に限っては資産の10％以下、韓国では2,000万ウォン（192万円）以下である。なお、EUでは、運営会社に、資力や投資経験の乏しい一般投資家が投資する前に投資リスクを理解していることを確認する義務がある。

こうしてみると日本の株式投資型クラウドファンディングが本格的な資金調達と株式投資の場となってはいない状況がわかる。

③少人数私募

少人数私募は、日本では勧誘先50人・社未満に対し、米国では購入者35人・社、中国は購入者200人・社、イギリス・EUでは勧誘先150人・社、韓国では勧誘先50人未満となる。韓国では、日本と加入先上限の人数は同じであるが、基本的な募集情報の広告宣伝は勧誘に該当せず、実施できるため日本のような１人・社ずつ勧誘するといった制約はない。

④適格投資家私募

適格投資家の範囲は、日本では法人・個人とも有価証券残高10億円以上、米国では法人は総資産500万ドル（５億5,000万円）以上、個人は年収20万ドル（2,000万円）以上である。日本には特定投資家という仕組みもあって、政府機関や適格機関投資家に加え、証券会社が認めた法人や個人、個人では純資産・投資性金融資産３億円以上とされる。発行企業が直接特定投資家に勧誘することはできない仕組みとされていて、制度の活用が進まない。

イギリス・EUでは、法人は運用資産200万ユーロ（２億6,000万円）以上、個人は50万ユーロ（6,500万円）以上である。少人数私募が広いため、適格投資家はやや狭くなっている。

韓国では、株式会社は運用資産50億ウォン（４億8,000万円）以上、個人は５億ウォン（4,800万円）以上と日本より広い。

(2)証券会社による未上場企業の資本調達支援

表には記載していないが、日本では、証券会社による未上場株椎の投資勧誘がほぼ禁止されているが、米国、イギリス、EU、中国、韓国では、証券会社が、未上場企業の資本調達や投資家間の転売を支援するための仲介や引受けを行う規制やルールを定め、証券会社によるこうした活動を積極的に支援している。

これら日本以外の国では、証券会社は、未上場企業の発行募集や、投資家の未上場株式の転売を、適正な取引と投資家保護を確保しつつ、仲介や引受け等により積極的に取り扱っている。未上場企業の株式を、他の投資商品と同様に、自社の顧客投資家リストの中から、リスク耐久力、投資志向等から見て適当な投資家に対し、投資勧誘する。こうした業務は、いわゆる投資銀行業務として、証券会社の主要な収益源の一つとなっている。

米国を先頭に、各国で、公正な取引と投資家保護を確保するための規制・ルールを定めて、未上場企業の低コストの資本調達を促進し、事業会社や富裕層はもとより、可能な範囲で個人投資家に投資機会を提供している。証券会社による仲介・引き受けを、未上場株式の適正取引確保の主要な手段として、強化している。

一方、日本では、日証協の規則で、証券会社(第1種金商取引業者)が少額公募や少人数私募を取り扱って、投資家に未上場株式の投資勧誘を行うことを一部の例外的制度を除いてほぼ禁止している。成長過程の企業の資金調達を支援することは、証券業の本来的業務であり、諸外国で唯一日本だけがこうした投資銀行業務を行えない状況にある。

(3)簡易開示義務、会社法の法定開示・法定監査と資本調達コスト

表8－3－1、**表8－3－3**にあるように、日本以外の国々では、簡易開示の仕組みを活用しながら、少額公募や私募、私募転売など未上場株式の発行募集や転売が行われる範囲を広げている。

この証券取引のための開示・監査の前提として、会社法の法定開示・法定監査が各国ごとに定められている。**表8－3－3**には、日本や米国、イギリス・EUの会社法開示・監査を簡単に比較している。

米国では、法定開示の義務が上場企業や大企業に限定されており、その面、簡易開示義務が少額公募、私募等で幅広く導入されている。会計基準と監査に

ついては、募集額に応じて、低コストの公認会計士の、米国会計基準以外の基準に基づく監査やレビュー、作成業務（コンピレーション）などが活用されていて、募集額や公募か私募かなどの勧誘範囲などに応じた低コストの第三者チェックが行われている。

フォームＤ、フォーム１－Ａ、フォームＣなどの募集規模に応じて簡素化して、株式の公募に元居るフォームＳ－１などから比べて、リーガルチェックを含む作成コストを大幅に引き下げている。公認会計士による財務諸表の確認も、監査、レビュー、コンピレーション（作成業務）と段階があって、段階が下がるごとに費用も下がる。これら会社情報の説明資料と財務諸表の作成と第三者チェックの負担に十分に配慮して、成長過程の小規模な企業にも募集額に見合った低コストの資本調達手段を提供している。柔軟な簡易開示の導入と監査等、証券会社による適正取引の遂行によって、募集額公正な取引と投資家保護を確保する競争的ない市場の仕組みの構築を図る。

イギリスやEUでは、会社法での法定開示及び法定監査が、原則として、小規模企業を除く企業、譲渡可能な株式を発行した企業（公開会社）に幅広く課せられている。この裏返しとして、私募における簡易開示の導入はそれほどなく、英国では、少額公募における簡易開示も見当たらない。むしろ、目論見書の交付など、発行企業や証券会社による投資家への情報提供義務や、投資家のリスク管理能力の評価・確認をきめ細かにルール化している。

第9章

日本で未上場株式市場が発達できない要因 —未上場株式の発行募集から流通までの幾重もの厳重な規制

〈全体フロー図〉未上場株式市場でのエクイティ・ファイナンスによる企業の成長・個人資産の拡大と経済成長

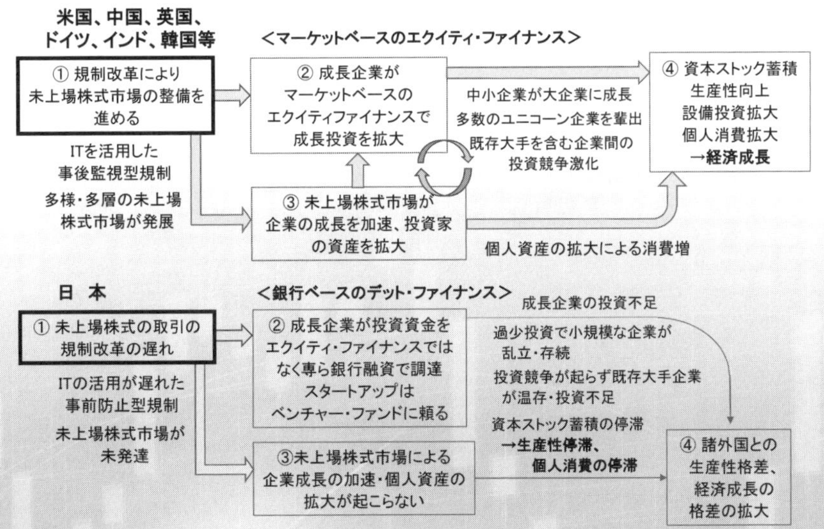

米国、中国、英国、
ドイツ、インド、韓国等
<マーケットベースのエクイティ・ファイナンス>
① 規制改革により未上場株式市場の整備を進める
ITを活用した事後監視型規制
多様・多層の未上場株式市場が発展
② 成長企業がマーケットベースのエクイティファイナンスで成長投資を拡大
③ 未上場株式市場が企業の成長を加速、投資家の資産を拡大
中小企業が大企業に成長
多数のユニコーン企業を輩出
既存大手を含む企業間の投資競争激化
個人資産の拡大による消費増
④ 資本ストック蓄積
生産性向上
設備投資拡大
個人消費拡大
→経済成長
日 本
<銀行ベースのデット・ファイナンス>
① 未上場株式の取引の規制改革の遅れ
ITの活用が遅れた事前防止型規制
未上場株式市場が未発達
② 成長企業が投資資金をエクイティ・ファイナンスではなく専ら銀行融資で調達
スタートアップはベンチャー・ファンドに頼る
③未上場株式市場による企業成長の加速・個人資産の拡大が起こらない
成長企業の投資不足
過少投資で小規模な企業が乱立・存続
投資競争が起らず既存大手企業が温存・投資不足
資本ストック蓄積の停滞
→生産性停滞、
個人消費の停滞
④ 諸外国との生産性格差、経済成長の格差の拡大

※　本章と第９章は、参照文献に挙げた資料のほかに、SECのホームページに掲載されているレギュレーションやルール０等の解説を参考にしている

9－1 米国と日本の未上場株式の取引規制の比較（概要）

（1）米国の規制体系―ITを活用した事後監視型の規制

株式の取引の基本的な仕組みは、株式の公募を行うときに、発行企業に会社情報の開示義務を課すことにある。厳格な開示義務（ディスクロージャー）は、資料作成等の費用的負担が大変重く、一定の規模の大企業でなければ実施できない。

例外として、少額の公募や、投資能力の高いまたは一定数以下の少人数の投資家への募集（私募）には、この開示義務を免除すると、成長過程の小規模な企業でも株式の募集ができるようになる。

米国では、規制を改革し、開示義務を軽減して、少額公募、私募、私募転売など、免除取引の範囲を広げ（未上場株式の取引の自由化範囲の拡大）、発行企業と投資家の裾野を広げる。加えて、公正な取引と投資家保護のため、SECの規則や自主規制機関のルールで以下のように規制する。

a. 規制当局への、発行企業の所在地・連絡先、経営幹部の役職・氏名、募集総額、株価、募集期間等の募集概要の届出と開示

b. 募集規模等に応じ簡素化された事業内容、財務諸表等の会社情報のSECへの提出と開示、公表または投資家への提供

c. 自主規制機関への銘柄の登録、ITを活用した取引情報の報告と自主規制機関による監視等

開示義務の負担を募集規模に応じて必要最小限度に軽減しつつ、公正な取引に必要な情報が規制当局を通じて投資家に提供される。

こうして、小規模企業、中小企業でも未上場株式を発行・販売できるようになり、投資家がこれを投資対象として購入して投資家間で転売できるようになる。

このように米国では、原則自由の範囲を広げ、取引状況を監視して、違反があれば罰するという事後監視型規制が整備されている。

（2）日本の規制の概要―企業の自己募集の自由化範囲が狭い事前監視型の規制

日本では、米国等が進めるITを活用した未上場株式の取引規制の改革が遅れ、厳重な事前防止型の規制が続く。

既に説明したとおり、日本では、開示義務を減免する範囲が米国等主要国と比べて狭い。小規模公募では、募集額１億円未満、私募では、勧誘先を49人・社以下、私募の対象となる適格機関投資家をかなり資力のある投資家に絞る。

しかも、開示義務が免除される範囲では、他の主要国のような投資家保護のために最低限の会社情報の開示義務や公表義務を課すなど、株式を投資商品として流通させて、企業の資本調達を促進するような仕組みがない。

さらには、未上場企業の資本調達を、証券会社がその顧客網を使って、募集・勧誘活動を手伝って、投資勧誘することが禁止されている。

このため、広く一般的な募集・勧誘活動はできずに、投資家１人ずつ、１社ずつアプローチすることになる。

株式投資型クラウドファンディングも、募集額が１億円未満、投資家の投資額の上限が１人１社50万円以下と、これも主要国と比べてもかなり低く、また、転売する市場もないため、なかなか発展しない。

このように、日本の金商法の規制は、米国の証券取引法、その他主要国のものと比べた場合、企業への資本調達手段の提供よりも、はるかに投資家保護を優先した規制であると考えられる。

企業が、会社法に基づき株式を発行しても、これを企業自ら主体的に、積極的に募集活動をして、広く多くの投資家を勧誘することが強く規制されている。

その結果、発行企業よりもプロの投資家の立場がさらに強くなり、発行企業主体の資本調達を困難にする。また、投資家として保護されている個人投資家など一般投資家は、諸外国の一般投資家と違って、未上場株式へ投資して、企業の成長に貢献して、その報酬としてのリターンを得る機会を失ってしまっている。

このように、日本の規制体系は、抑制・禁止する範囲を幅広くとることにより取引自体を抑制・禁止しており、事前抑制型の規制となっている。

9-2 株式の公募・上場とディスクロージャー

企業は、株式を販売して資本を調達するために、広く不特定多数の投資家に呼びかけて株主になることを勧誘する。この募集活動を株式の公募（public offering）という。株式の公募をするときは、その企業に会社情報を開示（ディスクロージャー（disclosure））することが義務づけられる。この義務を開示義務という。

開示義務を果たすため、具体的に、企業は、株式の公募をする前に、会社や経営者の身元情報、事業内容・財務等の情報（会社情報）を資料にまとめて規制当局に提出する。これを発行開示義務という。その後、企業は、毎年、四半期ごとに会社情報を開示する。これを継続開示義務という。さらに、上場すると、インサイダー取引規制の対象となり、臨時報告書（カレント・リポート）の開示も求められる。これを適時開示（タイムリー・ディスクロージャー）という。

この開示義務の事務コストは大変重いため、一定以上の規模の企業でないと対応できない。開示義務を履行して株式の公募をする企業は、費用対効果を考えて、通常、上場審査を受けて、証券取引所に上場してそこで株式の公募を行う。

証券取引所は、証券取引所の会員証券会社間で取引が行われる流通市場（セカンダリー市場）であるため、企業は、株式を発行して、それを証券会社に引き受けさせ、または販売を委託して、証券取引所で株式の公募により売り捌かせる。投資家は、証券会社に証券取引所での取引を委託して、証券会社が証券取引所で転売の公募をして、売買することになる。

（1）米国

①株式の公募と発行開示義務、ガン・ジャンピング規制

株式の公募をするときの開示義務は、米国では、発行して公募する株式を登録するために登録届出書を提出する（file a registration statement）という形式でルール化されている（証券取引法第５条）。登録届け出書の様式として、フォームS-１などが定められている。

登録の効力は、登録届出書（開示書類）の提出の日から20日後に自動的に発

生し、公募による募集・勧誘・販売が許される。登録届出書は、インターネットで公衆縦覧される。開示書類の提出を受け・公衆縦覧に供するために、SECではEDGARというオンライン・データベースを整備して、多種多様なフォームで提出される会社情報等を誰でもいつでも入手できるように開放している。

さらに、発行開示義務が課せられることに伴い、発行企業とその依頼を受けて引受け等をする証券会社に対し、次のように、期間ごとに、募集・勧誘活動の範囲や目論見書などで、提供する情報等についての規制がある（証券取引法第2条（a)(10)、第5条、第10条（a)・(b)）。これらの規制をガン・ジャンピング（gun-jumping）規制という。

a. 開示書類の提出の前まで：募集（offer）禁止、販売禁止、証券の交付禁止、公募に言及した情報提供の禁止。

b. 提出の日から届出の効力発生の日まで（待機期間）：引受人との交渉は可。口頭での募集は解禁、仮目論見書仮募集案内書の交付は可。

c. 効力発生・公募開始日後、終了までの期間（効力発生後期間）：証券の販売・交付は解禁。最終目論見書の交付義務。

②継続開示義務

株式を公募した発行企業には、投資家の投資判断にとって重要な会社情報について記載した各種報告書を、年次と四半期ごと定期的に開示する義務が生じる（証券取引所法第15条（d））。年次報告書はフォーム10-K、四半期報告書はフォーム10-Qに基づき作成する。

また、企業内容に関する重要な事実を発生した時点で開示する臨時報告書（カレント・レポート）の提出も求められる。適時開示制度（タイムリー・ディスクロージャー）として、SECのレギュレーションFD（Fair disclosure）では、重要な情報を速やかに公開または開示することを求める。インターネットなどの広範囲に、あまねく、情報を発信することができる（broad, non-exclusionary distribution of the information）合理的な方法によって一般に公表するか、臨時報告書をフォーム8-Kを提出することによって開示する（ルール101（e））。

③不公正取引の禁止

さらに、証券取引所等の流通段階では、公正な取引と投資家保護を確保するため、証券取引所の開設・運営に関する各種の規制に加え、上場株式の不公正取引を禁止するため、相場操縦の禁止（証券取引所法第９条）、インサイダー取引の禁止（第10条（b）、ルール10-b-5）、空売りの規制（第10条（a）(1)などが設けられている。

特に、インサイダー取引の禁止では、上場会社の役員・職員等未公開の内部情報に接近できる会社関係者が内部情報を用いて売買することを禁止する。これらの不公正取引を規制するため、SECが米国の証券取引法関連で最も有名なルール10b−５（テン・ビー・ファイブ）という規則を定めている。

（２）日本

①株式の公募と発行開示義務、ガン・ジャンピング規制

株式公募のときの開示義務（発行開示義務）は、日本の金商法では、形式上、発行した株式の公募である「募集」または転売のための公募である「売出し」の届出義務と定められる（金商法第４条第１項）。これらのときに、開示書類として有価証券届出書の提出を義務づける（第５条第１項）。

有価証券届出書（開示書類）を提出した発行企業と、提出を受けた規制当局には、それぞれ、これを一定期間、規制当局への提出の日（変更があった場合は変更の日）から５年間、公衆縦覧する義務がある（第25条第１項）。開示書類の提出を受け付け、公衆縦覧に供するために、金融庁が電子開示システムのEDNET（Electronic Disclosure for Investors' Network）を開設して、提出された情報をオンラインで広く一般に公開している。

登録の効力は、登録届出書または有価証券届出書の提出の日から15日後に自動的に発効し、公募による勧誘・販売活動が許される。発行開示義務が課せられることに伴い、発行企業とその委託を受けて引受け等をする証券会社に対し、米国とほぼ同様に、届け出前後、効力発生前後にガン・ジャンピング（gun-jumping）規制が生じる（第８条第１項、第15条第１項）。

②継続開示義務

株式の公募を行った企業には、米国と同様、会社情報を毎年定期的に開示する継続開示義務が発生する（金商法第24条第１項）。上場企業に対しては、年４回の四半期報告書の開示も求められる（第24条の４の７）。上場企業には、

適時開示制度（タイムリー・ディスクロージャー）の負担も、日本では証券取引所の適時開示規則で追加される。フェア・ディスクロージャー・ルールとして、上場企業等に重要情報のインターネット等による公平で、速やかな公表を義務付ける（第27条の36）。

③不公正取引の禁止

株式の不公正取引を禁止する規制も同様に設けられている。インサイダー取引規制を含む不公正取引の禁止（金商法第157条）、風説の流布、偽計、暴行または脅迫の禁止（第158条）、相場操縦行為の禁止（第159条）、空売りの禁止（第162条）、損失補填の禁止（第39条）などである。日本では、証券会社等による損失補填を明文で禁止しているなど、米国と日本とで様々な相違があるが、この分野を詳細に比較することはこの本のテーマから離れるので省略する。

9－3 免除取引―少額公募、私募、私募転売

（1）米国の免除取引

米国では、開示義務を免除することを、証券取引法第５条の株式の登録義務が免除される意味で登録免除という。登録免除される取引である免除取引は証券取引法の第３条、第４条とレグD、レグA、レグCF、ルール144、ルール144Aなどで定められる。

①少額公募

少額公募の募集額の上限は、米国では7,500万ドル（82.5億円）以下（日本では１億円未満）。米国では、軽減された内容での会社情報の開示などの投資家保護の仕組みを設ける。（証券取引法第３条(b)、レグA、レグDルール504）

1）レギュレーションA

レグA（ミニIPO）では、以下の少額の株式の公募について、厳格な開示義務を免除する。その代わりにフォーム１-AをSECに提出して、軽減された内容の会社情報を開示する義務がある。2,000万ドル以上では定期開示義務もある（レグAルール251（a））。

ティア１：12か月間で2,000万ドル（22億円）以下（このうち会社の主な関係者による募集は６か月で600万ドル以下）。

ティア２：12か月間で7,500万ドル（82.5億円）以下（JOBS Actで500万ドルから5,000万ドルに引き上げられた。2021年３月には、さらに7,500万ドルに引上げられた。このうち会社の主な関係者による募集は2,200万ドル以下）。

以上のレグAの公募において、会社の主な関係者を含む株主が転売の募集をするときは、販売額が公募での募集額の30％以下に制限される（251（a）(3)）。

ティア２の場合、適格投資家ではない投資家の未上場株式の購入額は、年収または純資産の10％以内とされる（251(d)(2)(1)(c)）。

証券取引法第5条の開示義務を免除する代わりに、フォーム１－ＡをSECに提出して、軽減された内容の会社情報を開示する義務、開示した情報を含む募集案内書（offering circular）を投資家に手交する義務がある（251(d)、252、253、254)。

ティア１では、募集が終了すると、フォーム１－Ｚで募集終了報告書をSECに提出する。

ティア２では、フォーム１－Ｋ等による軽減された継続開示義務や、フォーム１－Ｕによる適時開示義務もある（257(b)）。

ティア２で公募される株式は、州法の規制の適用を免除される（証券取引法第18条(b)(4)(D)、ルール256)。

公募で発行募集された株式であり、原則、転売に制限はない。レグAの公募に応じて購入した投資家は、上記のレグAの発行募集に併せて転売の公募を行う場合を除き、基本的に転売に制限なく、公募で販売することができる。

２）レギュレーションDルール504

レグDルール504では、12か月間で1,000万ドル以下（2021年３月に500万ドルから引上げられた）の公募について、厳格な開示義務を免除する。その代わりにフォームDをSECに提出して、簡素な会社情報を開示する義務がある（レグDルール504(b)(１)、503(a)）。

一般的な勧誘・一般的な広告・宣伝は、州法に基づく公募の登録を受けている場合は認められる。州法に基づいて適格投資家に対して一般的な勧誘・一般的な広告・宣伝が認められる場合は、ルール504の州際の募集でも同様に認められる（502(c)・(d)、504(b)(1)）。

転売も同様に、州の公募の登録を受けている場合及び適格投資家に限って転売する場合には、投資家は、ルール504に応じて購入した株式を、原則として制限なく、公募で販売できる。これ以外の場合は、後で説明するルール144Aの制限付き株式（restricted securities）に該当し、転売すると厳格な開示義務の対象となる。

3）州法の免除規定（Blue Sky Law exemptions）

州法（Blue Sky Law）に基づく株式の公募では、州ごとに相異があるが、株式公募の登録届け出書の提出（開示義務）と、株式が投資家にとって公正で価値あるものかの審査（メリット・レビュー）がある。

②私募

レグDルール506は、私募を定める証券取引法第４条（a）（２）のセーフハーバー・ルールである。 以下の私募について開示義務を免除する。米国では、私募について、勧誘先を限定せずに、勧誘の結果購入した者を35人以内の洗練された投資家と無制限の数の適格投資家に限定する（日本では勧誘先を限定する）。

私募を行うときに、発行企業は、フォームDをSECに提出して、簡素な会社情報を開示する義務がある。

これら私募で購入した株式は、適格投資家以外には転売できない(転売制限)。転売するときは、原則として発行会社が開示義務を履行するか、ルール144で発行企業同意の下で転売制限を解除することになる。

1）レギュレーションDルール506（b）（少人数私募）

レグDルール506（b）は、90日間で35人・社以内の洗練された投資家と適格投資家（人数無制限）に購入者を限定する。

「洗練された投資家」とは、一般投資家のうち一定の投資経験があり、投資の利益と損失とリスクを評価できる者と発行企業が認めた投資家をいう。発行企業には、投資家が洗練された投資家に該当することを合理的に確認する（reasonably believe）ことが求められる（506(b)(２)(ii)）。

募集目標額を達成するまで、90日間に適格投資家以外の者や35名を超える投資家に対して、何名にでも勧誘することができる。ただし、後述するが、「一般的な広告・宣伝、一般的な勧誘」は禁止される（502（c））。

ルール506（b）によって適格投資家以外に販売する場合は、発行企業には、投資家に販売する前に、投資家に、募集条件、会社の基本的情報及び一定の財務情報などを提供する義務がある。資料作成においては、レグAで用いられるフォーム１－Aの該当項目の様式等を用いることができる。

一定の財務情報とは、継続開示義務のある企業の場合は、継続開示義務を果たすためSECに提出する年次報告書その他の書類の主要なもの、またはこれと同様の書類である（502（b））。

継続開示義務のない企業の場合は、募集金額によって次のように変わる。

a. 2,000万ドル超の募集では、レグAティア２と同様の監査意見書付きの財務諸表が求められる

b. 2,000万ドル以下までの募集では、一般的に公正妥当な会計基準に合致していることが必要とされる

いずれの場合も、２年分の損益計算書と貸借対照表が求められる。

継続開示義務のある企業が少人数私募を行う場合は、継続開示義務を履行するために求められる年次報告書等の資料のうちの主要なものを、株式を購入する投資家に提出することが求められる。

2）レギュレーションDルール506（c）（適格投資家私募）

ルール506（c）は、勧誘先・購入者数は無制限の適格投資家に購入者を限定する。募集目標額を達成するまで適格投資家以外の者や、35名より多い投資家何名にでも勧誘できることとしている。後述するが、一般的な広告・宣伝、一般的な勧誘はJOBS Actで解禁された。

米国の適格投資家の範囲は以下のとおり（501（a））。

a. 金融機関等の機関投資家

b. 純資産500万ドル（５億5,000万円）超の法人・事業会社等

c. 住居以外の純資産100万ドル（１億1,000万円）超の個人、または年収20万ドル（2,200万円）超の個人（世帯では年収30万ドル（3,300万円）超）

d. 証券外務員資格など自主規制機関の試験等によって得られる特定の資格や、投資会社の従業員など特定の経歴を持ち、投資する十分な知識と専門性を有する者

e. ファミリーオフィス（家族の資産運用会社）の従業員またはその顧客で

ある資産家など

SECの試算によると米国では2013年に国民の13％程度が適格投資家に該当する[80]。米国は適格投資家の範囲が日本と比べて大変広い。

3）ルール701

ルール701は、継続開示義務のない発行企業が、従業員、個人のコンサルタント・アドバイザーなどを対象に株式で報酬を支払う場合の免除規定である。ルール701はレグDルール506と同様、証券取引法第4条（a）（2）の私募のセーフハーバー・ルールとされる。ルール701に基づいて従業員等が購入または交付された株式は、転売先が適格投資家に限られる制限付き株式である。転売するには、私募転売の免除規定の適用が必要となる。

新株予約権の場合には、適用される販売額の上限があり、100万ドル、発行企業の総資産の15％または発行済み株式の15％のいずれか大きい額とされる（701（d））。

12か月の調達額が500万ドルを超える場合は、投資家に対して財務諸表等を交付する義務がある（701（e））。

②私募における一般的勧誘・一般的広告宣伝

株式の公募では、小規模公募を含め、不特定多数の投資家に広告宣伝することは、基本的に自由に行える。よって、発行企業が、自社のホームページや、マーケットプレイスで、自社名で多額の株式の公募を行うことは普通に行われている。

一方、私募では、新聞、雑誌、インターネットや、これらによって招集されたセミナーや会議などによる一般的勧誘・一般的広告宣伝が公募（public offering）に該当し得るため禁止されてきた。

レグDルール506（b）・（c）の私募では、新聞、雑誌、インターネットや、広告宣伝で参加者を集めたセミナーや会議などの開催は禁止されていた。

JOBS Actでは、一般的勧誘・広告宣伝をルール506（c）の適格投資家私募では解禁した。こうして、募集・勧誘活動でのインターネットの活用を促し、マーケットプレイス等のさらなる発展を促した。購入者が適格機関投資家に限られ

80　SEC　“Accreddited Investor Definition”,Finalrule,（2021）

るのであれば、他の者に勧誘が及んでも許されるし、適格投資家以外の投資家に情報が伝わって勧誘したことになっても、35名を超える購入者とならなければ違法とはならないとの考えによる（502（c））。

ルール506（b）の少人数私募では、一般的勧誘・広告宣伝は引き続き禁止されているが、フォームDの内容などを資料にして配ることは許されている（502（c））。さらに、2020年10月には、公益法人、大学など非営利組織が開催するピッチやデモデイで洗練された投資家向けに勧誘することを解禁した（ルール148）。ピッチやデモデイなどと呼ばれるイベントは、これまでは、一般投資家に対して企業の事業計画を紹介する場として開かれていたが、今後は、直接的な株式の募集情報を提供することができるようになって、本格的な投資勧誘の場となる。

一方、日本の適格機関投資家私募では、広告宣伝についての特段の規制はないが、勧誘先を適格機関投資家に限定している。適格機関投資家以外の者への勧誘は、少人数私募で49人・社以下に対してしかできないので、募集・勧誘活動のために広告・宣伝等が行えない。

③開示内容の軽減・簡素化

株式を公募するときには、フォームＳ－１による詳細な登録届出書の提出義務が生じる。フォームＳ－１の記載内容は、次の表にある。実例はEDGARで日本でも見られるが、Uberで200枚弱、Zoomで100枚強など、Ａ4で数百枚程度の分量である。

未上場株式市場の発展のために、証券取引委員会（SEC）がレグＡ（小規模公募）やレグD（小規模公募・私募）等のセーフハーバー・ルールを定め、プライベート・ストック・オファリング（PSO）という未上場株式による資本調達の方法を整備している。PSOでは、フォームＳ－１による詳細な会社情報の提出を免除する代わりに、軽減・簡素化された内容の会社情報を提出し・開示する義務がある。これにより一定の投資家保護を図ることで、株式が投資家の投資対象となる。

レグＡでは、**図６－３**の記載項目のフォーム１－Ａによる、フォームＳ－１よりはかなり軽減された内容での会社情報の開示が求められる。Ａ4で数十ページから100ページ程度のようである。

募集額7,500万ドル以下のティア２では、監査報告書付きの財務諸表の記載が求められる。フォーム１-K等による継続開示義務もある。

募集額2,000万ドル以下のティア１では、監査報告書の添付は任意とされ、継続開示義務もない。

レグDでは、ルール506の私募やルール504の募集額1,000万ドルの公募ときに、フォームDによる簡素な会社情報の開示が必要となる。Ａ４数５枚程度に、株式の募集の概要とともに、会社の住所・連絡先、経営幹部の個人名と役職、本社事務所の住所等の記載が求められる。募集開始後、最初の販売の日から遅くとも15日以内にSECに登録する（503（a））。加えてルール506（b）の35人・社以下の少人数私募では、投資家への会社概要について情報提供する義務がある。むろん、実際の募集・勧誘活動では、事業計画等を説明する資料、募集条件等の募集案内書、適格投資家であることを確認する質問事項表、会社の約款、各種の契約書面などを用意することになる。

クラウドファンディングでは、レグCFに基づきフォームＣが用いられる。Yes/No方式も多用された簡便なものとなっている。

なお、免除取引で活用される投資家保護の仕組みとしては、これらの開示義務に加えて、バッド・アクターズ・ルール（bad actors rule）という過去に悪事を働いたものを除外する仕組みがある。経営者や会社の関係者が法令違反の過去のある発行企業の募集は禁止される。レグＤルール506（d）でBad Actorsが定義されている。レグDルール504とルール506に加え、レグA、レグCFでも一定の範囲で適用される（レグAルール262、レグCFルール503）。

〈表９－３－１〉 米国の各フォームでの会社情報の開示事項

～米国の株式の公募で用いられるFormS- １の記載項目概要～

○目論見書に必要な情報

1．会社概要、募集概要
- ・会社名、本社・連絡先住所・電話番号、設立年、発行済み株式数等
- ・募集株式の種類、名称及び株式数及び募集価格、募集総額、募集方法・条件
- ・引受人の名称、引受け手数料、引受け契約の概要
- ・株式の発行企業による販売予定額、株主による販売予定額
- ・引受人によるオーバーアロットメント株式の引受け数等
- ・上場予定の証券取引所又は店頭登録市場の名称
- ・警句（州政府もSECもこの登録届け出書の内容を是認も否認もしていない旨）

2．証券業者が目論見書を配布する義務の表明

3．目論見書の要約、リスク要因、対固定費用利益比率

4．調達した資金の用途及び用途別の金額

5．募集価格の決定（普通株式、ワラント、新株予約権、転換社債の別）
- ・確立された公募市場の価格（市場価格）がない場合又は市場価格と公募価格が乖離している場合の公募価格の算定の各種要因の説明

6．既存株式の価値の変動（希釈）

7．販売する株式を保有する株主名、会社との関係性、会社の全株式に対する割合

8．株式の販売・流通計画
- ・引受け人の名称、株数、報酬、引受け契約の概要
- ・証券会社、ファインダーによる販売と報酬
- ・証券取引所での販売概要

9．登録する証券の説明

10. 専門家及び顧問の収入

11. 登録する発行企業に関する情報
- ・事業の概要、事業用資産の内容、所在地等についての説明
- ・事業実施のため特別に要求される法的手続き
- ・公募価格の根拠となる株式の市場価格（証券取引所での取引価格又は店頭市場での気配値又は証券会社間の取引価格）。公募市場が存在しない場合は、直近２会計年度の四半期ごとの最高又は最低の売り又は買いの指値。この場合、ルール144又は株主による公募で取引された売買数量を記載
- ・財務報告書、財務諸表明細書、補足財務情報、選択された財務データ
- ・財務に関する経営者の議論、財務条件の分析、運用結果、会計士の変更および意見の不一致に関する情報
- ・市場リスクに関する定量的および定性的な開示情報
- ・取締役および執行役員　氏名、年齢、担当職務、役員報酬
- ・コーポレートガバナンスについての説明
- ・実質的支配株主及び経営者による証券の所有
- ・特定の取引先、プロモーター及び会社の主要関係者と会社との取引状況の説明

11A.参照資料とその変更
- ・年次報告者、監査報告書他の参照資料に記載された事項の変更であって監査済み財務諸表の最後の会計年度末以降に発生したもの

12. 参照による特定情報の追記

12A.会社の主な関係者、役員、管理職員の免責の宣言

13. 引き受けに関連する支出以外の発行募集に関して要する費用

14. 法令、定款、協定等に関する会社の主要関係者、役員、職員の免責の宣言

15. 未登録の証券の最近の販売状況

16. 参照書類、財務諸表
- ・監査済みの貸借対照表２年分、監査済みの損益計算書とキャッシュフロー計算書３年分、監査報告書３年分付き。監査は証券取引法に基づく上場企業等向けのもの。
（財務諸表は米国会計基準（US.GAAP）又は国際財務報告基準（IFRS）に準拠）

17. 誓約

○代表者署名

～米国の小規模公募で用いられるForm1-Aの記載項目概要～

1）発行会社の基本情報（会社名、本社・連絡先住所・電話番号、設立年）
2）財務情報（財務諸表等）
3）発行会社の法令上の適格性、不適格者（BadActor）の存在の確認
4）募集する株式の情報
・株式の種類・株数・金額
・募集方法・条件
・発行済み株式数等
・Tier1・Tier2の別
・財務諸表の監査証明の有無
・引受人・証券会社・ファインダー・監査人・弁護士・資金調達のコンサルタント（promoter）・州法の専門家（bluesky compliance）への支払額
5）募集する州等
6）過去一年間に発行した株式の数と価額

～州法の株式の公募（SCOR）で用いられるフォームU-7の記載項目概要～

・発行会社の基本情報
・事業のリスク要因
・事業概要
・募集する株式の種類・株数・金額
・募集方法
・転売の制限の状況
・調達した資金の用途
・法令遵守担当者の氏名・住所・連絡先
・募集に関係する証券会社等の名称・住所
・株式発行残高と主な株主
・役員・経営幹部の氏名・年齢・経歴
・役員報酬
・会社及び会社関係者の訴訟・行政処分・契約等の状況
・発行予定の州
・直近1年分の財務諸表（募集額200万ドル以上の場合は、非上場企業向けの監査による監査証明書付きのもの）

～クラウドファンディングで用いられるフォームCの記載項目概要～

・発行会社の基本情報
・発行会社の法令上の適格性（Yes/NO）
・役員・経営幹部の氏名・役職・就任日
・主要株主名とその持ち株の種類及び数
・事業概要及び事業計画
・事業のリスク要因
・発行予定株式等の種類・目標募集額
・発行済みの株式等の種類・株数、残高と主な株主
・発行した社債等の種類、発行額、利率
・大株主、会社関係者との取引の状況
・財務情報（目標募集額が124,000ドル以下では直近年度の利益、税引き前利益、課税額、124,000ドル超、618,000ドル以下では公認会計士がレビューした財務諸表、618,000ドル超では非上場企業向けの監査をした財務諸表）
・Bad Actorsの存在の確認（Yes・NO）
・継続開示の実施時期、掲載するサイトのアドレス

～Regulation DのForm Dの記載項目概要～

・会社名
・本社・連絡先住所・電話番号
・設立年
・発行予定株式の種類・募集額
・募集方法
・免除規定の種類
・役員・経営幹部・発起人の氏名・住所
（関連法令違反者（Bad Actors）の有無について別途の資料で開示）
・業種・売上規模
・募集と会社の合併等との関連性
・関連証券会社の名称・住所
・販売済み投資家の数
・会社関係者への販売済み額等

下のコピーは、Facebook（現：Meta Platforms）が2003年に創業した後、2006年６月ごろにレグDの私募を行ったときに提出したフォームDの１枚目である。古いフォーマットで作られたものであるが、６ページの登録資料がEDGARで今でもみられる。この中で一般投資家23名を含む投資家65名から、約1,380万ドルを調達することを登録している。このようにFacebookは2012年に時価総額1,040億ドルで上場するまで、未上場市場で資金調達を繰り返した。

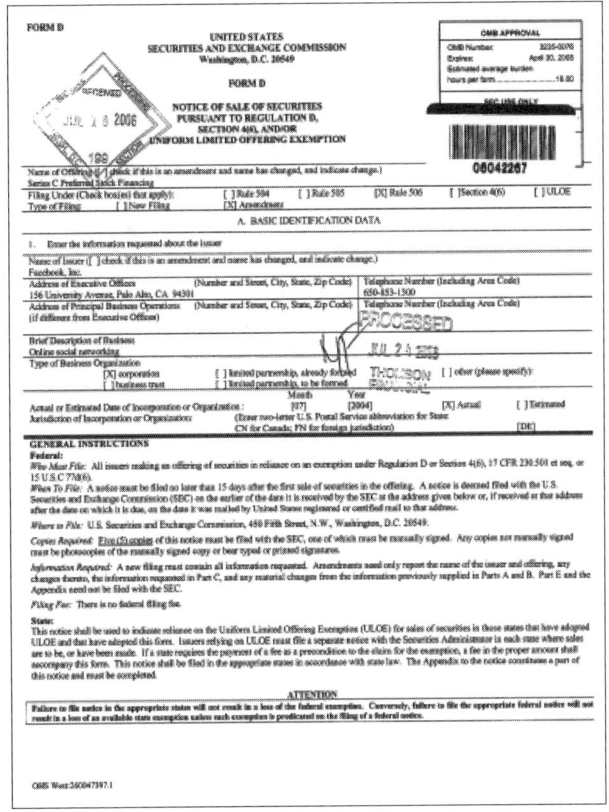

FORM D

UNITED STATES
SECURITIES AND EXCHANGE COMMISSION
Washington, D.C. 20549

FORM D

NOTICE OF SALE OF SECURITIES
PURSUANT TO REGULATION D,
SECTION 4(6), AND/OR
UNIFORM LIMITED OFFERING EXEMPTION

OMB APPROVAL
OMB Number: 3235-0076
Expires: April 30, 2008
Estimated average burden
hours per form 16.00

SEC USE ONLY

06042267

Name of Offering ([✓] check if this is an amendment and name has changed, and indicate change.)
Series C Preferred Stock Financing

Filing Under (Check box(es) that apply): [ ] Rule 504 [ ] Rule 505 [X] Rule 506 [ ] Section 4(6) [ ] ULOE
Type of Filing: [ ] New Filing [X] Amendment

A. BASIC IDENTIFICATION DATA

1. Enter the information requested about the issuer

Name of Issuer ([ ] check if this is an amendment and name has changed, and indicate change.)
Facebook, Inc.

Address of Executive Offices (Number and Street, City, State, Zip Code)
156 University Avenue, Palo Alto, CA 94301
Telephone Number (Including Area Code)
650-853-1300

Address of Principal Business Operations (Number and Street, City, State, Zip Code)
(if different from Executive Offices)
Telephone Number (Including Area Code)

PROCESSED
JUL 2 4 2013
THOMSON
FINANCIAL

Brief Description of Business
Online social networking

Type of Business Organization
[X] corporation [ ] limited partnership, already formed [ ] other (please specify):
[ ] business trust [ ] limited partnership, to be formed

Actual or Estimated Date of Incorporation or Organization: Month [07] Year [2004] [X] Actual [ ] Estimated
Jurisdiction of Incorporation or Organization: (Enter two-letter U.S. Postal Service abbreviation for State: CN for Canada; FN for foreign jurisdiction) [DE]

GENERAL INSTRUCTIONS

Federal:

Who Must File: All issuers making an offering of securities in reliance on an exemption under Regulation D or Section 4(6), 17 CFR 230.501 et seq. or 15 U.S.C 77d(6).

When To File: A notice must be filed no later than 15 days after the first sale of securities in the offering. A notice is deemed filed with the U.S. Securities and Exchange Commission (SEC) on the earlier of the date it is received by the SEC at the address given below or, if received at that address after the date on which it is due, on the date it was mailed by United States registered or certified mail to that address.

Where to File: U.S. Securities and Exchange Commission, 450 Fifth Street, N.W., Washington, D.C. 20549.

Copies Required: Five (5) copies of this notice must be filed with the SEC, one of which must be manually signed. Any copies not manually signed must be photocopies of the manually signed copy or bear typed or printed signatures.

Information Required: A new filing must contain all information requested. Amendments need only report the name of the issuer and offering, any changes thereto, the information requested in Part C, and any material changes from the information previously supplied in Parts A and B. Part E and the Appendix need not be filed with the SEC.

Filing Fee: There is no federal filing fee.

State:

This notice shall be used to indicate reliance on the Uniform Limited Offering Exemption (ULOE) for sales of securities in those states that have adopted ULOE and that have adopted this form. Issuers relying on ULOE must file a separate notice with the Securities Administrator in each state where sales are to be, or have been made. If a state requires the payment of a fee as a precondition to the claim for the exemption, a fee in the proper amount shall accompany this form. This notice shall be filed in the appropriate states in accordance with state law. The Appendix to the notice constitutes a part of this notice and must be completed.

ATTENTION

Failure to file notice in the appropriate states will not result in a loss of the federal exemption. Conversely, failure to file the appropriate federal notice will not result in a loss of an available state exemption unless such exemption is predicated on the filing of a federal notice.

OHS West:260047387.1

④転売に課される開示義務と私募転売

米国では、株式の投資家による転売は原則として開示義務の対象とならない（証券取引法第４条（a（１））。例外として、以下の場合は転売すると発行会社に株式の公募と同様の開示義務が課せられる。

a. 投資家が私募等に応じて取得した株式を転売する場合

b. 発行企業や企業が転売を依頼した証券会社、企業の主な関係者がその企業の株式を転売する場合

c. 株式を転売して一般に流通させる意図で購入した者（アンダーライターという）が、株式を他の投資家に転売する場合

これらに該当しない場合は、開示義務の履行がなくても、投資家は、株式を募集して転売することができる（証券取引法第４条（a）（１））。

これらの転売の開示義務が生じる、または生じるおそれがある場合でも、米国では、私募転売（private resale, or resale exemption）と呼ばれる以下の方法によれば、12か月の転売禁止期間を守った後であれば、開示義務の免除を受けながら、投資家が他の投資家に転売できる。

ルール144では、投資家は、私募で取得してから12か月の転売禁止期間を守った後であれば、一定の会社情報を発行企業が公表し、発行企業が同意すれば、公募で一般投資家に転売することができる。

ルール144Ａでは、投資家は、買い手への情報提供など各種条件のもと、適格機関購入者に限定して、インターネット等で一般的に勧誘しながら募集して、転売することができる。

証券取引法第4条（ａ）（7）では、投資家は、買い手への情報提供など各種条件のもと、適格投資家に限定して、募集して、転売することができる。

私募転売は、私募で購入した投資家や会社の経営者、従業員等が保有する未上場株式の転売を促進する。加えて、私募転売はこれを発行企業による私募等の発行募集と組み合わせることで、公募と同様の資本調達を行うことができる。また、発行企業や投資家は、証券会社等を仲介等で介在させて、その顧客網を活用して、私募転売により多くの投資家に販売しようとする。さらには、ルール144Ａなどを用いて、発行企業や機関投資家が多会社の従業員等の多数の株主から未上場株式を買い集めることもできる。こうして私募転売は、証券会社が連携して私募転売により、未上場株式が流通する店頭市場を形成するベースとなる。

１）転売の開示義務

米国では、株式の投資家による転売は原則として開示義務の対象とならない。例外として、以下の三つの場合に、発行会社に開示義務の履行が求められる（証

券取引法第2条（11），第4条（a）（1）、ルール144）。

a. 投資家が私募等に応じて取得した株式を適格投資家以外に転売する場合

私募で応じて購入した株式などは、免除規定に基づかない限り、転売先が適格投資家に限られる等の制限があり、制限付き株式（restricted securities）と呼ばれる（ルール144（a）（3））

b. 発行企業自身や、当該会社の株式の公募・私募等を取り扱った証券会社、大株主、経営者などの企業の主な関係者がその企業の株式を転売する場合

c. 株式を転売して一般に流通させる意図で購入した者（引受人（underwriter））が、株式を他の投資家に転売する場合

➡引受人には、主に証券会社、金融機関など発行会の代理人や、発行企業から直接株式を購入した者や、主要株主、経営者等の会社の主な関係者とその代理人が含まれる。

このように投資家が未上場株式を転売するときに開示義務を課すことを、転売の開示義務と呼ぶ。

2）私募転売

私募転売（private resale, or resale exemption）とは、一般的に定まった日本語ではないが、投資家が市場で持ち株を売りに出すなど未上場株式の転売のために公募をすると、発行企業に厳格な開示義務が課せられるおそれがある場合にその開示義務を免除して、公募または私募で販売する免除取引や制度を呼ぶ。

私募等で購入した制限付き株式の転売や、会社の関係者による未上場株式の転売を、開示義務免除のもとで実施する。日本の金商法では小規模免除による売出しといわゆる「私売出し」が該当する。

米国では、発行企業とその公募・私募を取り扱った証券会社以外の投資家が各種の条件を満たせば､引受け人とみなされずに（証券取引法第4条（a）（1）、ルール144）、厳格な開示義務を免除されたまま、さらに、発行企業の同意を得て制限付き株式の制限を解除する等の条件を満たせば、公募で一般投資家に転売することができる。

また、適格投資家（証券取引法第4条（a）（7））や適格機関購入者（ルール144A）に限定して、私募で転売することができる。

3）ルール144

ルール144の対象となる転売には、次のものがある。

a. 私募で取得した株式（制限付き株式）

b. または会社の主な関係者から取得した株式（これも制限付き株式とされる）を保有する投資家

c. 会社の主な関係者とその代理人が行う会社の株式の転売

以下のようにルール144に従えば、これらの転売が証券取引法第４条（a）（１）の取引に該当し、開示義務の対象とならないものであることを確保できる。ルール144の求める購入後転売可能となる期間を守り、会社情報の提供等を行い、発行企業の同意を得て転売制限の証票を株式から外せば、一般投資家に募集して転売することができる。

発行企業が発行した未上場株式を機関投資家等に私募で一括販売し、機関投資家等がルール144に基づいて公募により転売を行うことで、公募と同様に資本調達を行うことができる。

a. 転売禁止期間

購入後転売可能となるまでの期間（holding period）は、取得後12か月、継続開示義務のある会社の株式は６か月とされる（144（d））

b. 投資家への情報提供

発行企業には、簡素な会社情報を投資家へ提供することが求められる。簡素な会社情報は、主な事務所の住所、事業概要、発行済み株式の種類と総数、役員等の氏名･経歴、２年分の財務諸表を含む。発行企業はホームページでの掲載などこれらを投資家が一般的に入手可能な状態にすることが求められる。発行企業が継続開示会社の場合は、継続開示義務を果たしていることが求められる（144（c））。

c. 簡易開示

３か月間で、販売数量が5,000株、または販売価額が５万ドルを超えるときは、事前にSECへForm144で簡素な会社情報等を登録し開示することも求められる（144（h））。

d. 販売方法の制限

転売するときは、登録ブローカー等を通じて公表された気配値や市場価格等で販売するなどの販売方法に制限がある（144（f））。

e. 会社関係者の販売制限

会社の主な関係者が転売するときは、転売する株数は、発行・流通株式数の１％または直近４週間の週平均売買株式数のいずれか大きい数を上限とされる（144（e））。

4）ルール144A

対象となる転売は、以下のような条件の下で、制限付き株式の販売の対象を適格機関購入者に限定するものである。適格機関購入者とは、関係会社への投資を除き１億ドル以上の証券投資をしている機関投資家とされる。適格投資家に属する個人以外の投資家は、１億ドル以上の証券投資をしていれば全て適格機関購入者に含まれる（144A（a）（１））。

2012年に成立したJOBS Actでは、ルール144Aに基づいて適格機関購入者向けの私募を行うときに、インターネット等を用いた一般的勧誘・一般的広告を行うことが解禁された（144A（d）（１））。

a. 転売禁止期間

転売する株式は、制限付き株式であり、購入後転売可能となるまでの期間は、ルール144と同様、取得後12か月（継続開示義務のある大規模な会社の株式は６か月）とされる

b. 投資家への情報提供

株主又は株主から指定された購入予定の投資家は、発行企業の簡単な事業概要、直近の貸借対照表と損益計算書、過去2年分の監査意見書付きの財務諸表等を発行企業から受け取る権利を有する（144A（d）（4））。

c. 転売後

転売後の株式も制限付き付き株式となる（144（a）（3）（iii））。

5）証券取引法第４条（a）（７）

対象となる転売は、投資家（発行企業やその子会社等を除く）が、適格投資家に販売の対象を限定した募集を行う場合である。

一般的な勧誘、広告は禁止される。2015年のJOBS Act2.0で設けられた仕組みである（第４条（d）（１）・（２））。

a. 転売禁止期間

制限付き株式を転売するものであり購入後転売可能となる期間については、ルール144と同様、取得後１年間、継続開示義務のある大規模な会

社の株式は半年間とされる。

b. 投資家への情報提供

会社情報の投資家への提供については、ルール144と同様のルールとなる。転売する適格投資家が会社の主な関係者である場合は、会社との関係を説明する資料が求められる（証券取引法第４条（d）（３）））。

c. 転売後

転売後の株式も制限付き株式となる。

④米国各州の株式取引の規制（Blue Sky Law）と株式の公募（マイクロIPO）

米国では、州レベルで大変きめ細やかな発行募集のルールが定められ、州の証券監督官が規制を運用し、アーリーステージのスタートアップや、小規模企業・中小企業による小規模な公募（マイクロIPO）が、州政府の監視のもと積極的に行われている。

１）連邦法の規制の優越（covered securities）

1996年の全米証券市場改善法（NSMIA）で証券取引法が改正されて、以下のような免除規定とセーフハーバー・ルールについては、連邦法の規制のみが適用され、州法の規定は適用されない（証券取引法第18条）。このように連邦法の規制が優越する証券をcovered securitiesという。

a. レグDルール506の私募

b. 同ルール504とレグＡの500万ドル以上の公募であって適格投資家または適格購入者に限定された募集

c. クラウドファンディング

d. 証券取引法第４条（a）（１）・（７）、ルール144、ルール144Ａの私募転売等

２）州法による規制（Blue Sky Law）

米国では、上記のcovered securitiesに当てはまらない少額の株式の公募や少人数私募は、連邦法と州法の規制対象とする。公正な取引と投資家保護を確保しつつ、中小企業向けの簡素化された様式を設定するなど、発行企業の負担を軽減して、小規模企業・成長企業のエクイティ・ファイナンスを促進する。

各州の証券取引法（Blue Sky Law）では、発行企業が株式の勧誘（offering）

をするときに、株式の登録が義務づけられ、登録届け出書を提出し、その州政府の審査を受け、開示することが求められる。州政府に各種会社情報を記載した登録届け出書を、オンラインで提出し、開示審査（disclosure review）と、株式の発行が公平、公正で価値があるかの実質審査（merit review）を受け、株式の登録の届け出を行う。このような株式の登録審査は、株式の資格の登録審査（Registration by Qualification）と呼ばれる。

レグAまたはレグDルール504の公募の場合は、SECに提出して効力を得たフォーム1-A、フォームD等の写しを添付して、州政府に株式の登録を行う。

この場合、単独の州内に限られた株式の公募であれば、証券取引法第3条（a)(11）やルール147、ルール147Aに基づき連邦の証券取引法の開示義務は免除される。

以上は、少額の株式の公募であり、一般的な広告・宣伝が認められ、転売もできるので、マイクロIPOと呼ばれることもある。

機関投資家や少人数の投資家（10名以下、25名以下など州によって相違がある）への勧誘（limited offering）では、一定の会社情報を記載した通知書を州に提出すれば、州法における株式の登録義務は免除される。この場合、インターネット等による広告・宣伝は禁止される。発行企業と投資家は、1年間の転売禁止契約を締結する。

いずれも経営者や関係者が法令違反をしたことのある発行企業（bad actors）には株式の募集は認められない。

3）NASAAが主導するによる統一証券取引法と統合審査

NASAA（北米証券監督官協会）が、州の証券取引法のひな型である統一証券取引法（USA：Uniform Securities Act）を策定し、以下のような各州を統合した株式の登録・審査のプロセスや各種のフォームなどを定める。多くの州がこれを踏まえて州の規制を定めている。

a. 統合審査（CRE：Coordinated Review）

複数の州で株式の登録等を行う場合は、ペンシルベニア州を代表として組織化された複数の州による連合審査（coordinated review）が行われる。

b. SECに提出した株式登録届出書の州政府への提出（Registration by Coordination）

証券取引法第5条の株式の登録（開示義務）を行った場合は、SECに提出して効力を得た登録届け出書を州政府に提出し自動的に州政府の株式の登録が効力を得る。

c. 小規模企業の株式による資本調達の促進（SCOR：Small Companies Offering Registration）

州法に基づく株式の公募の登録義務（開示義務）のうち、募集額500万ドル以下では、SCORという仕組みが設けられて、NASAAが策定したフォームU－７を用いて、軽減された内容の会社情報を州政府に提出し、審査を受ける。フォームU－７の主な記載内容は、〈**表９－３－１**〉のとおり。Form １－Aと近い内容であり、これと同様に作成が簡単にできるようにフォーマット化されている。

⑤グローバル・オファリング─レギュレーションS・ルール144A（参考）

以下では、日本の企業など米国外の企業が米国で株式の募集ができる仕組みであるグローバル・オファリングについて、参考までに簡単に説明する。日本の成長企業もそれなりのコストをかければ実施できる仕組みであり、事例も多々ある。

日本よりも米国他の海外のほうが、一定の規模の資金調達であれば、成長企業が資本調達を実現するための証券取引法令上の制約は少ない。ただし渉外取引であり、外為法等の投資規制などが課される可能性はある。

グローバル・オファリングの代表的な仕組みとしては、米国内向けのレグDルール506の私募とレグSのオフショア・オファリング（海外募集）がある。

なお、発行企業の設立法国及び本社所在地が、レグAでは米国とカナダに、レグCFのクラウドファンディングでは米国に限定されている（レグA251ルール（b）(1)、レグCFルール100（b））。レグDの発行企業にはこのような制限はない。

大企業であれば、米国内でのIPO等の開示コストを回避するため、免除規定であるルール144AとレグSを同時に行うことがグローバル・オファリングの手段として広まっている。専ら債権で活用されている。大企業の場合は、コストをかけて上場するか、国際的な大企業も活用しているOTC MarketsのOTCQXやグローバルマーケットにADR（米国株式預託証書）を登録することなども行われている。

日本企業がレグDを活用した例も多数見つかる。EDGARでサーチすると日本で設立された企業が過去にSECに提出したフォームDの一覧がみられる。2001年以降、2023年6月まで、日本に本社のある企業がフォームDの登録を行った件数が75件程度ある。このうちの多くはファンドや投資会社、金融機関、大手事業会社であるが、10社弱程度はスタートアップなどの成長企業も含まれる。

これら米国の免除規定を用いて募集する場合、どの免除規定でも、海外の弁護士や公認会計士等に目論見書、契約書、必要があればフォームに従ったSECへの提出書類の作成を依頼し、リーガルチェックや必要あれば会計レビューを受け、提出する。ルール144Aの場合は適格機関購入者向けに限定した転売であり、機関投資家向けの募集であり、費用がかさむので大企業向けとなる。

よって、成長企業であれば、ルール144AよりもコストのかからないレグDルール506（b）の適格投資家私募の取り扱いを、米国内の証券会社に依頼するか、マーケットプレイスで募集する。同時に、費用対効果を考えて可能であればレグSに基づいて海外での募集・勧誘活動をすることになろう。

1）レギュレーションDルール506

レグDであれば、米国の弁護士事務所やコンサルタントに依頼してSECにEDGARを通じてフォームDの登録を行う。勧誘活動も、米国内の証券会社やコンサルタント等に依頼する。これらの経費を節約するためにも、マーケットプレイスを活用する方法もある。

ただし、ルール506（b）に基づき適格投資家以外の投資家（洗練された投資家）35名以下が購入する少人数私募を行う場合は、投資額に応じて、米国会計基準（USGAAP）又は国際会計基準（IFRS）に応じた財務諸表を提出する。2,000万ドルを超える募集では、財務諸表に監査意見書を添付することが必要となる（ルール502（b））。

2）レギュレーションS

レギュレーションSは、開示義務免除の下で、米国の企業が海外の投資家に対して株式の公募をするときや、海外の企業が海外の投資家に公募をするときのためのセーフハーバールールである。米国以外の世界中の投資家に募集することができる。

米国外のレグSの投資家はレグDよりも投資規模の大きい機関投資家などが多い。募集と販売が海外で行われることが条件となる。加えて、レグSの募集では、米国の投資家に勧誘することは禁止される。「米国に向けた販売努力」（directed selling efforts）が行われていないことが必要である。

専ら大企業による社債のグローバル・オファリングでの話しであるが、かつて、レグＳのオファーとルール144A適格期間の購入者への私募転売を同時に行うときに、米国内での会社のホームページをクローズするなど広告宣伝の注意をしていた。JOBS Actでルール144Aにおいて一般的広告が解禁されたときに、ルール144Aによる適格機関投資家向けの一般的勧誘と広告は、同時に行なわれるレグＳの米国投資家への勧誘禁止に抵触しないことが確認されるまでこのような運用が行なわれていた。

レグＳオファリングに必要なSEC登録はない。目論見書と契約書の作成を弁護士に依頼する。

レグＳであれば、日本の大企業において活用事例は多数ある。募集手続きや勧誘活動を日本の大手弁護士事務所が手伝ったり外資の投資銀行やコンサルタント等が助けている。

レグＳに基づく投資家の勧誘活動を、海外のクラウドファンディングやマーケットプレイスが取り扱っていることもある。

日本の成長企業が直接海外のマーケットプレイスのプラットフォームを借りて、自ら勧誘することはできるが、この場合でも、当該マーケットプレイスの運営会社が、日本の金商法に抵触することとなるおそれがある。このため、日本の企業は、海外の協力者を通じて、海外でこのようなマーケットプレイスの活用を考えることになる。

（２）日本の免除取引（少額公募、私募、私募転売）

①少額公募、私募

日本の免除取引の範囲は、以下のように米国と比べはるかに狭く、この狭い範囲の中では、クラウドファンディング等の一部の制度を除き、投資家保護の措置も設けられてないため、未上場企業は未上場株式を資本調達手段とすることはできず、投資家は投資対象とすることもできない。

１）少額公募

少額公募は、金商法関係者からは少額免除と呼ばれ、１年間で１億円未満の「募集」（発行株式の公募）と「売出し」（転売のための公募）については、有価証券届出書の提出を不要とする（金商法第４条第１項第５号)。1,000万円超では非公表の有価証券通知書を財務局へ提出義務がある。

少額免除であれば、１年間で１億円未満まで、自社のインターネットを通じて募集条件を公表し、戸別訪問活動を行うことができる。セミナーなどでの説明も自由である。相手先人数に制限なく、勧誘活動をすることができる。

有価証券通知書を提出していれば､安心してホームページに募集広告を出し、メールやSNSで発信したり、ピッチやセミナーで、ビジネスプランの説明を行い、勧誘することもできる。

ただし、自ら投資家を集めるのにはかなりの困難とコストが伴い、通常は、投資家を十分集められる見込は立たない。よって、現状では、株式投資型クラウドファンディングを活用することを勧める。

少額免除での勧誘に当たっては、開示義務のない株式である旨を、勧誘先に明確に伝えるべきである。このため、信用を高めるため、提出した有価証券通知書の写しを自社のホームページで開示したり、事業計画や決算書を公表するなどが必要となる。

原則、証券会社の支援を受けることはできない。そもそも１億円未満の公募の勧誘を手伝ってくれそうな証券会社を見つけることは相当困難であろう。少額免除の募集に応じて購入した株式を投資家が転売するときには、１億円を超えた額を投資家が販売することは通常は想定できず、適格投資家への私売出しや少人数私売出しを行う必要もなく、少額免除を行うことになる。企業から譲渡承認を得られることを確認しつつ、伝手をたどって買ってくれそうな方を探すことになろう。

2）少人数私募

少人数私募では、勧誘の対象を３ヶ月以内で50人・社未満の個人または法人に限定する。少人数私募に応じた投資家は、転売先が少人数または適格機関投資家に縛られる（私売出し)。

募集金額に法令的な上限はないが、３ヶ月以内での同一種類の株式について勧誘した投資家の人数を数え、49人・社までで勧誘をやめなければならない。49人を数えるときに、適格機関投資家の数は除外される。

少人数私募は､「多数の者に所有されるおそれが少ない」場合に認められる(金商法第２条第３項第２号ハ)。多数の者に所有されるおそれのない場合とは、発行企業に継続開示義務がないこととされるとされる（施行令第１条の７第２号）。

このように継続開示義務を負うものは少人数私募をすることはできない。よって、上場企業の第三者割り当て増資は少人数私募には該当しない（適格機関投資家私募、特定投資家私募にも同様の条件があるので、上場企業の第三者割り当て増資は金商法上の少人数私募に該当せず、株式の公募として開示義務を負い、有価証券届出書の提出が必要となる）。

少人数私募を実施している期間や、その前後に、適格機関投資家ではない個人投資家などに一定の情報提供をする場合には、少人数私募となる可能性が生じるため、株式の取得の勧誘に該当する情報提供は避けるなど慎重に対応せざるを得ない。

メールで勧誘することも49名まであり、ホームページも使えない。

適格機関投資家以外の投資家へのピッチは、投資勧誘を伴わない範囲で行うか、半年間の勧誘先の合計が50人・社未満の人数制限の下で行わなければならない。

ピッチの場では、自社が将来募集する予定がある程度のことを言及することはさすがに「勧誘」には該当しないと考えられている。

米国では､投資家の集まる場での通常のインベスターピッチに加えて､ツイッター・ピッチ、エレベーター・ピッチと呼ばれる短時間でのピッチ、イベントなどでのコンテスト・ピッチなどが行われるが、日本では、ご挨拶、自己紹介や会社PRといった意味合いとなってしまう。

３）適格機関投資家私募

適格機関投資家私募では、機関投資家、有価証券残高10億円以上の法人または個人などの適格機関投資家に勧誘先を限定する。

適格機関投資家が私募に応じて購入した株式は、転売が制限される。発行企業等は、適格機関投資家以外の者には譲渡しないことを定めた譲渡に関する契約を結ぶことを条件に、適格機関投資家に勧誘しなければならない（金商法第２条第３項第２号イ金商法施行令第１条の４第１号）。

日本では、適格機関投資家の範囲は、以下のとおりである（金商法第２条第３項第１号、第４条第１項、金商法第２条の定義に関する内閣府令第10条）。

a. 金融商品取引業者、投資法人、銀行、保険会社、協同組織金融機関

b. 有価証券残高10億円以上の法人または個人（個人の場合は投資経験１年以上）、金融庁長官への届け出が必要（組合の業務執行組合員である法人または他の個人は組合員全員の同意のもと、金融庁長官への届け出が必要）

c. 資本金等が一定額以上の外国の機関投資家、外国政府・政府機関・地方自治体・国際機関等であって金融庁長官への届け出が必要

金融庁長官に届け出た適格機関投資家は、法人は法人番号、名称、本店所在地住所、個人は、氏名と居住地市区町村名が、一覧となって、金融庁のホームページで公表されている。

2023年10月末現在、法人で1,018社、特別目的会社が24社、個人171人、外国法人87社などとなっており、事業会社や個人の数は、適格機関投資家はかなり限られている。

適格機関投資家私募であれば、発行した株式の販売が完了するまで、人数無制限で金額の上限なく勧誘を継続することができる。適格機関投資家の名称と所在市区町村名までは、金融庁財務局のホームページに掲載されているので、効果の程は別として、法人であれば電話やDMを送るなどのアプローチは取れる。適格機関投資家のうち官民ファンドは制度的要件に該当しそうであれば、説明は聞いてくれるであろう。ベンチャーキャピタルは、スタートアップの領域のビジネスモデルであれば、幅広く情報収集しているが、投資判断である要求水準は高い。通常、機関投資家は、ガードは固く、ハードルは高いであろう。事業会社はCVCが窓口となっている。

適格機関投資家私募で、証券会社が投資勧誘することは日証協の規則でも認められているが、現状では、証券会社が事業にするほどの収益が期待できるものとは考えられず、実績もほとんどない、といわれている（第２章参照）。

４）特定投資家私募

特定投資家とは、投資に関する専門知識のあるプロの投資家をいう。証券会社に委託して特定取引所金融商品市場で売買することが認められる投資家として制度化された。その後、特定投資家向け市場として、TOKYO PRO Marketが2009年に開設されている。特定投資家に対しては、記入商品取引業者等は、広告等の規制や不招請勧誘禁止、契約締結前交付書面の交付など主な営業行為の規制が免除される。証券会社等が、発行企業の委託を受けて、特定投資家に

限定した私募を取り扱うときは、開示義務が免除される。特定投資家に発行企業が直接勧誘することは特定投資家私募の要件を満たさない。

特定投資家の範囲は、概ね以下のとおり[81]。

a. 国、日本銀行

b. 適格機関投資家

c. 特殊法人、独立行政法人、投資者保護基金他、特定目的会社、各種投資組合の業務執行者等

d. 上場会社、資本金５億円以上の株式会社

e. 金融商品取引業者適格機関投資家等特例業務の届出者等[82]

f. 外国法人

g. 金融商品取引業者の承諾を得た運用資産３億円以上の組合等の営業者

h. 金融商品取引業者の承諾を得た個人（純資産と投資性資産が３億円以上であって、取引経験が１年以上の個人）

i. 年収1,000万円以上の特定の知識経験を有する者（金融業従業員、経済学・経営学の教職員・研究職、証券アナリスト、証券外務員、ファイナンシャルプランナー、中小企業診断士等の業務に１年以上従事した者、これらと同等の知識経験を有する経営コンサルタント等）

以上の特定投資家に勧誘先を限定する「特定投資家私募（プライベート・プレイスメント）」の制度化が2022年７月から開始している。

国、適格機関投資家以外の特定投資家に対して私募を行うときは、私募の取り扱いを証券会社（第一種金融商品取引業者）に委託することが要件の一つとなる。私募の仕組みとしては、従来から比べると、従来の適格機関投資家と比べて特定投資家となれる範囲が広がっており、成長企業が積極的に活用することが期待される。

ただし、私募をするときは必ず証券会社（第一種金融商品取引業者）に私募

81　関係条文は、金商法第２条第31号、第34条の３、第34の４、第63条第５項、金商法定義府令第23条などである。

82　適格機関投資家特例業務の届出者とは、集団投資スキーム（ファンド）を組成するために私募を行うものであって、当該ファンドへの出資者の全てが適格機関投資家である場合、または出資者に１人・社以上の適格機関投資家と49人・社以下の投資判断能力を有すると見込まれる一定の者が含まれる場合に、金融商品取引業の登録及び主要株式の届出を免除された者をいう。

の取り扱いを委託しなければならない。また、転売の仕組みが未整備で、証券会社の連携による店頭市場の構築までは想定されていない。このため、投資家は、換金や、キャピタルゲインを得るにはIPOまで待つことになる可能性もある。成長企業の発行募集の場合に、どこまで利用が進むか不透明なところがある。株主コミュニティでの増資の取り扱いの経験ある証券会社などで、特定投資家私募を取り扱う証券会社が見つかる可能性はある。

②私募における勧誘・広告宣伝の制約

日本の私募では、米国とは異なり、不公正取引方法の観点以外では、勧誘のための広告宣伝への規制はない。ただし、私募の対象として勧誘先を限定するので、事実上、一般的な広告・宣伝ができないなど、募集・勧誘活動が著しく制約を受ける。

日本では、適格機関投資家のみに対して、または3か月以内に49人・社以下の一般投資家に対して勧誘をすることができる。よって、募集目標額に達しなくても、適格機関投資家以外の者を49人までしか勧誘した時点で募集活動は終了となる。金商法上、「勧誘」は特段定義されておらず、一定の情報提供行為が含まれ得る。そのため、少人数私募でも説明したが、募集活動のために、ホームページの掲載やメール配信などのインターネットの活用はほとんどできず、セミナーなど説明会の開催にも慎重な対応が必要となる。結局、プライマリー取引における募集・勧誘活動は有力な投資家から順に一人一人、一社一社にアプローチすることになり、投資家間の競争関係もそれほど起こらずに市場的な取引環境ではなくなる。

③開示すべき会社情報の概要

1億円以上で、かつ、適格投資家以外の投資家50人・社以上に対して勧誘すると、株式の公募とされて、上場企業同様に詳細な会社情報を記載した有価証券届出書と毎年度の有価証券報告書の提出が必要となる。それぞれ、財務諸表について無限定適正意見の記された監査報告書の添付が求められる。有価証券報告書の記載事項は、次の**図9－3－2**のとおり。100ページを超える分厚いもので、日本では、この届出書作成に4,000万円から6,000万円程度、監査費用だけで800万円から2,000万円程度は必要とされる。なお上場すると、内部統制報告書に加えて、四半期報告書や臨時報告書の提出が必要となる。

一方、小規模公募や私募は、限定的な範囲で、開示義務を免除するのみで、他に会社情報の提供など投資家保護等のための特段の規制は設けられていない。1,000万円超の小規模公募（少額免除）では有価証券通知書の財務局への提出が求められるが、これは非公表となっている。

有価証券通知書の記載事項は、会社の基本的な情報が中心となっている。このように、小規模公募や私募では、開示義務は免除されるが、簡単な会社情報

〈表９－３－２〉 日本の会社情報の開示事項等・有価証券通知書は非公表

―有価証券届出書の記載項目概要―

（金商引法第５条第１項、企業内容等開示府令第８条第１項）

１）発行会社の基本情報
- ・会社名　・代表者の役職・氏名　・本社・連絡先住所・電話番号

２）募集・売出し株式の情報
- ・株式の種類・株数・金額　・募集方法・条件
- ・引受け人名称・住所・引き受け株数・条件
- ・調達した資金の使途　・第三者割当の場合の特記事項

３）企業概況
- ・主な経営指標等の推移、沿革　・事業の内容
- ・従業員の状況　・関係会社の状況
- ・経営方針・環境・課題等　・事業リスク
- ・経営者による財政状態、経営成績及びキャッシュ・フローの状況の分析
- ・重要な契約等　・研究開発活動　・設備投資・設備の状況）

４）会社の概況
- ・株式の状況（株式・株主、議決権、自己株式、役職員所有株式の状況等）
- ・配当政策
- ・コーポレート・ガバナンスの状況（役員氏名・経歴・年齢等、監査の状況、役員報酬当）
- ・経理の状況（連結財務諸表、財務諸表）

５）最近５年分の財務諸表（直近２年分は監査証明付きのもの）

―有価証券通知書の記載項目概要（非公表）―

- ・会社名、
- ・代表者の役職・氏名、
- ・本社・連絡先住所・電話番号）、
- ・新規発行（売出）有価証券の銘柄、種類、発行（売出）数、発行（売出）価額の総額及び資本組入額の総額、
- ・申込期間、払込期日、
- ・株式の株主割当・第三者割当・一般募集を行う株式数、
- ・引受人の名称、住所及び引受株式数、
- ・過去１年以内における募集又は売出しを行った銘柄・価格・数・総額など

の開示を求めるなど、代わりの投資家保護的規制はほとんどなく、未上場株式が投資対象とはならない。小規模公募や少人数私募では、証券会社はそのために未上場株式を投資勧誘することも禁止されている。

④転売の開示義務と私募転売

1）転売のための公募に課される開示義務

日本の転売の開示義務では、「売出し」という転売のための公募が、金商法第４条第１項で原則として開示義務の対象となり、その例外として、上場株式の転売など開示義務の対象外となる場合を政省令で列挙している。これらの条文がかなり複雑に入り組んでいるが、開示義務の対象として残るのは、概ね以下のような場合となる[83]。

a. 少人数私募、適格機関投資家私募に応じて購入した株式を転売するとき

b. 発行企業、発行企業の主な関係者（役員、主要株主、子会社とその役員等）または金融商品取引業者等（金融商品取引業者と登録金融機関[84]）が、これらが所有する未上場株式をこれら以外の者と売買する場合

c. 金融商品取引業者等の間でこれらが所有する未上場株式を売買する場合

米国の転売の開示義務の範囲と比べると、会社の主な関係者に子会社とその役員が加わることに加え、ディーラーに限らず金融商品取引業者等による募集が転売の開示義務の対象となる。発行企業との関係に係わらず、金融商品取引業者や銀行などの金融機関が会社の主な関係者以外の投資家に他の金融商品取引業者に転売するため公募をするときなども、発行企業に開示義務が生じる。よって、これらによる転売のための公募は事実上実施できない。

上記a. b. c. のいずれにも該当しない場合は、50人・社以上の勧誘を行う場合でも、株式の公募の開示義務は課されず、有価証券届出書の提出は不要となる。例えば、他に制約がなければ、一般投資家が他の投資家を公募して転売することもできる。日証協の投資勧誘禁止の例外となれば、店頭市場で証券会社の仲介で未上場株式が流通する。

83　金商法第２条第４項、金商法施行令第１条の７の３、金商法定義令第13条の３。

84　「金融商品取引業者等」とは、金融商品取引業（第一種種金融商品取引業、第二種金融商品取引業、投資助言・代理業及びに投資運用業）と登録金融機関業務を行う者をいう。金商法第２条第９項、第29条、第50条第１項等参照。

なお、募集額１億円未満の少額免除のもとで販売された未上場株式についても、上記のb. またはc. に該当する者が転売のために公募するときは開示義務の対象となるものと考えられる。

２）私募転売（私売出しと売出しの少額免除）

転売の開示義務が生じるときには、私募と同様に適格機関投資家または１か月以内に50人未満の少人数の投資家に限定した募集（私売出し）、または１年以内に募集額１億円未満の少額公募（売出しの少額免除）をすると、開示義務が免除される。（金商法第２条第４項第２号）。

勧誘先を制限するため、米国のように、株主がインターネット等で勧誘することも、一般投資家等に転売することも困難である。

少額公募に応じて発行企業から購入した株式の公募についても、他の未上場株式の転売と同様に、これらb. やc. のような場合には開示義務の対象となり、これを免除されるため少額売出しまたは私売出しをすることになる。もともと１億円未満で発行募集して、これに応じた投資家が購入した株式であり、１億円を超える募集額の公募または私募が行われることは想定しにくいところではある。

私募にも、私売出しにも開示義務が免除され、その他特段の取引の構成や投資家保護の措置はない。

9－4 証券会社の未上場企業に対する投資銀行業務と店頭市場の形成

米国では、SECや自主規制機関の規則の下、証券会社が未上場株式を積極的に取引する。各種の免除規定と、証券業の登録のもと、投資家が適格投資家であることなどの確認方法や、取引結果の自主規制機関への報告など、証券会社の取引ルールを整備する。証券会社は、未上場企業の資本調達を支援する投資銀行として活動し、連携して、企業・投資家間を仲介し、州レベルから連邦レベルまでの店頭市場を形成する。

一方、日本では、証券会社が、発行企業に依頼されて、または自ら所有する株式について、投資家に対して未上場株式の投資勧誘を行うことが、証券業協会の規則で原則禁止されている。例外的な制度においても、発行企業の開示義務の負担が重く、活用されずに、証券会社がセルサイドで成長企業向けの投資銀行として機能することが容易にはできずに店頭取引も盛んとはならず、店頭市場も形成されていない。

（1）米国

①証券会社（ブローカー・ディーラー）の登録

米国では、証券会社（ブローカー・ディーラー）は、証券の売買、仲介、募集の取り扱いなど、州際で活動するときは、SECに登録する義務がある。

証券取引法の条項とセーフハーバー・ルールの下で、適格投資家の確認方法や、ペニーストックの販売の規制など証券会社の取引ルールを定め、証券会社が未上場企業の株式の発行による資金調達を支援し、投資家間の売買を促進する。

証券会社は、営業行為の規制、ペニーストックの販売ルール、未上場株式の銘柄登録と取引結果の報告義務など、SECの規則とFINRAの自主規制の下で、未上場株式の店頭取引を積極的に行う。

証券会社間で連携して、州レベルから連邦レベルまで店頭市場（over-the-counter Market）を形成する。

店頭市場では、マーケットメイカーと呼ばれる証券会社が気配値と呼ばれる売買価格を提示し、証券会社が投資家間の売買を仲介して、取引を促進する。証券会社間の取引ルールを定めたり、電子市場取引システムを設置してATSの登録を受け代替的証券取引所となる。

ブローカーとは、他人の計算で証券取引を執行することを、ディーラーとは、自己の計算で証券を売買することを通常の業務とするものをいう（証券取引所法第３条（a）（４）、（５））。SECの規則では、ブローカー・ディーラー（Broker-Dealer）と一体で扱われることが多い。州際の業務を行うときは、フォームBDでSECに登録する義務がある（第15条（a））。以下のような証券取引所法の規制とFINRAの自主規制の下、未上場株式の店頭取引を積極的に行い、州レベルから連邦レベルまで店頭市場を形成する。

証券会社は、各社の顧客（発行企業と投資家）のネットワークを生かして、都市部はもとより地域の中小企業の小規模公募や私募の引受け等を積極的に支援するなど、中小企業の投資資金を資本・社債で集める投資銀行として活動している。さらに、ファインダーと呼ばれる紹介業者やプロモーターと呼ばれるマーケティング会社が発行企業の募集を助ける。

1）営業行為の規制

米国では、営業行為の規制として、顧客である発行企業や投資家について、未上場株式に係る注文が開示義務を免除されるか、投資家の投資能力は適切か、発行する株式を調査・確認する義務が課せられる。自己の利益を顧客の利益に優先させることや、手数料を稼ぐための過剰な取引を進めること等が禁止される（第15条（c）（1）、ルール15c1-2など）。投資勧誘等は、証券外務員が、FINRAの試験に合格して資格を得て行う。

2）財務規制

米国では、証券会社（ブローカー・ディーラー）の登録要件のうち、財務面での規制として、自己資本規制がある。純負債が純資産（Net capital）の15倍を超えないこと、または純資産が25万ドル以上若しくは顧客預かり資産の２％以上のいずれかより大きいことを確保することが求められる。純資産を算定するときに、未上場株式も市場価値で評価される（第15条（c）（３）、ルール15c３-１）。

3）ペニーストック・ルール

ペニーストックと呼ばれる１株５ドル未満の少額の株式であって、一定の小規模な会社のものについては、投資家保護のための規制を付加する（第３条（a）(51))。

一定の小規模な会社とは、過去３年間の平均収入が600万ドル以下であって、創業後３年以上の会社で純資産が200万ドル以下、創業後３年未満の会社で500万ドル以下と定義される（ルール３a51-１（g)）。これを取り扱う証券会社に対しては、ペニーストック・ルールと呼ばれる規則（第15条（h)、ルール15g-１から100）で、以下のような義務を課す。

a. 顧客にペニーストックの取引の特徴について説明し、書面による同意を得ること
b. 顧客にペニーストックに投資するリスクを示す書面を提供すること
c. 顧客に取引時点の市場での気配値情報を開示すること
d. 当該証券会社が受け取る報酬額を開示すること

4）自主規制機関への加入義務

証券会社にはFINRAへの加入が義務づけられる（第15（b）（8））。ルール10b-17とFINRAの規則6432、6490などに基づき、証券会社は取引する未上場株式すべてに取引銘柄記号（trading symbol）を取得する。証券会社には、上場株式と未上場株式の取引全件をOATSというシステムを通じて、オンラインで報告する義務がある。FINRAはこの情報などで取引を監視する（FINRA規則7410から7470）。

②米国のマーケットメイカー、ファインダー、プロモーター

米国では、証券会社のうちのマーケットメイカーといわれる専門ディーラーが、店頭市場で一定の規制の下、自己売買する株式の売買価格を提示して店頭市場の取引を促進する。証券会社ではないが、ファインダーと呼ばれる投資家を紹介する事業者やプロモーターと呼ばれるマーケティングの専門業者が発行企業の募集を助ける。

1）マーケットメイカー

店頭市場（over-the-counter market）では、マーケットメイカーは、証券取引所法のルール15c 2-11に従って、私募や私募転売、投資家間の売買で、気配値の公表や自己売買を行い顧客の注文による気配値の公表または売買などを行う。このルールでは、企業の開示情報が正確でなく、信頼できるものとは合理的に判断できない場合、その企業の株式の気配値の提示を禁止する。この遵守を確保するため、FINRAは、規則6432を定めて、マーケットメイカーに、気配値を公表する発行企業が開示した情報など各種の最新情報を集めること、これらをフォーム211でFINRAに提出することなどの義務を課す。

なお、マーケットメイカーが気配値を公表して、それに対する注文を受けることや、顧客の依頼に応じて気配値を公表することも、証券取引法第4条（a）（4）の無勧誘注文（Unsolicited Orders）とされて、開示義務が免除される。

2）ファインダー

ファインダー（紹介業者）と呼ばれる事業者が、私募に応じる適格投資家の発行企業への紹介等で活動している。SECが提案中の案では報酬を調達額の一定割合以外の方法で算定する等であれば証券取引所法第15条（a）の証券業の登録を不要とされる。証券会社等が私募を取り扱うには少額な募集などを中心

に、発行企業の投資勧誘を支援する。

3）プロモーター

プロモーターと呼ばれる専門家が、通常一定の株式を報州として受け取って、企業の資本調達のための広告宣伝、営業等の募集・勧誘活動を支援する。証券業の登録は不要であるが、証券取引法第17条（b）とルール405に基づき発行企業やそのアンダーライター等から受け取る報酬について、開示することが求められる。発行企業は、プロモーターを活用した場合に、株式公募のためのフォームＳ－１等でプロモーターの氏名、契約内容、支払う報酬等を記載して開示することが義務づけられる。

（2）日本

日本では、証券会社は、第一種金融商品取引業の登録を受けて、各種の登録基準に従う。最低資本金の規制も厳しく、自己資本規制比率においても未上場株式は自己資本から控除される等の規制もある。未上場株式の投資勧誘も原則禁止されている。

このため、日本の証券会社は、未上場株式の投資勧誘や媒介等（ブローカー業務）は、一部の例外的制度でしか許されず、また、引き受け（アンダーライティング）や自己売買（ディーリング）も事実上禁止されているに等しい。一方で、自主規制機関への加入は任意とされている。

投資家保護を確保しつつ企業の資本調達を促進するため、本来であれば、株式取引のプロである証券会社が、全て自主規制機関に加入して、一定のルールの下で積極的にその機能を発揮するべきところであるが、日本ではむしろ、未上場株式を取り扱うこと自体が強く抑制されている。

①証券会社（第一種金融商品取引業）の登録

１）第一種金融商品取引業の登録

金商法第28条第１号から第18号に列挙された行為を業として行うときは、第一種金融商品取引業の登録を受けなければならない（金商法第29条）。これらの行為のうち、未上場株式の発行募集、流通にとっての基本的な行為としては、以下のものがある。

a. 株式その他の有価証券の 売買・運用

b. 売買の媒介・取次ぎ・代理、引き受け

c. 募集（発行株式の公募）の取り扱い、売出し（転売のための公募）の取り扱い、私募の取り扱い等

この場合、「取り扱い」とは代行を意味し、発行企業または投資家の委託を受けて、代わりに公募や私募のための投資勧誘を行い、発行企業と投資家、投資家間の仲介を行うことを意味する。

2）証券会社の不公正取引の禁止と投資勧誘の規制

証券会社をはじめ金融商品取引業者等は多数の資金の需要側と資金の提供側との間で仲介行為を行って、資金が公正かつ円滑に移動することに重要な役割を果たしている。このため、証券会社等が虚偽の情報を提供し、または不当な勧誘をすることのないように、適合性原則をはじめ各種の行為規制が定められている。特に、証券取引所、店頭売買有価証券市場や店頭市場の公正を確保するための規制として、相場操縦行為の禁止・防止とインサイダー取引の禁止・防止の規制などが定められる。

一般的な規制としては、誠実義務がある。金融商品業者等と「その役員・使用人は、顧客に対し誠実かつ公正にその業務を遂行しなければならない」とされる（第36条第1項）。本書で個別の規制を詳細に説明することは難しく、主な投資勧誘の規制や市場における不公正取引の規制の概要を以下に列挙する。

a. 広告規制

証券会社等の広告に登録事業者である旨を記載するなど記載事項の規制や誇大広告の禁止などを課す（第37条）。

b. 適合性原則

証券会社等に顧客の資力等の属性に照らして、不適当な商品の勧誘しないことを求める（第171条）。

c. 不招請勧誘・再勧誘の禁止

勧誘を求めていない者に対する電話・訪問等の方法による勧誘の禁止、再勧誘を拒否したものへの再度の勧誘を禁止する（第38条）。

d. 説明義務と契約締結前書面交付義務

金融商品販売法第３条第２項では、適合性原則の説明責任への反映として、顧客の知識、経験、財産等に応じて、顧客に理解される程度の説明を求める。さらに、金融商品取引法では、登録事業者の名称･登録番号、

手数料・報酬、リスクの所在などの必要事項を記載した書面を契約の締結前に顧客に交付する義務を課す（第37条の3第1項）。

e. 契約締結時の書面交付義務

証券会社が顧客に委託されて仲介等を行って契約を締結したときは、その事務処理の経緯や結果を書面にまとめて顧客に提出する義務がある（第37条の4第1項）。

f. 過当取引の禁止

証券会社が手数料稼ぎのために顧客の負担で不適切に多量の取引を繰り返すことを禁止する（第116条第1項）。

g. 不当勧誘の禁止

証券会社等やその役員・使用人が、虚偽事実の告知・断定的判断の提供の禁止、虚偽表示・誤解を生じさせる表示の禁止、特別利益の提供の禁止などがある（第38条）。

h. 相場操縦の禁止

特定の銘柄を一定期間、一斉に過度に勧誘する大量推奨販売や、実勢を反映しない相場形成を起こす可能性のある注文であることを知りながら、これに応じて勧誘するなどの作為的相場形成取引が禁止される（金商業府令 第117条第1項第17号から第20号まで）。

インサイダー取引の禁止・防止としては、顧客の注文動向等職務上知り得た特別の情報に基づいた有価証券の売買その他の取引やその受託を禁止し（金商業府令第117条第1項第12号・第13号）、法人関係情報の提供による勧誘の禁止を禁止する（金商業府令第117条第1項第14号）。

証券会社は、日証協の規則で未上場株式の投資勧誘が原則禁止される。例外として、株主コミュニティ、適格機関投資家投資勧誘、店頭取扱有価証券の投資勧誘などの制度があるが、厳格な規制の下、これらの投資勧誘としての活用実態は乏しい。日本のほとんどの証券会社は、子会社のベンチャーキャピタルや投資会社のファンド等の事業を除き、未上場株式を引き受けたり、自己売買して運用したり、公募、私募を取り扱って未上場株式の投資勧誘を行うなど、成長企業の資本調達を支援する事業をほぼやらない。

3）財務規制

a. 最低資本金規制

第一種金融商品取引業の登録要件として、資本金及び純資産が5,000万円以上であることに加えて、最低資本金規制が課される。

最低資本金は、元引受けの幹事会社となるときは30億円、元引受けは５億円とされる（金商法第28条第１項第３号、第29条の４第４号イ）。この場合、幹事会社とは、株式の発行企業又は所有者と協議を行う者のうち、募集等の額が100億円を超えて、自ら引き受ける額が50％を超える場合とされる（金商業等府令第４条）。成長企業が十数億円から数億円程度の私募を行うような場合には、地方の小規模な証券会社一社で引き受ければ十分であり、規制の上でもさすがに30億円は求められず、資本金が５億円以上あれば足りる。しかし、５億円の最低資本金も、未上場株式の引き受けを行って、企業の発行募集を手伝うような投資銀行業務へのプラットフォーマー等の他業種から新規参入を促進するうえでは厳しい。

b. 自己資本比率の規制

第一種金融商品取引業の登録要件で、自己資本規制比率120%以上とされる。自己資本規制比率の値を内閣総理大臣への四半期ごとに報告義務がある（金商法第29条の４第１項第４号、第46条の６）。

自己資本規制比率は、自己資本から固定的な資産を控除した「固定化されていない自己資本の額」を、発生し得る危険に対応する「リスク相当額」で除して算出する指標と定義される。このとき、日本では証券会社が未上場株式を購入すると同額が自己資本から控除されてしまい、かつ、一定のリスクが算定されることになる。証券会社が未上場株式を自己売買することが強く抑制される。

②未上場株式投資勧誘の原則禁止

日本では、証券会社は日証協の規則で未上場株式の投資勧誘が原則禁止される。

証券会社が介在する店頭取引、店頭市場については、日証協が「店頭有価証券に関する規則」を定めて規制する。この規則では、会員の証券会社・金融機関（以下「会員証券会社等」という）が、未上場株式の購入を勧誘（投資勧誘）することを原則として禁止する。

具体的には、証券会社は、発行企業が未上場株式の募集・勧誘活動が許されれている以下の投資勧誘について、発行企業を助けることが原則として禁止される。

a. 募集額１億円未満の少額公募

b. 適格投資家私募・私売出し

c. 投資家50人・社未満の少人数私募・私売出し

d. 会社の主な関係者や金融商品取引業者と一般投資家等との取引など転売の開示義務の対象となる取引

以上の禁止の例外として、以下のような証券会社の投資勧誘を認める制度を設けている。これらの制度では、証券会社は、上記のa. からd. のいずれかが取り扱えるようになって、この範囲で、発行企業を支援し、投資勧誘をする。

同規則で定められているものは、

・店頭取扱有価証券の投資勧誘等

・適格機関投資家に対する投資勧誘

・経営権の移転等を目的とした投資勧誘

・フェニックス銘柄制度

・企業価値評価が可能な特定投資家に対する投資勧誘（2021年11月開始）

があり、同規則とは別の規則で定められる投資勧誘禁止の例外的制度として、

・株式投資型クラウドファンディング

・株主コミュニティ

・特定投資家私募（2022年７月開始）

がある。

以上の制度は、第２章で見たとおり、いずれも実績が乏しく、またはごく小規模であり、店頭市場ができる可能性も薄い。株式投資型クラウドファンディングと株主コミュニティについては、少しずつ発展している。制度を改善すれば、さらに発展する可能性はある。

以上とは別に、青空銘柄と呼ばれる、会員証券会社が投資勧誘せず、顧客からの売買等の仲介などの注文を受動的に対応している未上場株式がある。データは見当たらず、実態は不明である。米国では、証券取引法第４条（a）（４）の勧誘なき受注（Unsolicited Order）とされて、開示義務が免除される。

このように、証券会社の投資勧誘が広範囲に規制されたままでは、資本を調達したい発行企業が証券会社と顧客との関係性を活用できない状況にある。発

行企業だけでは、投資家への募集・勧誘活動など、未上場株式の公募・私募の実施は大変困難である。

以下は、各例外的制度の概要である。

１）店頭取扱有価証券取引の投資勧誘（店頭規則第６条）

会員証券会社等に会社内容説明書を作成し、開示する発行企業の未上場株式の投資勧誘を認めるものである。証券会社会社は投資勧誘した結果を日証協に報告する義務がある。

会社内容説明書は有価証券届出書の企業の部に準じる内容が求められ、併せて提出する財務諸表等には、金商法に基づく公認会計士の監査による総合意見が適正または適法である旨の監査報告書が添付されていることが必要とされる。

投資勧誘をする際に、証券会社には顧客に対する証券情報等の交付義務や、適正な説明を行ったことと、顧客の判断において取引することを確認する確認書の入手義務がある。

この制度を活用することは、会社内容説明書の作成や監査報告書の添付など、成長企業には負担が重く、上場企業の種類株式の募集や大手未上場企業の募集等などで活用されているものと考えられらる。

２）適格機関投資家投資勧誘（店頭規則第４条）

適格機関投資家投資勧誘として、会員証券会社等は、店頭有価証券について、適格機関投資家に対する私募・私売出しのための投資勧誘が認められている。転売先が適格機関投資家のみに限られる。金商法施行令第１条の４第１号に基づき、発行企業または転売しようとする投資家が購入先と適格機関投資家以外に譲渡を行わない旨を定めた契約を締結することが投資勧誘をするための前提となる。

３）経営権の移転等を目的とした取引に係る店頭有価証券投資勧誘（店頭規則第３条の２）

この制度はM&A取引の媒介等について一定のルール化を図るものである。先述の日証協の資料にあるように、この制度が活用されている実態はない。証券会社等によるM&Aの支援は、コンサルティングなどの投資勧誘を伴わない方法によって行われているものと考えられる。

４）フェニックス銘柄制度（店頭規則第２条第５号）

店頭取扱有価証券の一つにフェニックス銘柄制度がある。上場廃止になった銘柄を保有する投資家に換金の場を提供するため、日証協が2008年３月に創設した。フェニックス銘柄に指定された銘柄は、銘柄を届け出た証券会社から継続的に売り気配値・買い気配値が提示される。現時点（店頭規則第４条の２）では、取り扱われている銘柄はない。

5）企業評価等可能な特定投資家に対する投資勧誘

2021年11月に開始した特定投資家向けの投資勧誘の仕組みである。機関投資家など、一定の企業価値評価能力のある特定投資家に対しては、投資勧誘を解禁する仕組みである。

特定投資家 のうち企業価値を評価できる判断基準が不明確で、発行企業になるにも証券会社が主導する可能性が高いなど課題がある。

6）株主コミュニティ制度

株主コミュニティについては、第２章で制度概要を説明したが、特定の未上場企業の株式を証券会社等の運営のもと、投資家間で売り買いする会員制の組織である。

コミュニティを組織して、組織内で発行募集を行い、また、株式を流通させるものである。運営会員である証券会社等は、コミュニティ内であれば未上場株式の投資勧誘を行うことが認められる。しかし、証券会社が会員を増やすための勧誘活動が禁止されており、また、複数のコミュニティをまたがって売買する仕組みもない。このため、大きく発展する見込みの乏しいものとなっている。

大企業や中堅企業の株主コミュニティであれば、発行済み株式数も株主の数も、一定規模となり、運営会員の証券会社の収益期待に応える規模の募集を行うことが可能となり、資本の調達のために活用可能なものとなる。この場合、コミュニティにおいて少人数私募で数億円規模の資本を調達することは考えられるが、この規模の企業であれば通常は銀行融資でなくても資金調達は可能であろう。いずれにしろ、成長途上の企業が積極的にエクイティ・ファイナンスを行う場として発展することは制度的に難しい。

7）株式投資型クラウドファンディング

株式投資型クラウドファンディングについては、ITシステムを活用したオンラインの市場の一つとして９－５で、詳しく説明する。

8）特定投資家私募制度

特定投資家に勧誘先を限定する「特定投資家私募（プライベート・プレイスメント）」が2022年７月から開始した。

特定投資家は、国、政府機関、適格機関投資家、証券会社の承諾を得た法人または個人等である。個人の場合は純資産及び投資性金融資産３億円以上などの要件がある。私募または私募の取り扱いを証券会社（第一種金融商品取引業者）に委託することが要件となっている。

従来の適格機関投資家制度と比べて、法人や個人などで私募の対象の投資家となれる範囲が広がっており､成長企業が積極的に活用することが期待される。ただし、資本金５億円未満の法人や個人の特定投資家は、その承諾を証券会社が行うこと、私募をするときは必ず証券会社（第一種金融商品取引業者）に私募の取り扱いを委託しなければならない。また、継続開示義務など、転売の仕組みが未整備で、証券会社が連携して店頭市場を構築するところまでは想定されていない。投資家は、キャピタルゲインをIPOまで得られないこととなり、発行募集で、どこまで利用が進むか不透明なところがある。

③取扱有価証券、未公開有価証券

店頭市場の取引を規制するために、金商法では、取扱有価証券と未公開有価証券という仕組みがある。

１）取扱有価証券（第67条の18第1項第4号）

日証協会員が取引する未上場の有価証券を取扱有価証券として規定して、媒介、代理、取次や自己売買を行った会員証券会社に日証協へ報告する義務を課す仕組みである。店頭取引や店頭市場での取引について、一定の規制を設けるものである。

取扱有価証券とは、証券取引所及び店頭売買有価証券市場では取引されていない有価証券のうち、日券協会などの認可協会がその規則において、売買その他の取引の勧誘を行うことを禁じていない株券、新株予約権付社債券その他の有価証券をいう。９－４②の１）から９）の店頭規則で定められる投資勧誘禁止の例外的制度のうち、流通性が一定程度制限されているものとして金融庁長官が告示した株主コミュニティを除いた制度である。会員証券会社等の投資勧誘によって募集・売り出し、少額公募、私募・私売り出しが行われる。

未上場株式がこれらの取扱有価証券に該当すると、会員証券会社等は、未上場株式の取引の媒介、代理、取次等を行い、自ら売買し、または売買の受託をした場合に、銘柄、価格、数量その他を日証協に報告しなければならない。また、取扱有価証券は、相場操縦やインサイダー取引などの不公正取引規制の対象となるため（第159条、第163条、第166条）、会員証券会社はこの発生を防止することが求められる。

2）未公開有価証券

未公開有価証券とは、証券取引所及び店頭売買有価証券市場に上場されていないもの、公募が行われていないもの及び継続開示会社が発行する有価証券であって、日証協の会員券会社等が協会の規則で投資勧誘を禁止されている有価証券である（第33条の４の５）。

未上場の株式について、電話等で「近く上場するので必ずもうかる」等の詐欺営業が横行したため、2011年の金商法改正によって設けられた。

金融商品取引業等の登録を受けていない者が、この未公開有価証券を売却し、公募や私募を取り扱って投資勧誘を行った場合、この結果結ばれた顧客が株式を取得する契約は無効とする。

以上を株式に限って分類すると、次のとおりとなる。

a. 証券取引所に上場されている株式、店頭売買有価証券市場で取引される株式その他継続開示義務の対象会社（株式の公募を行った企業、株主が特定投資を除いて1,000人を超える企業）が発行する株式

b. 日証協会員証券会社が投資勧誘することが許されている株式（取扱有価証券及び株主コミュニティの対象銘柄）

c. 未公開株式

　上記以外の株式。発起人が引き受けた株式、株主割り当てまたは第三者割当で投資家等が入手した株式、日証協会員証券会社が投資勧誘を許される１）から８）の制度によらずに、少額公募または私募で発行募集され、または転売された株式。

c. の未公開株式は、有価証券届出書による発行開示義務や有価証券報告書による継続開示義務を果たしていない株式、日証協会員企業が少額免除（少額公募）や少人数私募、適格機関投資家私募、特定投資家私募の取り扱い（投資勧誘）をせずに、発行企業自己募集を行ったものなどが対象となる。

すると、日証協が投資勧誘することが解禁されている範囲が狭いと、未上場株式の多くは、未公開株式として「適切な取引の確保が特に必要なもの」であるが、本来正な取引確保に責任を持つ証券会社が仲介等の取引を禁止されているものとなる。適正な取引の確保をして、投資家を保護するためには、日証協会員の投資勧誘を認める範囲を広げて、証券会社等が責任を持つべきであろう。

9－5 ITシステムを活用したオンラインの未上場株式の市場の開設

店頭市場に参加する発行企業や投資家が増え、流通する株式も増えれば、流動性を加速して、価格形成を最適化する必要性と、透明で、公正な取引確保による投資家保護強化の求めが高まる。このため、店頭市場をより組織化した市場にして、銘柄と投資家を一堂に集めて市場取引をして、気配値情報の発信などにより組織化を進める店頭登録市場が形成される。店頭登録市場が、電子化して市場取引システムによる気配値や売買価格のリアルタイムの情報の共有や、電子自動的な需給調整・価格形成、取引の執行まで実施すると、代替的証券取引所となる。

米国のNASDAQや日本のJASDAQなどは、証券業協会が運営する店頭登録市場が電子化したものである。OTC Marketsは、証券会社が、店頭市場で気配値を共有する仕組みが、電子市場取引システムを活用しながら組織化して、代替的証券取引所に発展したものである。イギリスのAIMやドイツのスケール（SCALE）などのように、未上場株式の市場取引を促すため、証券取引所内に市場区分として代替的証券取引所を設けられたものもある。

代替的証券取引所では、株式の公募で市場に流通した株式を機関投資家や一般投資家が証券会社が介在して市場取引で価格決定して執行しており、機能的には証券取引所と変わらない。このため、規制当局は、証券会社が電子市場取引システムを設置して開設した市場を、証券取引所として規制する、または一定の取引量の範囲では証券取引所に準じつつ、そのメリットを生かすルールを設けて、その発展を図るかの２つの方向を示す。

米国ではレギュレーションATSを定め、証券取引所の周辺で上場株式を扱うATSや未上場株式のATSの振興を図っている。OTSマーケットなど証券会社がATSの登録を受けて開設している代替的証券取引所もある。さらに、マーケットプレイスの中のセカンダリー・マーケットがATSの登録を受けて、代替的証券取引所として伸長している。

未上場株式の取引は、そのままでは相対取引の連鎖のような市場であり、証券会社のネットワークのもとでの市場取引が、インターネットやプラットフォームで市場取引システムを用いた電子化による効率化と透明性の向上により、発行募集で転売取引を効果的に促進する。店頭市場で証券会社が顧客との取引でオンラインのプラットフォームの活用を進めた結果、多数の発行企業や投資家間での取引の場となるとマーケットプレイスが発展している。米国では、スタートアップが従業員に報酬として渡した株式の転売などの流動性の高い市場取引を行うマーケットプレイスを中心にATSの登録を受けている。

JOBS Actでは、ブローカー・ディーラーの登録を受けずに、レグDを実施するマーケットプレイス（インターミディアリー）を制度化・合法化した、レグDルール506（c）適格投資家向けに限定した私募やルール144Aの適格機関購入者の私募での広告宣伝を解禁し、インターネットの活用を認めるなどによってマーケットプレイスの発展を後押しする。また、レグCFを定めて、州際で一般投資家から資本を調達する株式投資型クラウドファンディングを制度化した。少額公募の募集額を5,000万ドル（2021年から7,500万ドル、82億500万円）まで引き上げ、レグA+プラットフォームが伸長した。

日本では、PTSで未上場株式の転売の公募をすると開示義務が生じる。現状では、少額免除、私売出しなどを免除規定の範囲内で行うことになる。よって、未上場株式のPTS代替的証券取引所は事実上開設できず、未上場株式マーケットプレイスもPTS市場に該当する可能性があり、同様に開設できない。厳重な規制の下、株式投資型クラウドファンディングは発展が進まない。

（1）米国

①ATS代替的証券取引所

米国では、証券会社が株式の取引に電子市場取引システム等を活用した証券取引所類似の仕組みについての規則（レグATS等）を定めて、ATSを活用した未上場株式の代替的証券取引所を発展させる。

上場株式、未上場株式の双方で、ATSを活用して、多くの証券会社が代替的証券取引所を運営している。OTC Markets等の店頭登録市場がATSの登録を受けて代替的証券取引所となって未上場株式を取り扱う。

1）証券取引所とATSの定義

ATSは、コンピューター・マッチング・システムによって多数の株式の売と買いの注文を規則的に付け合わせる（オーダー・マッチング）ことで、実質的に証券取引所と同様の機能を果たしている。証券取引所と同様、基本的に多数の証券会社がそれぞれ顧客から注文を集めて電子市場取引システムで需給のマッチングと価格決定が行われる。レグATSを制定したときに、併せてルール３b-16を定めて、証券取引所法第３条（a）（１）の「取引所（exchange）」の定義を明確化した。

証券取引所とは、「確立された、裁量性のない方法」によって買い手と売手が取引条件に関する合意形成をすることができるものとされた（証券取引所法第３条（a）（１）、ルール３b-16（a）（２））。

これに該当するシステムは、ブローカー・ディーラーの登録を受けてレグATSの規制に従うか、または証券取引所の登録を受けるかのいずれかとなった。取引量が一定の水準を超えると証券取引所の登録が求められる。

ATSは、証券取引所のような自主規制機関とはならない。レグATSでは、ルール300（a）で、ATS（代替的取引システム）は、市場参加者がATSのシステムを利用する行為以外の「行為を管理する規則を設定する」ことや、取引をやめさせる以外の方法で「会員を規律すること」はしないものとしている。

2）ATSの規制

ATSを運用する事業者は、レグATSに基づき、ブローカー・ディーラーの登録及び自主規制機関への加盟に加え、システムの機能、取引の開始・停止等をSECに届け出ること、取引記録の記録・保存、取引高の四半期ごとのSECへの報告等が義務付けられる。

上場株式等で一定の取引高になると、最良気配の公表や全米市場システム（NMS）への参加義務が生じる。

FINRAの規則に基づき、登録証券会社としてSECに提出するデータと会員証券会社としてFINRAに提出するデータに加えて、ATSにおける、取引高、取引額等の提出が義務付けられる。

②マーケットプレイス

1）証券業の登録

マーケットプレイスは、そもそもは、SECに登録した証券会社（Broker-Dealer）が、オンライン・トレーディング・プラットフォームを、証券取引所や他の証券会社、多数の顧客との取引のために活用したものである。証券会社が社内で行っていた売り注文と買い注文のマッチングをプラットフォーム上で行うようになったものである。顧客の注文を委託売買等で集めた証券会社間で市場取引が行われる証券取引所とは性格が異なる。よって、マーケットプレイスは、登録ブローカー・ディーラーとして顧客を精査すること（Know your customer)、推奨する証券の発行企業、条件、リスク、性質等を熟知することなど、証券業（Broker-Dealer）の行為基準や取引規制の範囲内で運営される。

マーケットプレイスをさらに発展させるため、JOBS Actで追加した証券取引法第4条（c）では、レグDルール506の私募を取り扱うが、売買手数料を得ず、顧客の資産を預からない等の条件を満たすプラットフォームやメカニズム（a platform or mechanism）の運用事業者は、証券業の登録を不要とした。

2）免除規定の活用とATSの登録

未上場株式を取り扱うため、免除規定とセーフハーバー・ルールの下で機能している。発行企業がオンラインで少額公募や私募等を行い、これに応じて株式を購入した投資家や発行企業の役職員等が未上場株式を転売し、機関投資家、個人等が売買する。

統計的データがなく、実態は不明であるが、州法の下での株式の公募、レグDルール504やレグAの小規模公募、レグDルール506の私募、ルール144、ルール144Aや証券取引法第４条（a ９（７）の私募転売などで用いられる。

レグＤの私募で発行企業から一括して購入した機関投資家がマーケットプレイスで売り捌くことで、実質的にプライマリー取引の機能を果たす。

ルール144Aなどでは、従業員など多数の投資家が、同じ価格で買い集める（テンダーオファー）機関投資家（適格機関購入者）へ転売する。

マーケットプレイスを運営する証券会社が発行企業の属性、適法性の審査を行い、自社の顧客向けにマーケットプレイスでの募集を認める。投資家が適格投資家であることを確認して、会員にする。

マーケットプレイスでは、勧誘の対象となる投資家がレグDルール506の適格投資家、ルール144Aの適格機関購入者などに限定される場合には、これらの属性を満たす会員に限定して、募集情報が提供される。

ざっくりと言えば、システム上で自動的に多数の売りと買いを結びつけると証券取引所類似の仕組みとしてルール300（a）のATSに該当するおそれが生じ、レグATSに基づいてATSの登録を受けることになる。ナスダック・プライベートマーケット等をはじめ、大規模なマーケットプレイスもテンダーオファーで従業員株式等の買い集めを行うなどのために「セカンダリー・マーケット」としてATSの登録を受けている。

JOBS Actで追加した証券取引法第４条（c）では、レグDルール506の私募を取扱い売買手数料を得ず、顧客の資産を預からない等の条件を満たすプラットフォームやメカニズム（a platform or mechanism）の運用事業者は、証券業の登録を不要とした。

レグＡ＋が2015年から始まり、転売自由の公募で販売された未上場株式が大量に流通するようになった。レグＡ＋プラットフォームということもあるが、マーケットプレイスが、発行企業が直接公募（DPO）をする市場、投資家が転売するための市場として発展しつつある。

③株式投資型クラウドファンディング

株式投資型クラウドファンディング（Equity Crowdfunding: ECF）は、発行企業がオンラインで小口の投資をする一般投資家を直接募集し、資本を集めるプラットフォームである。少額公募をプラットフォームで行うことで、もっぱらサイトの情報で多数の一般投資家から小口で投資を集める仕組みである。投資家の取引はほぼサイトを経由して行われるため、発行企業の募集額と投資家の投資額に上限を設け、簡易な開示義務や投資家へ情報提供することで投資家保護を強化する。

株式投資型のクラウドファンディングも、証券業の一種として、証券取引法第４条（a）（６）でブローカー・ディーラーまたは、より軽易な登録基準でファンディングポータルとしてSECに登録し、FINRAに加入することが求められる。

米国の株式投資型クラウドファンディングでは、発行企業１社12か月の募集額は500万ドル（５億5,000万円）以下、投資家１人の12か月の投資額は、年収または資産額に応じて最大12万4,000ドル（1,364万円）、適格投資家は無制限である。

詳細を述べれば、投資家１名の12か月の投資額は以下のように制限される（レグCFルール100（a））。

a. 年収または純資産が12万4,000ドル未満の一般投資家では、最小2,500ドルであって、年収または純資産のいずれか大きい額の５％とのいずれか大きい額以下

b. 年収と純資産が12万4,000ドル以上の一般投資家では、最大120万4,000ドルで、年収または純資産のいずれか大きい金額の10％以下

勧誘方法は、クラウドファンディングのサイトからの情報発信に限られ、他の方法による広告・宣伝は、一般的な募集条件の提供以外は禁止される（第４A条（b）（２）、レグCFルール204）。

発行企業には、フォームCを用いて、会社情報をSECに登録して開示する義務がある。投資家（株主）とECF運営事業者への会社情報の提出も求められる（レグCFルール201）。

フォームＣはYes/NO方式の項目も多く、比較的容易に作成できるものである。主要株主や経営者の身元情報、事業の概要、目標募集額、財務諸表などを記載する。財務諸表は目標募集額が、

a. 61万8,000ドル（6,798万円）を超える場合は、公認会計士の監査

b. 初めてECFで募集をする発行企業で、61万8,000ドルを超え、123万5,000ドル（１億3,585万円）以下の場合と、61万8,000ドル以下で12万4,000ドルを超える場合は、公認会計士のレビュー

c. 12万4,000ドル以下では、会社の役員が正しいものであると認めた税務申告書の添付

が求められる（レグCFルール201（t））。

ECFで募集した発行企業は、毎年１回定期的にフォームC-ARによる年次報告書の作成と提出が求められる。SECのEDGARで開示される。また、発行企業のWEBサイトでの公表も求められる。

投資家が、ECFで購入した株式を発行企業や適格投資家に転売することは、１年間禁止される（レグCFルール501（a））。投資家は、１年たてばECＦで購入した未上場株式を、証券会社を通じて、または自分で直接転売・換金するこ

とができる。流動性は低いものの、マーケットプレイスや店頭市場で転売し、換金し、新しい投資先の株式を購入することができる。

米国では、ECFで資本を調達した成長企業は、未上場株式市場で、ＣＦ以外にもレグDやレグＡの少額公募・私募によって追加の資本を調達することができる。

このように、株式投資型クラウドファンディングが、企業の成長段階の成長初期の資本の調達方法であり、一般投資家の初期段階の成長企業への投資機会を提供するものとして位置付けられている。

（2）日本

日本では、そもそも未上場株式について、発行企業が少額公募、私募、私売出しを行える範囲が厳しく制限されていて、この範囲では、原則、証券会社が発行企業の募集活動を手伝うことができない。よって、店頭市場も成立していない。

このように、取引実態が乏しく、譲渡制限のある流動性の低い未上場株式について、オンラインプラットフォームを用いた市場を設けることにも厳しい規制がある。

このため、未上場株式のPTSやマーケットプレイスについては設置は困難となっている。

また、株式投資型クラウドファンディングについても、募集額が１億円未満、投資家の投資額が50万円以下など狭く、企業の本格的な資本調達の手段となっていない。

①PTS代替的証券取引所

米国でATSは、証券取引と同様の機能を果たすものとされている。電子システムを使って大量の需給を自動的に処理するものである。EUのMTFも同様の考えに基づくものである。

しかしながら、日本では、PTSは、証券取引所よりも流動性の低い市場と定義されてはじまっている。

このため、証券会社がオンラインのプラットフォームで一定数の投資家間の交渉による価格形成を行うと、これもPTSに該当して、認可が必要となるおそれもある。

1）PTSの規制の概要

証券会社がPTSを開設し、発行企業や投資家に提供して、市場取引を行わせることは、金融商品取引業に該当する行為であり、金融商品取引業の登録を要し、認可も必要とされる。

PTSの認可で求められる最低資本金の額は3億円である。他に、程度の差はあるが、証券取引所における市場取引の運営に関する規制のように、相場操縦やインサイダー取引を排除する体制の整備や、取引量に関する月次報告、取引記録の作成などが求められる[85]。日証協のPTSに関する規則[86]でも、売買価格の公表や日証協への売買結果の報告義務がある。

これらの規制は、情報開示義務を中心とした米国のATSの規制に比べて詳細なものとなっている。

2）PTSの定義

PTSは、多数の投資家間、金融商品取引業者と投資家間等の「有価証券の売買またはその媒介、取次ぎ若しくは代理であって、電子情報処理組織を使用して」、次のa. ～d. の「売買価格の決定方法またはこれに類似する方法により行うもの」と定義される（金商法第2条第8項第10号）。

a. 上場株式について、証券取引所等で形成される売買価格を用いる方法

b. 証券業協会が開設する店頭市場の店頭市場で公表される売買価格を用いる方法

c. 証券取引所と同様の競売買の方法である、顧客注文対当方式と売買気配提示方式

d. 顧客の間の交渉に基づく価格を用いる方法

c. のうちの、顧客注文対当方式とは、オーダードリブンといわれる価格優先・時間優先の価格決定である。この原則の下、顧客の提示した指値が、取引の相手方となる他の顧客の提示した指値と一致する場合に、顧客の提示した指値を用いる。証券取引所で行われる需給調整・価格決定の方法であるイタヨセ方式とザラバ方式であって、成り行き注文が除かれている。

---

85 関係条文は、金商法第2条第8項第10号、第28条第1項、第31条第1項、金商法施行令第15条の11など。

86 上場株券等の取引所金融商品市場外での売買等に関する規則。

売買気配提示方式とは、クォートドリブンといわれるもので、マーケットメイカーと呼ばれる複数の証券会社が、売りと買いの価格（気配）を提示し、これに基づき価格形成をする方法をいう。マーケットメイク方式ともいう。この場合、PTSの価格決定方式からは、証券会社が恒常的に複数の売り、または買いの気配を提示し、これに基づき売買する義務のある場合を、証券取引所で行われるべき方法として除かれる（金商法定義府令第17条第１号・第２号)。

このように、金商法ではPTSの売買価格の決定方法を、証券会社がプラットフォーム(電子情報処理組織）を提供して、投資家間が証券取引所のように市場的に売買する場合から、多数の証券会社や投資家間で交渉して決める場合までかなり広範囲に規定している。証券会社が設置するオンラインの掲示板で、投資家が多数の投資家に未上場株式の投資勧誘を行うと、この証券会社にはPTSの認可が必要となるおそれがある。

米国では、証券取引所と同様の機能を有する市場としてのATSを規制するため、システム上での自動的な売りと買いのマッチングを登録義務発生の要件にしている。

日本の場合は、証券業の媒介、取次、代理の規制の一環として、システム上で顧客間の交渉に基づく価格決定を行う場合も認可対象とするように読めてしまう条文となっている。

３）免除取引の範囲での市場取引の実施

PTSで上場株式を取り扱う場合は、転売の開示義務の対象から除外される。PTSで未上場株式を取り扱う場合は、通常の転売の開示義務の例外の範囲内であれば開示義務が免除される。

米国であれば、私募に応じて購入した株式を一般投資家向けに公募する方法があるが（ルール144)、日本では、私募に応じて購入した株式は私募または転売のための少額公募に応じて購入した株式については、米国では転売の開示義務は課されないが、日本では、転売のための少額免除、または少人数私売出しか適格機関投資家私売出し、特定投資家私売出しをすることが必要となる。

②マーケットプレイス

日本でも、未上場株式の売買の媒介の場となるマーケットプレイスを運営することが第一種金融商品取引業の登録の対象業務となり得る。

さらに日本では登録対象のPTSに、売買価格がルールやシステムで自動的に決定される場合に加え、マーケットプレイスのように顧客間の交渉による場合を含んでいる。よって、証券会社がプラットフォームを複数の顧客に提供し、顧客同士が交渉で価格を決めるような場合までPTSの認可が必要となるおそれがある。

先に述べたように米国では、システム上で自動的にマッチングする方法をとらない限りはATSの登録の対象外となると考えられており、証券会社が顧客自ら未上場株式の募集等を行う場として顧客にプラットフォームを提供している。

③株式投資型クラウドファンディング[87]

日本では、株式投資型クラウド・ファンディング（ECF）にも、これを巡って厳しい規制がある。

まず、日本では、ECFでの発行企業の募集総額の上限が、小規模公募の１億円未満の範囲と低く、投資家１人の投資額も一律に１社当り50万円が上限とされており、ごく少額である。

これに加えて、運営会社に発行企業の審査が委ねられていること、継続開示義務が定められていないことなど、様々な規制上の課題があって、効率的な仕組みとならずに、調達可能な額が小さい割には、調達コストも高くなっている。

このため、ECFは、成長企業が投資資金を調達する本格的なエクイティファイナンスの手段として、かつ、一般投資家の投資対象、資産運用の手段としての制度的な発展が困難となっている。

１）第一種少額電子募集取扱業務の登録

ECFを運用するためには、一定の基準を満たして第一種少額電子募集取扱業務の登録を受ける。この業務は、電子情報処理システム等を用いて少額の募集または私募の取り扱いをするものである（金商法第29条の４の２第10項他）。

この業務の登録を受けると、第一種金融商品業者の登録は免除される。よっ

87　株式投資型クラウドファンディングを法制化した金商法の第一種少額電子募集業務に関する条文はかなり複雑であり、法第2条第8項第9号、第29条の２第１項第６号、第29条の２の４第3項から第8項、同条第10項の第一種少額電子募集取扱業務の規定、施行令第15条の10の発行総額及び投資額の規定、金商業等府令第6条の2の電子情報処理組織を使用する方法等などが関係する。以下に添えている条文番号等は主なものを挙げている。

て、自己資本比率規制等の規制は免除され、備えるべき資本金及び純資産の額も1,000万円とされるなど、業の登録に伴う負担は軽減されている（第29の4の2第3項から第8項）。

2）募集額・投資額の制限

第一種少額電子募集取扱業務の定義として、発行企業1社の1年以内の発行価額総額は1億円未満、特定投資家を除く投資家の払い込む額（投資額）は1社当たり最大50万円とされる。投資する件数に制限はない（金商法施行令第15条の10の3）。

仮に、第一種少額電子募集取扱業務の要件である発行価額1億円未満を引き上げたとしても、少額免除の1億円を引き上げないと、実質的にECFでの募集可能額は変わらない。1億円を超える発行募集や売出し（転売の公募）では、有価証券届出書の提出が求められる。なお、現状でも、1億円未満、1,000万円超の募集をすると、そのたびに規制当局へ非公表の有価証券通知書を提出する（金商法第4条第1項第5号、第6項）。

発行企業にとって、当面の事業投資に必要な額の資金をECFで投資家から集めることが困難な仕組みとなっている。特定投資家からの投資額は無制限であっても、募集額が1億円を超えることはできないため、個人でも投資性金融資産を3億円以上保有する特定投資家の投資対象としてはどうしても小粒であり、また、一般の投資家が50万円に抑えられているなか、数千万円の投資を行うと、株主の議決権比率など資本政策への影響も生じる。

さらに、現状では、未上場株式市場が未発達なため、発行企業は、ECFかベンチャーファンドからの資本調達以外にエクイティを調達することが困難である。このため、多くの成長企業が、1年間に1億円未満（実態は多くが数千万円程度）のECFでの資本調達を繰り返すことになる。

これでは、日本の成長企業が成長投資を繰り返し、拡大しながら急成長することは難しい。

3）運営会社の審査等と発行企業の調達コスト、開示コスト

発行企業に法令上の開示義務もなく、これらが運営会社のコストの増大を招き、調達手数料も高くなっている。

ECFの運営については、日証協の株式投資型クラウドファンディング業務に関する規則で規制されている。

この中では、発行企業及び株式の公募の審査は運営会社に委ねられており、発行企業に求められる審査基準もあいまいで、効率化が難しい。

同規則の第２条では、株式投資型クラウドファンディング業務（第一種少額電子募集取扱業務）を会員が実施する場合を規制する。

第４条で運営会社が募集する株式について社内規定に基づき審査する観点としては、発行者と事業の実在性、財務状況、事業計画の妥当性、法令遵守状況を含めた社会性、反社会的勢力との関係性、関係排除への仕組等、当該会員等と発行者との利害関係、投資リスク、資金使途、目標募集額の妥当性、などがある。

運営会社各社が社内規程や約款等で審査手続きや基準を定めている。発行企業が財務諸表に監査報告書を添付する義務はないが、各社とも詳細な資料を求め、審査をしているようである。

また、投資家保護のためには継続的な会社情報の開示が必要であるが、金商法上の義務となっておらず、運営会社と発行企業の契約に委ねられており、督促や資料作成の補助など、継続開示を履行させるコストが運営会社側に発生している。

こうした経費を賄うため、ECFによる調達手数料率も初回20％程度、二回目以降15％と高率なものとなっている。

さらに、投資家の投資額上限が少額なこともあって、発行企業は、企業規模の割には多くの株主を抱えることになる。

ECFを利用する投資家の属性確認や、資本政策を工夫しなければ、多数の多様な株主の存在が、発行企業のベンチャーキャピタルからの追加の増資受け入れの妨げとなる場合もある。

４）転売市場の併設とマーケットプレイスへの発展

現状のECFでは、資力のある投資家が本格的に資金を運用する規模の投資機会とはなっていない。

転売市場が未発達なため、投資家はECFで購入した株式を換金することは難しく、IPOまではキャピタルゲインを得る見込みが乏しい。米国のように、発行会社や投資銀行が、成長したスタートアップが従業員に交付した株式を買い集めることもできない。M&Aの活用や株主コミュニティの併設などによる現状の改善は行われているが、転売市場を発展させることは、ECFの発展にとっても不可欠である。

ECFが転売市場を併設してマーケットプレイスに発展するためには、先述のマーケットプレイスを巡る規制をクリアしなければなない。

仮に9,950万円集まったときに、投資家１人または１社が50万円ずつ株式を購入したとすると、投資家の数は199人・社となる。実際の運用は、一口10万円程度、投資家１人から数口、数10万円を調達する場合が多いようである。資力のある投資家が本格的に資金を運用する規模の投資機会とはなっていない。株主が多いことも企業側には一定の負担が生じる。

ECFで発行企業の公募に応じて投資家が購入した株を、同じプラットフォームで他の投資家に転売できるようにするためには、まず、運営会社は、第一種少額電子募集取扱業務の登録に加えて、第一種金融商品取引業の登録を得る必要がある。先述したが、PTSの認可との関係が生じる。株主コミュニティを併設するECFも登場しているが、プラットフォームの活用に制約が生じている。

なお、投資家が1,000万円超の募集をする場合は、その都度、発行企業が有価証券通知書を提出することになる。

5）株式投資型クラウドファンディングの位置づけの見直し

日本のECFは、既に立派に小規模企業の一定の資金調達ニーズに応えているものの、上述のように、現状の規制では、成長企業の本格的なエクイティ・ファイナンスの手段として発展することが難い制度となっている。

日証協の規則では、運営会社はクラドファンディングのサイトに、「株式投資型クラウドファンディング業務において取り扱う店頭有価証券の取得に当たっては、配当と売却益等金銭的利益の追求よりむしろ、当該店頭有価証券の発行者とその行う事業に対する共感または支援が主な旨とされるべきこと」を掲示することが求められる（同規則第９条第３項）。

一方で、ECFは、日本では、ベンチャーキャピタルが投資対象にしにくい成長企業、シーズ段階の成長企業や、事業の性格上短期間での急成長とIPOの実現は見込めないタイプの成長企業にとって、ほぼ唯一の一般投資家市場からエクイティを調達できる制度となっている。一般投資家にとっても、成長企業の事業そのものへの投資と企業成長の果実を得る機会を提供している。ECFを巡る規制を見直すうえでは、まず、諸外国と同様、株式投資型クラウドファンディングを企業成長、経済成長の貴重な手段として位置付けるべきであろう。

第10章

日本経済のフロンティア
—未上場株式市場を発展させるために

日本では、成長企業のエクイティ・ファイナンスの活用が極小規模であることに加えて、大企業でも、低利の借入中心に資金を調達しており、主要国と比べて、エクイティを活用した積極果敢な成長投資に挑んでいるとは言えない状況にある。

一方、日本でも、IT化が進む中で、制度的に可能な範囲では、エクイティの取引も伸びてはいる。従来から、事業提携型の縁故増資は、中小企業を含め一定程度行われているが、近年は、PEファンドを介したカーブアウトや中小企業のＭ＆Ａも盛んとなり、Ｍ＆Ａ仲介事業も盛んとなっている。VC投資によるスタートアップ育成の成果も出ている。小規模ながらも株式投資型クラウドファンディングも増え、ビットコインの取引も増加し、社債の自己募集にデジタルトークンを活用する動きもある。

今こそ、日本も未上場株式市場を改革し、IT時代の市場型エクイティ・ファイナンスに本格的に取り組むときである。日本でも、諸外国を追い駆けて、未上場株式市場を発展させて、市場を通じたエクイティ・ファイナンスが企業の成長を牽引するときにある。こうしてイノベーションと経済成長を実現することが、待ったなしの状況にある。

日本経済の構造改革を進めるため、働き方改革や最低賃金の見直し等が進められてきた。金融制度改革も継続している。特に、スタートアップやベンチャー企業の成長支援のために、「リスクマネー供給の拡大」を図っている。日本経済の底力を生かすためには、これも大切なことであるが、さらに求められる政策の方向は、日本の未上場株式市場の現状を考えると、「成長企業主体のエクイティ調達環境の整備」と「個人を含む投資家への安心、安全な成長企業投資の機会の提供・拡大」にあると考える。

日本にも、企業経営者が自己の経営判断で、主体的に、積極的に、資本（エクイティ）を最大限調達できる環境を整えるべきである。同時に、中小企業の経営者をはじめ、事業リスクを理解する個人投資家が一定のリスクを追って企業の成長に貢献することで、企業の成長の果実を得て、所得と資産を拡大できるようにする。このような良質の投資が増加する機会を、証券会社やプラットフォームを介して積極的に提供することが必要であろう。未上場株式市場を発展させることで、日本の成長企業の技術力・経営力と、投資資金を持つ中小企業経営者、事業会社等や洗練された個人投資家の資力・リスクテイク力、目利き能力を統合させて、企業の成長と資産の拡大と経済の成長を加速することができる。

この際に、さらにDX時代の金融技術を駆使した革新的な、効率的で安心、安全な市場を構築することができる。多くの証券会社やプラットフォーマー等が多様な市場を設置・運営し、これらがインターネットで結ばれることで、多極・分散的でありながら、同時に一体的な市場を作り上げる。

こうして、日本の各種のポテンシャルを発揮すれば、遅れを取り戻すだけではなく、さらに先に行くことができるであろう。

10－1 デジタル・フォーメーションの時代における日本の株式資本市場改革—3つの遅れを取り戻し、さらに先に行く

日本の株式市場の改革は、（1）未上場株式の取引の規制と市場制度の整備、（2）投資家、証券会社と中堅・中小企業のエクイティ活用型のビジネスモデルの構築と普及、（3）未上場株式の取引のIT化と、規制・監視におけるIT導入という3つの面で、遅れを取り戻す必要がある。

さらに、世界では株式市場のデジタル・トランスフォーメーション（DX）が始まっている。

米国の株式市場のような、ITネットワークで一体化された多層的、多極分散型の市場構造は、この変容のための良質な基盤となるものである。

日本は、このようなIT・デジタルの大きな進歩を念頭に置いた未上場株式市場の改革を進めることで、3つの遅れを取り戻し、さらに先に行くことを目指すべきであろう。未上場株式市場の市場構造を改革しつつ、最新のIT・デジタルを活用してグローバルに株式市場の変容を果たすことが求められている。

（1）制度面では、未上場株式の取引を巡る規制改革を加速する

日本では、少額公募、私募、私募転売などの免除取引の範囲が狭く、市場制度も未整備で適格機関投資家の範囲も狭い。証券会社も投資勧誘が原則禁止されている。

まずは、簡易開示制度を導入して未上場株式の取引の自由化の範囲を段階的に抜本的に拡大する。その範囲で証券会社の投資勧誘も解禁する。同時に、適格機関投資家・特定投資家の範囲を、大会社や超富裕層から一般の事業会社や中小企業経営者や、投資の知識・経験のある個人投資家へ拡大する。近年、創設した特定投資家制度についても、証券会社に委託するのみではなく、発行企業が自ら特定投資家向けに勧誘を行い、証券会社がそれを支援することも認めるなどで弾力化を図る。

こうしてプライマリーの店頭市場を活発にするとともに、株式投資型クラウドファンディングの募集額や投資額の上限などを抜本的に拡充する。さらに、PTSの規制を見直して、未上場株式のマーケットプレイスやPTS代替的証券取引所を整備する。

同時に（3）の最新のIT・デジタルを活用して規制コストを抑えつつ、規制体系を事前防止型から事後監視型に転換する。

（2）運用面（ビジネスモデル）では、証券会社が投資家と企業をつなぐ投資銀行として機能する。中堅・中小企業・小規模企業が資本主義下の株式会社としてエクイティ・ファイナンスを活用したイノベーション経営を実践する

規制改革を進める中で、証券会社は、未上場株式の私募や公募を支援するセルサイドのビジネスを自由に展開する。中堅・中小企業も、資本を調達し大胆に投資するエクイティ・ファイナンスによる未来志向の戦略的なビジネスを展開する。

地方の小規模な証券会社を含め、証券会社は投資銀行として顧客である投資家に中堅・中小企業、小規模企業、スタートアップの資金ニーズを伝えて、資本調達活動を支援する。同時に、起業家や成長企業経営者のエクイティ・ファイナンスの考え方に基づくビジネスプランの策定等も支援する。

中小企業診断士、公認会計士、税理士等の経営コンサルタントが、成長企業の経営者による市場型エクイティ・ファイナンスに基づいた事業計画の作定や証券会社の活用を支援することも必要である。

さらに、証券業以外の金融業やITプラットフォーマー等に、投資銀行業務やマーケットプレイス、代替的証券取引所の運営事業への参入を促す。

以上の結果、地方で、全国で、証券会社が主導しつつ、他の多様な関係者も参画して、未上場株式の市場形成が進展する。

(3) 技術面では、IT・デジタルの活用を未上場株式の取引とその規制・監視で進める。さらに、DXを進める

①日本の未上場株式市場の改革におけるデジタル・ITの活用

未上場株式の規制と取引ルールを再構築して、これを公正・適正に運用するためには、インターネットやオンラインのプラットフォーム、データベースなどを十分に活用することが不可欠である。網羅的で大量のデータをリアルタイムに収集できること、集めたデータの分析が比較的容易となること、取引の履歴の保存・追跡を確実にできることなどのメリットを生かすことが必要である。

市場取引システムによる効率的で確実な、市場参加者の適法性確保、受注の集約、価格決定、適法な範囲での取引の遂行、取引履歴の保存と追跡、オンライン・データベースによる大量の会社情報を開示と保存、取引監視システムによる登録銘柄と取引情報の自主規制機関への集約と分析などを進める。

以上のITネットワークを基盤に、オンラインの店頭市場やクラウドファンディング、マーケットプレイスやPTS代替的証券取引所といった多様な未上場株式の市場制度を整備して、上場株式市場とともにネットワークで一体化した一つの市場のように機能させる。この結果、ITを活かして株式市場全体が効率性を高め、企業が低コストで多額の資本を調達してグローバル企業へと成長する基盤となる。

②株式市場のデジタルトランスフォーメーションの動き

世界では株式市場のデジタル・トランスフォーメーションが始まっている。

米国の動きをみると、ニューヨーク証券取引所では、IPOの価格決定プロセスを経ずに未上場株式市場での株価を用いて、直接市場で売りに出す直接上場(Direct Listing)も増えている。

SECの規制の下でブロック・チェーン(分散型台帳技術)を用いた新規仮想通貨公開(ICO：Initial Coin Offering)も開始している。

既に、株式投資型クラウドファンディングやレグA+マーケットなどの未上場株式マーケットプレイスでは、成長企業や一般の投資家が他の多数の投資家

に、直接、オンラインで未上場株式を公募・販売するDPO（Direct public offering）が展開されている。未上場株式マーケットプレイスでは、オンラインで発行企業と投資家、投資家相互が街角の不動産取引のように小規模・ニッチな相対取引を行うＰ２Ｐ（Peer to Peer）の状況がみられる。

一方、マーケットプレイスでは、ブロックチェーンとデジタル・トークンなどを活用して、低コストで確実に大量の未上場株式が一般投資家間で取引される方向にある。発行企業による従業員株式の買い集めと転売はもとより、一度に2,000万ドル超の公募が行われる。レグＡ＋のミニIPOの活用が増えつつあり、これで市場に流通した大量の未上場株式が一般投資家間で売買されるようになりつつある。

このようなプラットフォームでは、多数の多様な属性を持つ企業・投資家などの市場参加者間の市場取引をシステム上で自動的に迅速処理することができる。レグD、レグA、レグS、ルール144、ルール144Aなど各種の免除取引について、発行企業の投資家の属性・募集手続きのこれらルールとの整合性の確保や、取引の追跡を迅速、確実に実施することが可能となる。

このような暗号取引技術を活用したプラットフォームの発展の動きをみても、米国の株式市場のようなITネットワークで一体化されつつ多様な主体が参加する多層的、多極分散型の市場構造は、新しい試みが次々に大がかりで実施できるなど、この変容のための良質な基盤となるものといえよう。

10－2　日本の未上場株式市場整備の方向性

日本に未上場株式市場を整備するためには、まず未上場株式の証券会社の店頭市場を再構築し、株式投資型クラウドファンディングを抜本的に拡充する。併せて、証券会社やプラットフォーマー等による未上場株式マーケットプレイスを創設し、さらには一般投資家が、証券会社を通じて未上場株式を電子的な自動取引で売買するPTS代替的証券取引所を整備する。

こうして日本にも、企業がエクイティ・ファイナンスで成長して、グローバル企業が生まれる成長基盤を整備する。

（1）簡易開示制度の導入と、未上場株式の自由化範囲の拡大と市場規制の整備

まず、企業が未上場株式の募集（公募・私募）により資本を調達する仕組みを整備する。これが、プライマリー市場の制度的基盤となるとともに、未上場株式市場全体のベースとなる。

この中心は簡易開示制度である。株式の公募・上場のときに、発行企業に義務づけられる会社情報の厳格な開示義務の負担を募集額が下がることに段階的に軽減する。こうして一定の会社情報の開示の下、未上場企業の資本調達を可能とし、これを購入した投資家が自由に転売できる仕組み（ミニIPO）を整備する。

以上の前提として、証券会社（第一種金融商品取引業者）が小規模公募や私募を実施する企業を支援して、株式の引き受けや一般投資家に対する投資勧誘等を行うことを解禁する。

こうして、投資家保護を確保しつつ、無名の中小企業が広く多様な投資家から資本を募ることを可能にする。

①少額公募制度（ミニIPO）の創設

現状、１年間に１億円未満の少額公募の制度を、抜本的に拡充する。当面、EU並みの10億円未満とし、将来的には、米国並み7,500万ドル（82億5,000万円）を目標に、段階的に引き上げる。

会社情報の記載様式を、米国の５億円以下は、SCORやECFのフォームC、５億円以上は、フォーム１－Ａを参考に、簡易なものにする。企業は、これに基づき作成した開示書類を規制当局に提出し、規制当局のホームページと自社のホームページで公衆縦覧に供する。財務諸表についての公認会計士の意見書の添付は、１年間に20億円以上の公募からに義務化する。この場合、同様に毎年の継続開示も義務づける。20億円未満の募集では、法人税申告書に添付した公認会計士作成の会社法計算書類で可とする。

広告･宣伝については、公募であるので、成長企業が自らのホームページや、証券会社のプラットフォームで一般の投資家に勧誘することなどに特段の規制を設けない。

投資家が少額公募に応じて購入した未上場株式を転売するときに、さらなる

会社情報の開示等は不要とする。

投資家の転売は、証券会社の仲介による店頭取引、未上場株式マーケットプレイスやPTS代替的証券取引所で行うことを原則として、投資家保護、取引監視を確実のものとする。

②私募制度の抜本拡充

適格機関投資家・特定投資家向けの私募と、49人・社以下の一般投資家への少人数私募について、以下のように拡充する。

1）適格機関投資家、特定投資家の範囲の拡大

適格機関投資家の範囲を、現行の法人・個人ともに有価証券残高10億円以上から、投資リスクに十分に対応できる資金力のあるプロ性の高い投資家、現行の特定投資家やEU並みに、以下のようにする。

a．法人では、純資産及び投資性金融資産３億円以上

b．個人では、純資産及び投資性金融資産１億円以上

このとき、適格機関投資家になるときの金融庁長官への届け出は不要とし、適格機関投資家の個人名の公表も廃止する。また、証券会社が投資家が適格機関投資家であると確認する合理的な手順を定め、セキュリティトークン等のプラットフォームでの自動的な処理を可能とする。

特定投資家制度については、未上場企業への投資リスクを理解する中小企業経営者や、投資経験があって証券会社の仲介の下であれば適切な投資判断が可能な個人まで広げるために、米国の適格投資家並みを目指して、個人では住居以外の純資産１億超または年収2,000万円超、他に一定の経歴資格等を有し、投資判断能力があると認められる者等まで広げる。

このとき、証券会社による特定投資家であることの事前確認は不要とし、証券会社に取引実行時の確認を義務付ける。

2）私募の制限の対象を「勧誘先」から「購入者」に変更

私募と私売出しの対象の制限を「勧誘先」ではなく「購買者」とし、何人・何社にでも勧誘することができるようにする。

こうして、インターネット等を用いた一般的な広告による勧誘を可能するとともに、少人数私募の場合は、３カ月のうちで募集額が目標に達するまで勧誘を続けられるようにする。

3）投資家保護の仕組みの導入

取引の公正と投資家保護を確保するため、私募を行う発行企業とそれを手伝う証券会社に対して、以下のような最低限度の義務を課す。

a. 米国のフォームDを参考とした様式に基づく簡素な会社情報報告書の作成と規制当局への提出・開示

b. 投資家が適格機関投資家であることについて、税務や金融関係の書類の入手などの合理的な方法によるで確認

c. 証券会社による取引結果の自主規制機関への報告

③私募転売制度の創設

投資家が発行企業から私募等に応じて購入した未上場株式、発行企業の発起人や大株主、役員などの会社の主な関係者等の未上場株式を、厳格な開示義務を免除したまま、②の私募と同様の条件で転売するか、簡易な会社情報の公表と発行企業の同意の下で､広く一般の投資家に公募して転売できるようにする。

このとき、証券会社が投資勧誘等で転売を支援した場合に、自主規制機関へ取引結果の報告義務を課す。

併せて、発行企業と直接の関係を有さない金融商品取引事業者等が自己所有の未上場株式を売買することを、開示義務が課せられる売出しの定義から除外する。

（2）店頭市場－証券会社が連携して成長企業のエクイティ・ファイナンスを支援

証券会社の未上場株式の投資勧誘を解禁するとともに、自己資本規制比率の算定方法を見直し、また元引受けに係る最低資本金規制も撤廃して、証券会社が未上場株式の少額公募や私募・私募転売の売買の仲介や引受け等、自己売買等を積極的に行うことができるようにする。

こうして、証券会社が未上場株式のブローカー業務とディーラー業務を行えるようにして、未上場企業の資本調達活動を支援する投資銀行として機能するとともに､顧客の未上場株式への投資を後押しし､投資家間の売買を促進して､証券会社相互の連携の中で未上場株式の店頭市場を形成する。

〈図10－2－1〉 店頭市場のイメージ

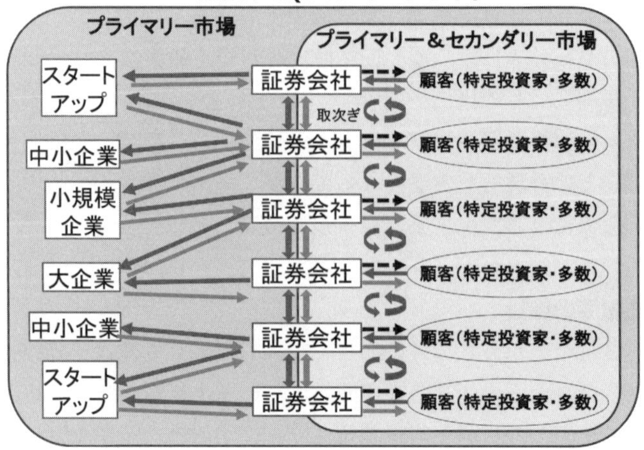

1）証券会社の未上場株式の投資勧誘を解禁

日証協の規則を改正して、証券会社による未上場株式の投資勧誘を解禁し、未上場企業の少額公募、少人数私募・私募転売による株式の発行販売、投資家間の転売等を証券会社の仲介等で促進する。

2）中小証券会社等のアンダーライティング（引受け）業務の実施

自己資本規制比率の算定において、一律全額を自己資本から控除するのではなく、未上場株式の取引価格とリスクに見合った評価額を算定する。

証券会社（第一種金融商品取引業）の登録要件である元引受け業務に係る最低資本規制については、自己資本規制比率が機能すれば十分であり、これを撤廃して、中小証券会社や新規参入者による未上場株式の引受け業務を促進する。

3）特定投資家私募の拡充、私売出しの制度化と店頭市場の形成

特定投資家私募制度を以下のように改善して、発行企業が主体性を発揮して募集・勧誘活動ができるようにする。さらに証券会社間の連携の下、投資家による転売と店頭市場の形成を促進する。

a. 特定投資家私募を実施するときに発行企業も自ら特定投資家に対して勧誘するとともに、同時に少人数私募も実施できるようにする

b. 自主規制機関への銘柄の登録、投資家の売り値の共有など、証券会社間

連携の店頭市場形成を促進するための最低限のルールを整備する

c. 一般投資家が特定投資家となるときの手続き（移行手続き）を簡素化しつつ、特定の証券会社の確認を得れば、他の証券会社の確認は、形式的な手続きで済むようにして、特定投資家の増大を進める。特定投資家の確認の更新期間を１年から５年に延長する

（3）株式投資型クラウドファンディングの抜本的拡充

株式投資クラウドファンディング（第１種少額電子募集取扱業者）について、現行制度を以下のように拡充する。

1）募集額等の上限の引上げ（１億円→５億円）

募集額の１企業が１年間に１億円の上限を、米国の500万ドル並みに、５億円程度まで段階的に引き上げる。なお、小額公募については、当面10億円未満に引き上げ、５億円以上の募集については、クラウドファンディングのプラットフォームの外での各種の広告宣伝活動が認められる。

2）投資額制限の引上げ（一律50万円→資産額・年収額に応じて最大1,000万円）

投資家の投資額の制限額を、１企業に対し１年間50万円以下から、米国並みに、投資家の純資産及び投資性金融資産の10%、年収の５％とし、年収の2,000万円以上または金融資産1億円以上のときに最大で1,000万円へと段階的に引き上げる。

3）審査基準の明確化と会社情報の簡素化による調達手数料等の調達コストの削減

運営会社の発行企業の審査基準と会社情報の提出フォームを明確化・簡素化する。財務諸表は、法人税申告書に添付した公認会計士作成の会社法計算書類、監査報告書の添付は任意とする。

4）クラウドファンディングにマーケットプレイスの機能の併設

または、PTSの認可範囲を、電子市場取引システムで自動的に競争売買に行うものに限定し、流動性の低い取引は除外して、クラウドファンディングのプラットフォームにおいて、特定投資家私募・私売出し、投資家間の転売の取り扱いや、私売出しの取り扱いを行うことを可能とする。

（4）未上場株式マーケットプレイスの創設

証券会社がプラットフォームを設置・運営し、発行企業や投資家同士がオンラインで未上場株式を取引をする未上場株式マーケットプレイス（Private Securities online Marketplace）の設置・運営を、PTSの認可対象から除外し、オンラインの少額公募、私募、私募転売の場として発展させる。

こうして、発行企業が自社株式を従業員株主から買い集め、転売し、または適格機関投資家や特定投資家が発行企業の私募に応じて購入した株式を多数の投資家に転売する場とする。当面、スタートアップが従業員に報酬として交付した株式やファンドの出資先企業の株式を、換金目的で機関投資家等に特定投資家私売出しで販売するものや、継続開示会社や上場廃止会社の株式、外国上場企業の株式の市場における転売などがある。

1）マーケットプレイスの基礎となる取引制度の整備

POS（少額公募制度、私募制度と私募転売制度）を整備して、簡易な開示義務の下で、マーケットプレイスで、多数の発行企業が未上場株式を多数の投資家に販売し、投資家がこれに応じて購入した未上場株式を他の投資家に転売することを可能とする。

2）PTSの定義を見直し、マーケットプレイスをPTSの認可の対象外とする。

PTSの定義規定を見直して、PTSを電子市場取引システムを使った自動的な需給調整・価格決定による市場取引を行うものに限定する。

具体的には、PTSに該当する価格決定の方法から、「顧客の間の交渉に基づく価格を用いる方法」を除く（金商法第２条第８項第10項イ・ニ）。

こうして、少額公募や私募の取り扱いなどで、証券会社が固有の業務である未上場株式の取引の媒介等のためにプラットフォームを活用することを自由化する。証券会社がマーケットプレイスを設置運営して、多数の発行企業、投資家間での市場取引を行うことについては、第一種金融商品取引業者の営業行為等で規制する。

3）マーケットプレイスからのインターネットを通じた情報提供・取引の監視

発行企業にマーケットプレイスのプラットフォームを通じた投資家への一定の会社情報の発行開示、継続開示を義務づける。開示の程度は、株式の公募のときの開示よりも軽減された、成長企業でもコスト的に十分対応できるものにする。同時に、自主規制機関が市場取引の監視等を実施する。

〈図10－2－2〉 マーケットプレイスのイメージ

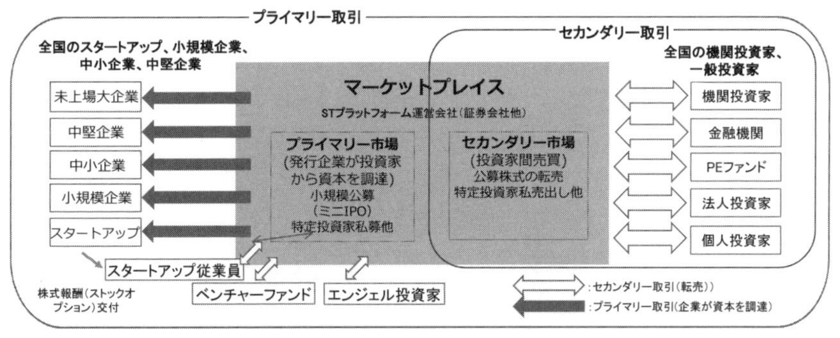

（5）PTS代替的証券取引所の整備

PTS市場における未上場株式の取引についても、上場株式と同様に原則として開示義務を免除する。証券会社が設置するPTSを、証券会社や機関投資家が市場に参加し、一般投資家向けに転売のための公募を行う電子市場取引システムを用いた電子株式市場として位置づけを明確化する。

セキュリティトークン等のブロックチェーンのプラットフォームを用いて、市場参加資格など規制遵守の確保、取引結果の規制当局・自主規制機関への報告と市場監視、取引履歴の保存を効率的に行う。

将来的には、一般投資家向けに、少額公募で発行募集した株式や、私募転売で公募された株式などの流通の場であるPTS代替的証券取引所として発展させる。

〈図10－2－3〉 PTS代替的証券取引所のイメージ

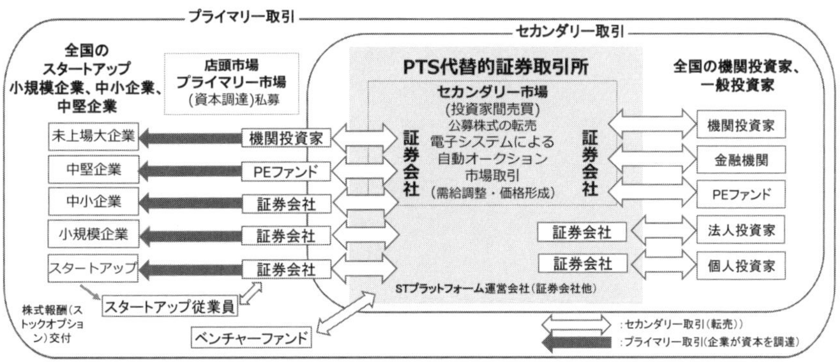

最後に、店頭市場、クラウドファンディング、マーケットプレイス、PTS代替的証券取引所が組み合わさったイメージを示す。

〈図10－2－4〉　未上場株式市場全体イメージ

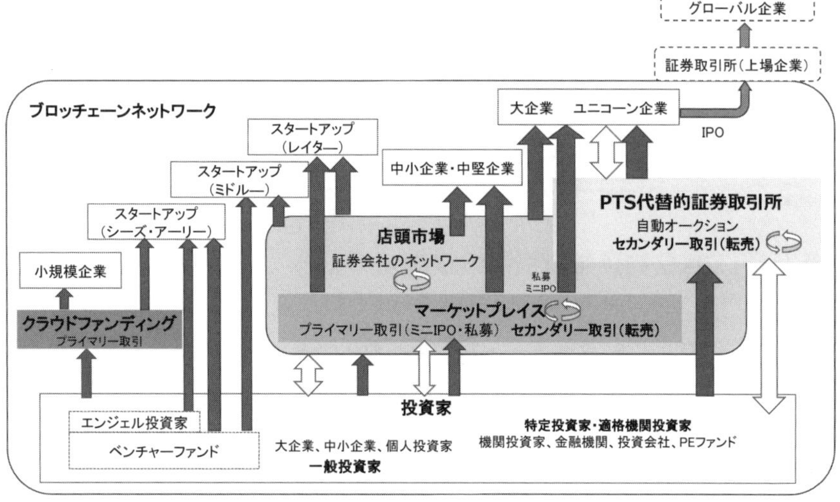

最後に―今後の展開

資本主義の株式会社制度の原点

企業経営者が広く多数の投資家から資本（エクイティ）を募って事業に投資し、利益を分配することは、資本主義の基本的な仕組みである。渋沢栄一が合本主義と呼んでいたものであり、本来日本に根付いた考え方であった。

成長企業のファイナンス革命

日本の現行の金商法でも、会社の発起人や経営者が、会社法に基づいて株式の発行を準備して時間をかけて投資家を訪ね歩いて、出資を募れば、株式会社を設立し、資本を増やして、大規模な事業に取り組むことはできるし、実際に行われている。

しかしながら、企業成長に桁違いのスピードが求められ、同様に素早く多額のエクイティを調達することも求められるようになり、マーケットでのオンラインのプラットフォームとデータベースの活用がこれを可能にしている。

市場でエクイティを調達して実現する企業成長は、スピードのみならず到達する企業規模も桁違いとなり、急速な成長によって10年もかからずにグローバル企業が現れる。

こうなると、成長企業向けの低コストの効率的なエクイティ・マーケットの構築は、これまで以上に一国の重要な経済成長政策と位置付けられるようになる。

基本的な資本主義と株式会社制度の考え方は何ら変わっていない。この仕組みを、市場を通じて活かす手段が革新されて、調達できる資金規模が桁違いに増え、調達目標を達成するのに必要な時間が桁違いに減っている。米国等の主要国では、企業成長のためのエクイティファイナンスが革命的に変わってきている。

成長基盤としての資本市場改革

本書では、繰り返し述べたように、日本では、成長過程の企業が成長資金としてのエクイティを調達する仕組みが発展していない。これに加えて、本書では触れられていないが、日本の未上場企業の社債市場も同様の問題を抱えている。また、日本のファンドや投資会社についても、米国などと比べると、運用資産の規模が小さく、資金調達活動に制約があるのか税制の問題なのか何らかの問題を抱えている可能性がみられる。さらに、日本の上場企業も、東京証券所をエクイティ調達の場として活かし切れているのか、検証するなど日本企業の成長基盤の再構築の観点から資本市場全体を見直すべき時がきているのではないだろうか。

謝　辞

本書は、「はじめに」で述べたように、経済産業研究所の研究員として作成した未上場株式市場に関するポリシーディスカッションペーパーや関連の資料を基に書かれている。

2020年７月から１年弱、常勤の上席研究員として在籍し、その後は非常勤の研究員（コンサルティングフェロー）として、休日夜間の作業となった。

この間、同研究所の矢野誠理事長（当時）には、一般の方々向けの本を執筆するように勧めていただき、また、ご著書である「質の時代のシステム改革―良い市場とは何か」を賜るなど、多大なるご指導を頂戴した。

森川正之所長・一橋大学経済研究所特任教授、竹森俊平上席研究員・三菱UFJリサーチ＆コンサルティング前理事長、関沢洋一上席研究員、小西葉子上席研究員にも、初学者に対し、懇切丁寧にご指導いただいた。井川典子研究支援担当マネージャーには、今日に至るまで諸々ご支援をいただいている。

松田修一早稲田大学名誉教授・日本ベンチャー学会顧問、秦信行国学院大学名誉教授・事業創造大学院大学教授からも、多大なるご示唆を得た。

本書の内容を充実するうえでは、池田弘公益財団法人日本ニュービジネス協会連合会会長をはじめ自社を大企業に成長させた経営者各位や、多くのスタートアップ・成長企業の皆様から実情をお教えいただいた。また、専門性の高い分野であり、笠原総合法律事務所の笠原慎一弁護士、金沢市の都築一隆公認会計士、Tech. B Consultingの大川博志中小企業診断士のこの分野における各位の専門分野における大変優れたご知見をお借りすることができた。

本書の出版に当たっては、経済産業研究所 谷本桐子 国際広報副ディレクター、渡邉丈洋 クロスメディア担当チーフには、公益財団法人日本生産性本部とのご縁を導いていただくなど、ご支援をいただいている。またその後、下村暢 日本生産性本部生産性出版・労働情報センター編集長、横井祥子 編集員には、長期間、親身に手厚いサポートをいただいた。

以上各位に、紙上をお借りして厚く感謝御礼申し上げる。

2024年初春　田所　創

参考文献

朝倉雄介「ファイナンス思考」（ダイヤモンド社、2018）

磯崎哲也「起業のエクイティ・ファイナンス」（ダイヤモンド社、2014）

泉水文雄「事前規制はなぜ必要か、海外の動向」（プラットフォームエコノミクス研究会、2022）

太田珠美「日米株式市場の相違点」『大和総研レポート』（大和総研、2014）

岡田功太、下山貴史「米国のIPO活性化及びスタートアップへの投資促進に係る政策－JOBS Act 3.0を中心に－」『野村資本市場クォータリー：2019年夏号』（野村資本市場研究所、2019）

神田 秀樹、山下友信『金商法概説 第2版』（有斐閣、2017）

金融庁総務企画局「届出前勧誘に該当しない行為の明確化、平成25年10月25日」（事務局説明資料、2009）

金融庁総務企画局「企業内容等の開示に関する留意事項について（企業内容等開示ガイドライン）、平成28年8月」（2016）

金融庁金融研究センター「欧米での証券市場間の競争や技術革新に関する考察」（2013）

金融法委員会「金融商品取引法の開示規制上の『勧誘』の解釈を巡る現状と課題」（金融法委員会、2010年）

黒沼悦郎「アメリカ証券取引法」（弘文堂、2004）

黒沼悦郎「金融商品取引法」（有斐閣、2016）

経済産業省 「我が国におけるベンチャー・エコシステム形成に向けた基盤構築事業）調査報告書（国内VCファンドの時価評価に係る実務指針）」（2017）

後藤潤一郎「変貌する米国上場市場におけるマーケットの自浄作用」、JPXワーキングペーパー（2020年1月30日）」、（株）日本取引所グループ、（2020）

高見茂雄、蜂谷豊彦「ベンチャー企業の企業価値評価一ベンチャーキャピタルの視点から一」富山大学紀要．富大経済論集，第48巻第1号（2002）

武田洋子、藤原文也「米国におけるIPO市場の特徴について」（日本銀行、1999年）

斎藤芳充、吉川浩史「米国のスタートアップから注目される未開株式取引プラットフォーム」「野村資本市場クォータリー：2018年春号」（野村資本市場研究所、2018）。

佐賀卓雄「アメリカ株式市場における公募・私募の曖昧化について」証券経済研究第108号、2019年12月（公益財団法人日本証券経済研究所、2019）

清水葉子「アメリカの取引所外取引システムの新しい届出制度について」証券レポート，（日本証券経済研究所、2019）

清水葉子「米国のダークプールとその規制について」証券経済研究 第69号 2010年3月（日本証券経済研究所、2010）

神宮健「中国の創業板市場について」季刊中国資本市場研究、2019 AutumnChinese

Capital Markets Research（野村財団、2009）
鈴木健嗣、嶺井政人「上場後の成長の谷に関する共同研究レポート」（2021）
鈴木良隆「日本における株式会社制度の導入と「信用」の根拠—結社の原理を巡って—」（研究年報経済学、2017）
諏訪 康雄「労働法学は労働市場制度改革とどう向き合ってきたか」独立行政法人経済産業研究所 （RIETI Discussion Paper Series 08-J -048）
内閣府総合規制会議「中間とりまとめ —経済活性化のために重点的に推進すべき規制改革—平成14年7月23日」
中村聡、「日本証券経済研究所金商法研究会（2012年11月12日開催）報告『米国JOBS Actによる証券規制の変革』金商法研究会研究記録第40号」（日本証券経済研究所、2012）
日本証券業協会「非上場株式の発行・流通市場の活性化に関する検討懇談会（第1回資料）事務局説明資料—非上場株式の一層の活用—」2020年11月30日
日本証券経済研究所「図説アジアの証券市場2016年版」（2016）
日本証券経済研究所「図説アメリカの証券市場2019年版」（2020）
日本証券経済研究所「図説日本の証券市場2018』（2019）
日本証券経済研究所「図説 ヨーロッパの証券市場　2020年版」（2020）
沼田優子『資本市場の変貌と証券ビジネス』「第14章 金融危機後の米国リテール証券業」（日証協、2015）
PwC Japan「日本におけるプライベート・エクイティ・マーケットの動向と日本企業への活用に関する提言 2018-03-30」（2018）
PwCあらた有限責任監査法人「主要国のリスクマネーの供給に係る実態・規制等に関する調査報告書」（2021）
平田博紀「スタートアップのPre-money Valuationの決定に関する展望」（2019）
二上季代司「取引所外取引の様々な形態について」証研レポート1706号（日本証券経済研究所、2018）
淵田康之「リスクマネーの供給と消費者保護」野村資本クォータリー2013 秋号（野村資本市場研究所、2013）
細野薫、滝沢美帆「未上場企業によるIPOの動機と上場後の企業パフォーマンス」RIETI Discussion Paper Series（経済産業研究所、2015）
前田庸「会社法入門 第13版」（有斐閣、2018）
松尾順介「株式投資型クラウド・ファンディングの世界的拡大と規制の関与」（公共政策研究、2015）
滿井美江「米国の証券私募制度における適格投資家の見直し」比較法制研究第39号（国士館大学、2016）
弥永真生「中小会社の計算書類の信頼性の確保：アメリカ（1）」（筑波ロー・ジャーナル、2014）

弥永真生「中小会社の計算書類の信頼性の確保:EUと南アメリカ」(筑波ロー・ジャーナル、2015)
弥永真生「中小会社の計算書類の信頼性の確保：連合王国」(筑波ロー・ジャーナル、2019)
少額公募
矢野誠「『質の時代』のシステム改革—良い市場とは何か？」岩波書店（2004)
山本雅道「アメリカ証券取引法入門 第2版」(第一法規、2019)
李立栄「中国シャドーバンキングの動向と金融システム改革の課題」証券経済学会年報第49号別冊、
若園智明「米国における資本形成の変遷:公募市場と私募市場」証券経済研究第107号、2019年9月（日本証券経済研究所、2019)。
Laura Anthony, "Understanding the NSMIA and Navigating State Blue Sky Laws-Part I, January 27, 2015", (Anthony L.G. PLLC, 2015).
Scott Bauguess, Rachta Gullapalli, and Vlandimir Ivanov," Capital Raising in the U.S.： An Analysis of the Market for Unregistered Securities Offerings, 2009-2017", Division of Economic and Risk Analysis：DERA, SEC, (SEC, 2018).
Daxue consulting," Everything you need to know about crowdfunding in China", October 20, 2021.
IPEV Board, "International Private Equity and Venture Capital Valuation Guidelines" (2022)。
Daeil Kim, "In Search of Balance: A Critical Review of Private Placement Regulations of the United States and South Korea", Indiana University (2017)
Kaite Kolchin," SIFMA Insight: US Equity Capital Formation Primer, November, 2018", (SIFMA, 2018).
David F. Larcker, Brian Tayan, and Edward Watts, "Cashing It In rivate-Company Exchanges and Employee Stock Sales Prior to IPO", Stanford Closer LOOK series 1, September 12, 2018. (Stanford, 2018).
Jose M. Mendoza, Erik P.M. Vermeulen, "The "New" Venture Capital Cycle (part I), The Importance of Private Secondary Market Liquidity", Lex Research Topics in Corporate Law & Economics Working Paper No. 1/2011, (Lex Research, 2011).
Rena S. Miller, and Gary Shorter, "U.S. Initial Public Stock Offerings and the JOBS Act", CRS report, September 27, 2012, (Congressional Research Service, 2012).
OECD, Financing SMEs and Entrepreneurs 2018", an oecd scoreboard.
OECD Compendium of Productivity Indicators 2021 Labour productivity in SMEs and large firms, manufacturing
OECD," Compendium of Productivity Indicators 2021 Labour productivity in SMEs

and large firms, multifactor productivity.
Alan R. Palmiter, "Securities Regulation, seventh Edition", (Wolters Kluwer, 2017)
SIFMA, "U.S. Capital Markets Deck, September 2018", (SIFMA, 2018).
Eva Su, "Capital Markets, Securities Offerings, and Related Policy Issues, updated July 26, 2018 ", Congress Research Report, (Congressional Research Service, 2018).
Eva Su, and Gary Shorter "JOBS and Investor Confidence Act (House-Amended S.488) : Capital Markets Provisions, update September 7, 2018 ", Congress Research Report, (Congressional Research Service, 2018).
The Staff of the US. SEC, "Report to the Commission Regulation Crowdfunding, June 18, 2019", (SEC, 2019).
United States Senate Committee on Banking, Housing and Urban Affairs, "Legislative Proposals on Capital Formation and Corporate Governance", Full Committee Hearing, February 28, 2019, (United States Senate, 2019).
The White house, "Startup America", (The White house, 2011).
The White House, Office of the Press Secretary, "Remarks by the President at JOBS Act Bill Signing", For Immediate Release April 5, 2012, (The white house, 2012).
Jin Young-tae and Cho Jeehyun, "Korea opens new OTC market platform for venture capital, PEF", 2017.11.14, Pulse by Maeil, (Business News Korea & mk.co.kr, 2017).

著者プロフィール

田所　創（たどころ　はじめ）

経済産業研究所コンサルティング・フェロー
事業創造大学院大学客員教授

1988年　東京大学経済学部卒　通商産業省入省
1997年　英国サセックス大学欧州政治経済学院MA
2007年　金沢大学総合教育学部非常勤講師
2008年　東京大学まちづくり大学院非常勤講師

通商産業省・経済産業省における本書に関連する配属先：石川県産業労働部商工政策課長、中心市街地活性化室長、兵庫県産業労働部長、復興庁（産業復興総括）、中小企業基盤整備機構理事（ファンド事業、インキュベーション施設等）

Private Equity Market
未上場株式市場と
成長企業ファイナンス

2024年３月８日　初版１刷
ISBN978-4-88372-606-6
定価　2,750円（本体価格2,500円＋税10％）

著　者　田所　創

発　行　公益財団法人 日本生産性本部
生産性労働情報センター

〒102-8643 東京都千代田区平河町2-13-12
Tel ：03（3511）4007
Fax：03（3511）4073
https://www.jpc-net.jp/lic

デザイン・印刷・製本：第一資料印刷㈱